내게는 특별한
스페인어
문법을 부탁해

다락원

 **머리말**

"스페인어 동사 변화는 너무 어렵다", "스페인어는 주어가 생략된다", "스페인어의 성, 수 변화는 복잡하다" 등…… 스페인어를 공부해 본 학습자라면 누구나 스페인어가 '어렵다'라고 생각하면서 공부했던 경험이 있을 것입니다. 그러나 사실 스페인어는 그렇게 배우기 힘든 언어가 아닙니다. 알파벳을 기반으로 한 발음법을 익히면 누구나 쉽게 스페인어를 읽을 수 있습니다. 문법적으로 다른 언어보다 동사 변화가 많아 인칭 변화나 시제 표현에 있어 어렵다고 느낄 수 있지만, 또 그렇기 때문에 더 다양한 표현이 가능한 언어이기도 합니다. 전 세계 스페인어 사용 인구수가 중국어에 이어 2위이며, 20여국에서 사용되는 언어라는 점을 감안하면 스페인어라는 언어는 매력적이면서도 매우 유용한 언어라는 것을 알 수 있습니다.

이 책은 '스페인어 학습자들이 어떻게 하면 복잡하게 느껴지는 스페인어의 문법적 특징을 쉽고 체계적으로 공부할 수 있을까?'라는 고민에서 기획된 책입니다. 각 단원마다 목표 문법을 활용한 실제 대화를 재미있는 삽화와 함께 제시하여, 목표 문법의 쓰임을 쉽게 파악하게 했습니다. 문법 설명은 도식화와 표를 활용하여 학습자들이 문장 구조를 한눈에 이해할 수 있도록 정리했습니다. 또 혼동할 만한 요소나 주의해야 할 부분들, 알고 있으면 유용한 참고 사항 등을 기본 설명에 추가하여 혼자 공부하는 학습자들도 어려움 없이 공부할 수 있도록 했습니다. 아울러 문법 책에서는 활용되지 않았던 원어민의 대화 음원을 제공하여 눈으로만 이해하는 것이 아닌 듣고 따라 말하면서 나만의 특별한 스페인어 문법 공부가 될 수 있도록 구성했습니다.

〈내게는 특별한 스페인어 문법을 부탁해〉를 집필하기까지 훌륭한 가르침을 주신 은사님들과 동료 학자들의 많은 도움이 있었습니다. 특히, 정인태, 신태식, 정혜윤 선생님과 한국인 학습자를 위해 쉽고 체계적으로 스페인어 문법 내용을 전달할 수 있는 방법에 대해 고민한 연구 모임의 도움이 컸습니다. 이에 재미있고 유용한 스페인어 문법 교재를 만들어 보자고 제안해 주신 다락원의 이숙희 부장님과 스페인어 학습 경험을 살려 재미있고 쉬운 문법책을 만들기 위해 꼼꼼하게 내용을 정리하고 편집해 주신 장지은 님께 감사를 드립니다. 끝으로 정의롭고 진솔한 학자이자 어린 시절부터 교육자의 길이 무엇인지를 몸소 보여 주신 존경하는 부모님, 늘 책과 컴퓨터에 매달려 있는 저를 도와주고 기다려 준 남편과 두 아들 민규, 민찬이에게 고마움을 표합니다.

이 책이 단순히 공부를 위한 책이 아닌, 스페인어를 실생활에서 사용할 때 재미있게 표현하도록 도와주는 길잡이이자, '나만의 특별한 스페인어 문법책'이 되기를 바랍니다.

양성혜

일러두기

예비과
스페인어 문법을 본격적으로 학습하기에 앞서, 가장 기본적으로 알아야 하는 스페인어의 발음과 강세, 기본 문장 구조에 대해 정리하였습니다.

본문
각 단원별 목표 문법이 적용된 간단한 대화를 삽화와 더불어 제시함으로써 학습 내용을 쉽고 재미있게 파악할 수 있게 하였습니다.

원어민이 녹음한 음성 파일을 QR코드로 제공하여 눈으로만 보는 것이 아니라 귀로 듣고 따라 할 수 있도록 했습니다.

목표 문법에 대한 기본적인 핵심 내용을 표나 도식을 이용해서 설명하고 다양한 예문을 제시하여 학습자들이 보다 쉽고 명확하게 이해할 수 있도록 하였습니다.

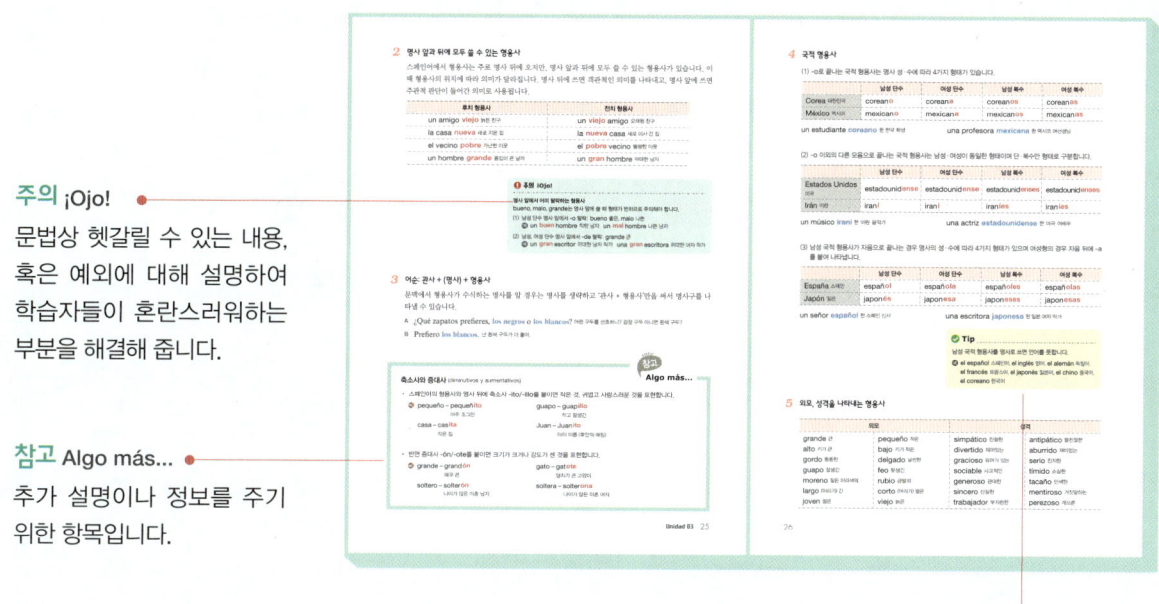

주의 ¡Ojo!
문법상 헷갈릴 수 있는 내용, 혹은 예외에 대해 설명하여 학습자들이 혼란스러워하는 부분을 해결해 줍니다.

참고 Algo más...
추가 설명이나 정보를 주기 위한 항목입니다.

Tip
해당 문법이 실제 대화상에 어떻게 적용되는지 혹은, 중남미 국가와 스페인어 국가간의 미묘한 차이에 대해 설명해 줍니다.

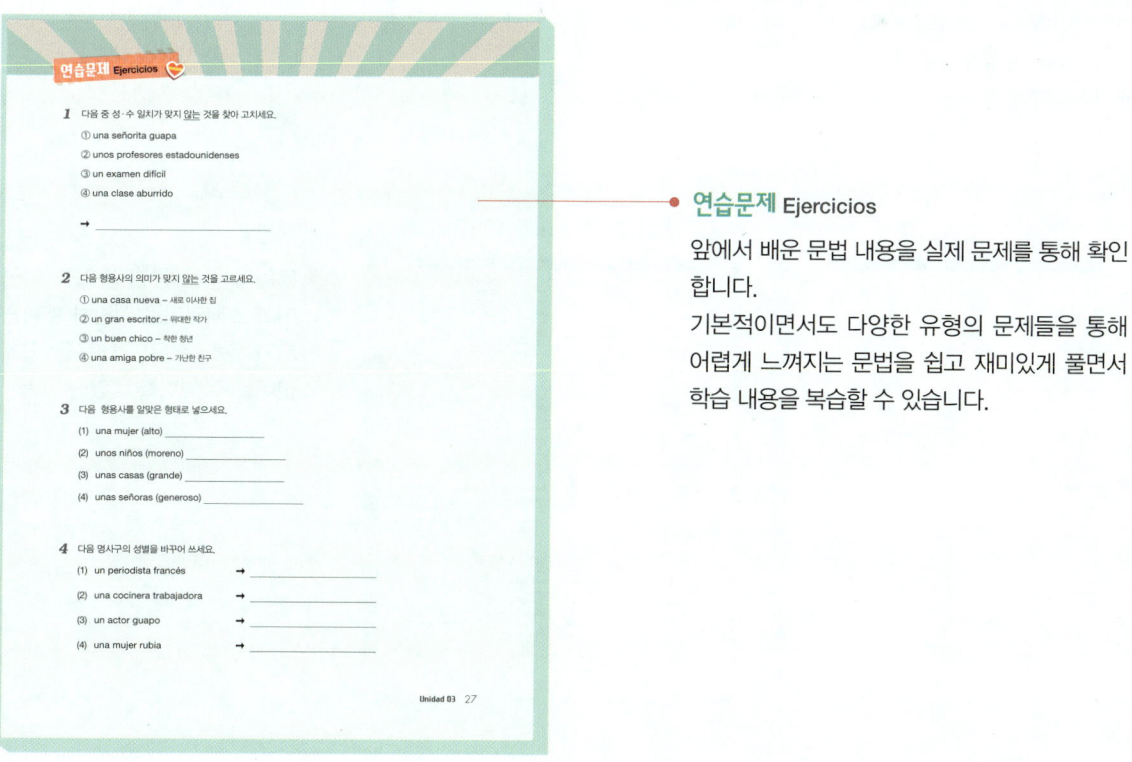

연습문제 Ejercicios
앞에서 배운 문법 내용을 실제 문제를 통해 확인합니다.
기본적이면서도 다양한 유형의 문제들을 통해 어렵게 느껴지는 문법을 쉽고 재미있게 풀면서 학습 내용을 복습할 수 있습니다.

부록

숙어 표현, 동사 변화표

자주 쓰이는 스페인어 숙어를 정리하여 학습자들이 문법을 활용한 보다 많은 표현을 학습할 수 있도록 합니다. 또한, 복잡한 스페인어 동사 변화를 한눈에 확인할 수 있는 표로 정리하여 언제든 쉽게 찾아볼 수 있게 하였습니다.

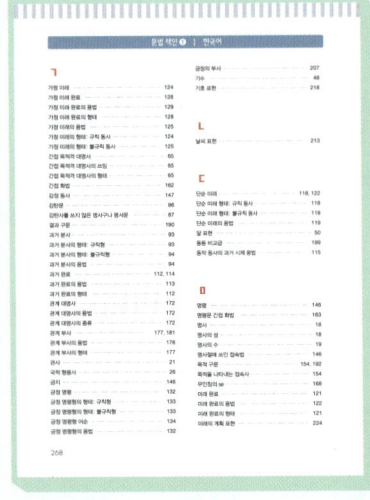
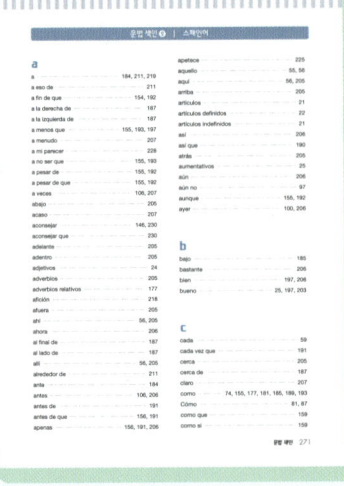

색인

본문에 나온 문법 용어를 한국어와 스페인어로 정리하여 학습자가 원하는 문법 내용을 쉽게 찾아볼 수 있도록 하였습니다.

차례

머리말 3
일러두기 4
차례 7
예비과 9

Parte 1 명사구

Unidad 01 명사 Nombres 18
Unidad 02 관사 Artículos 21
Unidad 03 형용사 Adjetivos 24

Parte 2 현재형

Unidad 04 주격 인칭 대명사와 ser 동사
　　　　　Pronombres personales de sujeto y verbo "ser" ... 30
Unidad 05 estar 동사와 hay
　　　　　Verbo "estar" y "hay" 33
Unidad 06 현재형 규칙 동사
　　　　　Presente de indicativo: verbos regulares ... 37
Unidad 07 현재형 불규칙 동사
　　　　　Presente de indicativo: verbos irregulares ... 40
Unidad 08 conocer 동사와 saber 동사의 구분
　　　　　Conocer vs. Saber 44

Parte 3 한정사

Unidad 09 수사 Numerales 48
Unidad 10 소유사 Posesivos 52
Unidad 11 지시사 Demostrativos 55
Unidad 12 부정사 Indefinidos 58

Parte 4 대명사

Unidad 13 직접 목적격 대명사
　　　　　Pronombres de complemento directo ... 62
Unidad 14 간접 목적격 대명사
　　　　　Pronombres de complemento indirecto ... 65

Unidad 15 재귀 대명사
　　　　　Pronombres reflexivos 68
Unidad 16 전치격 대명사
　　　　　Pronombres con preposiciones 72
Unidad 17 중성어 lo
　　　　　Neutro "lo" 76

Parte 5 의문문, 부정문, 감탄문

Unidad 18 의문문 Interrogación 80
Unidad 19 부정문 Negación 83
Unidad 20 감탄문 Exclamación 86

Parte 6 현재 분사, 과거 분사, 현재 완료

Unidad 21 현재 분사 Gerundio 90
Unidad 22 과거 분사 Participio 93
Unidad 23 현재 완료 Pretérito perfecto 96

Parte 7 완료 과거, 불완료 과거, 과거 완료, 과거 시제 종합

Unidad 24 완료 과거 Pretérito indefinido 100
Unidad 25 불완료 과거 Pretérito imperfecto 105
Unidad 26 완료 과거와 불완료 과거의 비교
　　　　　Pretérito indefinido vs. Pretérito imperfecto ... 109
Unidad 27 과거 완료, 과거 시제 종합
　　　　　Pretérito pluscuamperfecto 112

Parte 8 단순 미래, 미래 완료, 가정 미래, 가정 미래 완료

Unidad 28 단순 미래 Futuro simple 118
Unidad 29 미래 완료 Futuro perfecto 121
Unidad 30 가정 미래 Condicional 124
Unidad 31 가정 미래 완료 Condicional perfecto ... 128

Parte 9 | 명령법

Unidad 32 긍정 명령 Imperativo afirmativo ········· 132
Unidad 33 부정 명령 Imperativo negativo ········· 136

Parte 10 | 접속법

Unidad 34 접속법 Subjuntivo ········· 140
Unidad 35 명사절에 쓰인 접속법
Subjuntivo en las oraciones sustantivas ········· 146
Unidad 36 Ojalá 소망 구문에 쓰인 접속법
Subjuntivo en las oraciones desiderativas ········· 150
Unidad 37 부사절에 쓰인 접속법
Subjuntivo en las oraciones adverbiales ········· 154
Unidad 38 Si 가정 구문에 쓰인 접속법
Subjuntivo en las oraciones condicionales con "si" ········· 158

Parte 11 | 간접 화법, 수동 구문, 무인칭의 se와 상호의 se

Unidad 39 간접 화법 Estilo indirecto ········· 162
Unidad 40 수동 구문 Construcciones pasivas ········· 165
Unidad 41 무인칭의 se와 상호의 se
Se impersonal y se recíproco ········· 168

Parte 12 | 관계사

Unidad 42 관계 대명사 Pronombres relativos ········· 172
Unidad 43 관계 부사 Adverbios relativos ········· 177
Unidad 44 접속법이 쓰인 관계절
Subjuntivo en las oraciones relativas ········· 180

Parte 13 | 전치사와 접속사

Unidad 45 전치사 Preposiciones ········· 184
Unidad 46 접속사 Conjunciones ········· 189

Parte 14 | 비교급과 최상급, 부사

Unidad 47 우등/열등 비교급
Comparativos de superioridad e inferioridad ········· 196
Unidad 48 동등 비교급 Comparativos de igualdad ········· 199
Unidad 49 최상급 Superlativos ········· 202
Unidad 50 부사 Adverbios ········· 205

Parte 15 | 상황별 표현

Unidad 51 시간 표현 Hora ········· 210
Unidad 52 날씨와 심신 상태의 표현
Tiempo y estados físicos y anímicos ········· 213
Unidad 53 의무 표현 Obligaciones ········· 216
Unidad 54 취미, 기호 표현 Afición y gusto ········· 218
Unidad 55 요청, 호의 표현 Petición y favor ········· 221
Unidad 56 미래의 계획, 소망 표현 Plan y deseo ········· 224
Unidad 57 의견 나누기 Opiniones ········· 227
Unidad 58 충고하기 Consejos ········· 230

부록

추가 문법
I. 형태에 유의해야 할 동사 변화형 ········· 234
II. 유용한 숙어 표현 ········· 235
III. 동사 변화표 ········· 244

정답 ········· 260

문법 색인
문법 색인 ① 한국어 ········· 268
문법 색인 ② 스페인어 ········· 271

여러분에게 특별한
스페인어 문법 공부를
시작해 볼까요?

1 알파벳(Alfabeto)과 발음

(1) 알파벳 (27개)　　　　　　　　　　　　　　🎧 Track 001

(2) 모음과 자음의 발음

① 모음: **a, e, i, o, u** 5개가 있으며 각각 '아, 에, 이, 오, 우'로 발음됩니다.

철자	이름	발음	예
A a	a 아	/a/	azúcar [아쑤까르] 설탕　abuelo [아부엘로] 할아버지
E e	e 에	/e/	España [에스빠냐] 스페인　encanto [엔깐또] 매력
I i	i 이	/i/	idioma [이디오마] 언어　individuo [인디비두오] 개인
O o	o 오	/o/	ola [올라] 파도　ojo [오호] 눈
U u	u 우	/u/	uva [우바] 포도　último [울띠모] 마지막의

② 자음: 모음과 결합하여 음절을 구성하며 한 번에 발음됩니다. 아래 **ch, ll, rr**는 알파벳에 포함되지 않지만 발음이 차별화되기 때문에 설명하였습니다.

철자	이름	발음		예
B b	be 베	/b/	[ㅂ]	Barcelona [바르셀로나] 바르셀로나 bien [비엔] 잘
C c	ce 세	/k/	[ㄲ]	casa [까사] 집 Corea [꼬레아] 한국 Cuba [꾸바] 쿠바
		/θ/, /s/	[ㅆ]	cena [쎄나] 저녁 식사 cielo [씨엘로] 하늘
Ch ch	che 체	/tʃ/	[ㅊ]	Chile [칠레] 칠레 mucho [무초] 많이
D d	de 데	/d/	[ㄷ]	dinero [디네로] 돈 Madrid [마드릳] 마드리드
F f	efe 에페	/f/	[ㅍ]	fiesta [피에스타] 축제 fútbol [풋볼] 축구
G g	ge 헤	/g/	[ㄱ]	gato [가또] 고양이 gobierno [고비에르노] 정부 guapo [구아뽀] 잘생긴
		/x/	[ㅎ]	gente [헨떼] 사람들 gitano [히따노] 집시
H h	hache 아체	∅	묵음	hermano [에르마노] 형제 hijo [이호] 아들 ¡Hola! [올라] 안녕!
J j	jota 호따	/x/	[ㅎ]	jamón [하몬] 말린 육고기 juego [후에고] 놀이
K k	ka 까	/k/	[ㄲ]	kilo [낄로] 킬로그램
L l	ele 엘레	/l/	[ㄹ]	luna [루나] 달 luego [루에고] 나중에
Ll ll	elle 엘예	/ʎ/	ㅇ/ㅈ의 중간 발음	calle [까예] 거리 lluvia [유비아] 비
M m	eme 에메	/m/	[ㅁ]	mamá [마마] 엄마 muchacho [무차초] 소년
N n	ene 에네	/n/	[ㄴ]	nadie [나디에] 아무도 nosotros [노소뜨로스] 우리

글자		이름	발음	한글	예
Ñ	ñ	eñe 에녜	/ɲ/	[ㄴ]	El Niño [엘 니뇨] 엘니뇨 현상 muñeca [무녜까] 인형
P	p	pe 뻬	/p/	[ㅃ]	papá [빠빠] 아빠 poco [뽀꼬] 조금
Q	q	cu 꾸	/k/	[ㄲ]	qué [께] 무엇 quién [끼엔] 누구
R	r	erre 에르레	/r/	[ㄹ]	pero [뻬로] 그러나 amor [아모르] 사랑
			/rr/	[ㄹㄹ]	Enrique [엔리께] 엔리케(남자 이름) real [ㄹ레알] 왕실의, 진짜의
RR	rr	doble erre 도블레 에르레	/rr/	[ㄹㄹ]	arroz [아ㄹ로스] 쌀 ferrocarril [페로까ㄹ릴] 철로
S	s	ese 에세	/s/	[ㅅ]	salsa [살사] 소스, 살사춤 piscina [삐시나] 수영장
T	t	te 떼	/t/	[ㄸ]	tango [땅고] 탱고 usted [우스뗏] 당신
V	v	uve 우베	/b/	[ㅂ]	viaje [비아헤] 여행 favor [파보르] 호의
W	w	uve doble 우베 도블레	/w/	[ㅜ]	Whiskey [위스끼] 위스키
			/b/	[ㅂ]	wagneriano [바그네리아노] 바그너주의자
X	x	equis 엑기스	/ks/	[ㄱㅅ]	examen [엑싸멘] 시험
			/s/	[ㅅ]	xilófono [실로포노] 실로폰
			/x/	[ㅎ]	México [메히꼬] 멕시코(지명)
Y	y	igriega / ye 이그리에가 / 예	/j/, /i/	[이]	yo [요] 나 hoy [오이] 오늘
Z	z	zeta 세따	/θ/, /s/	[ㅆ]/[ㅅ]	zapatos [싸빠또스] 구두 Zoro [쏘로] 쾌걸 조로 Cuzco [꾸스꼬] 쿠스코

● c 는 a, o, u와 결합될 때 소리와 e, i 가 결합될 때 소리가 달라집니다.

결합 형태	발음	예	
c + a, o, u	ca [까], co [꼬], cu [꾸]	cuchillo [꾸치요] 칼	camarero [까마레로] 웨이터
c + e, i	ce [쎄], ci [씨]	cena [쎄나] 저녁(식사)	canción [깐시온] 노래

- **z**는 **a, o, u**와 함께 쓰며 **ze, zi**는 쓰지 않고 같은 소리가 나는 **ce, ci**를 대신 씁니다.
  예를 들어, **lápiz**(연필)의 복수형은 복수형 어미 **-es**를 붙이되 **lápizes**라고 하지 않고 **lápices**가 됩니다.

- **g**는 **a, o, u**와 결합될 때의 소리와 **e, i**가 결합될 때의 소리가 달라집니다. **g**가 **a, o, u**와 결합될 때는 [ㄱ]로 발음되지만 **e, i**와 결합될 때는 [ㅎ]로 발음됩니다. 그러나 **g**가 **u**와 붙어 **gu** 다음에 **e, i**와 결합하면 **u** 소리는 따로 나지 않고 [ㄱ]으로 되며, **g**가 **ü**와 붙어 **gü** 다음에 **e, i**가 올 경우에는 **ü**가 [우]로 발음됩니다.

결합 형태	발음	예
g + a, o, u	ga [가], go [고], gu [구]	gafas [가파스] 안경 gordo [고르도] 뚱뚱한 gusto [구스또] 기호
g + e, i	ge [헤], gi [히]	genio [헤니오] 천재 gitano [히따노] 집시
gu + e, i	gue [게], gui [기]	guerra [게르라] 전쟁 guitarra [기따르라] 기타
gü + e, i	güe [구에], güi [구이]	vergüenza [베르구엔싸] 부끄러움 lingüística [링귀스띠까] 언어학

- **q**는 항상 **u** 모음을 넣고 **e, i**가 결합되어 쓰되 **u** 모음 소리는 나지 않고 **e, i** 모음 소리만 납니다.

결합 형태	발음	예
q + ue, ui	que [께], qui [끼]	queso [께소] 치즈 química [끼미까] 화학

- 첫 음에 오는 **r**은 **rr**와 동일하게 [ㄹㄹ]로 발음됩니다. 또한 자음 **n, s, l** 다음에 **r**이 올 때도 [ㄹㄹ]로 발음됩니다.

  Israel [이스-ㄹ라-엘] 이스라엘   alrededor [알-ㄹ레-데-도ㄹ] 주위에

2 강세 (Acento)

'(자음) + 모음'이 한 덩어리로 소리 나는 음절을 이루게 되고 단어가 모음 혹은 자음으로 끝났는지에 따라 강세 위치가 달라집니다.

(1) 기본 규칙

① 모음으로 끝나는 단어는 뒤에서 두 번째 음절의 모음에 강세가 있습니다.

  casa [까-사] 집   Habana [아-바-나] 하바나   ensalada [엔-살-라-다] 샐러드

② 자음으로 끝나는 단어는 맨 끝 음절의 모음에 강세가 있습니다.

hotel [오-뗄] 호텔　　Madrid [마-드릳] 마드리드　　alrededor [알-ㄹ레-데-**도ㄹ**] 주위에

③ 자음 중 **-n**, **-s**로 끝나는 단어는 모음으로 끝나는 단어 강세 규칙을 따라 뒤에서 두 번째 음절의 모음에 강세가 있습니다.

casas [**까**-사스] 집들　　hablan [**아**-블란] 말하다 (3인칭 복수형)　　virgen [**비**ㄹ-헨] 처녀

 Tip
-s는 명사의 복수 접미사(casa–casas)이며, -n은 동사의 복수 접미사(habla–hablan)이므로 단수형과 똑같은 위치에 강세를 유지하기 위해 -n, -s가 없다고 생각하면 모음으로 끝나는 단어처럼 취급되는 강세 규칙을 따르게 됩니다.

(2) 모음이 연이어 올 경우, 강모음(a, e, o)끼리의 결합인지 강모음과 약모음(i, u)이 섞여 있는지에 따라 강세 규칙이 달라집니다.

① 강모음 + 강모음: 두 개의 모음으로 취급하여 2음절로 분리되어 발음됩니다.

Corea [꼬-**레**-아] 한국　　poema [보-**에**-마] 시　　aerobús [아-에-로-**부스**] 공항 셔틀버스

② 강모음 + 약모음, 약모음 + 강모음, 약모음 + 약모음
강모음과 약모음이 섞여서 붙어 있거나 약모음끼리 붙어 있는 경우, 이중 모음(diptongo)이 되어 한 개의 모음으로 취급하며 1음절로 발음됩니다. 이중 모음에 강세가 붙을 경우 강모음이 강세를 가져가서 강하게 발음됩니다.

aire [**아**이-레] 공기　　viento [**비엔**-또] 바람　　ciudad [씨우-**닫**] 도시

③ 약모음 + 강모음 + 약모음
강모음 앞뒤에 약모음이 올 때 삼중 모음(triptongo)이 되고 1음절로 발음됩니다. 삼중 모음에 강세가 붙을 경우 강모음이 강세를 가져갑니다.

Paraguay [빠-라-**구아**이] 파라과이　　miau [미**아**우] 야옹(의성어)

(3) 강세 표시를 하는 경우

위의 (1)과 (2)의 강세 규칙을 따르지 않고 강세 표시 (´: tilde)를 찍어서 가시적으로 표시하는 경우에는 강세 표시가 있는 부분을 강하게 발음합니다.

sábado [**사**-바-도] 토요일　　difícil [디-**피**-실] 어려운　　adiós [아-**디오스**] 잘가　　corazón [꼬-라-**쏜**] 심장

3 품사와 기본 문장 구조

(1) 품사

① **명사**(nombre)는 사람, 동물, 사물의 이름을 나타내는 말입니다.

> chico 소년   chica 소녀   libro 책   mesa 책상

② **대명사**(pronombre)는 명사를 대신하는 말입니다.

		주격 대명사	se 대명사	간접 목적격 대명사	직접 목적격 대명사	전치격 대명사	
단수	1인칭	yo	me	me	me	mí	
	2인칭	tú	te	te	te	ti	
	3인칭	él/ella/usted	se	le	lo/ la	él/ella/usted	sí
복수	1인칭	nosotros	nos	nos	nos	nosotros	
	2인칭	vosotros	os	os	os	vosotros	
	3인칭	ellos/ellas/ustedes	se	les	los/ las	ellos/ellas/ustedes	sí

③ **형용사**(adjetivo)는 명사를 꾸며 주는 말입니다.

> bonito 예쁜   grande 큰   pequeño 작은

④ **동사**(verbo)는 동작이나 상태를 나타내는 말로 동사 원형, 과거 분사, 현재 분사로 활용형이 있습니다. **동사 원형**(infinitivo)은 활용 전의 동사 형태를 말하며, **과거 분사**(participio)는 -ado/-ido로 동사 어미를 바꾼 형태이며, **현재 분사**(gerundio)는 -ando/-iendo로 동사 어미가 변화한 형태를 말합니다.

동사 원형	과거 분사	현재 분사
hablar 말하다	hablado	hablando
comer 먹다	comido	comiendo
vivir 살다	vivido	viviendo

⑤ 한정사(determinante)는 관사(artículo), 지시사(demostrativo), 소유사(posesivo), 부정사(indefinido)처럼 명사 앞에 써서 명사의 범위를 한정하는 말입니다.

관사	un	una	unos	unas	el	la	los	las
지시사	este	ese	aquel					
소유사	mi	tu	su	nuestro	vuestro	su		
부정사	algún	ningún	otro	cualquier	todo	cada		

⑥ 부사(adverbio)는 시간, 장소, 이유, 방법 등을 나타내며 동사, 형용사, 다른 부사를 꾸며 줍니다.

muy 매우   allí 저기에   realmente 정말로   despacio 천천히

⑦ 전치사(preposición)는 명사나 대명사 앞에 써서 위치, 장소, 시간 등의 의미를 나타내는 말입니다.

sobre ~위에, ~대하여   en ~에   por ~때문에, ~를 통하여   antes de ~전에

⑧ 접속사(conjunción)는 단어, 구, 문장을 이어 주는 말입니다.

y 그리고   pero 그러나   porque 왜냐하면   aunque ~임에도 불구하고

(2) 기본 문장 구조

스페인어 문장은 '주어 + 술어(동사) + 목적어'로 구성됩니다. 동사의 종류에 따라 동반하는 문장 성분이 달라집니다.

① 타동사의 경우 목적어를 꼭 함께 써야 합니다.

El profesor toma un café. 선생님은 커피를 마신다.

② 자동사 중 전치사구를 꼭 함께 써야 하는 동사가 있습니다.

Juan va a la cafetería. 후안은 까페에 간다.

③ 자동사 중 보어(명사, 형용사, 부사)가 꼭 필요한 동사들이 있습니다. 주로 명확한 의미는 없고 주어와 보어를 연결하는 역할을 합니다.

Yo soy estudiante. 나는 학생이다.   Ella está bien. 그녀는 잘 지낸다.
María es simpática. 마리아는 친절하다.

④ 모든 동사구는 부사(구) 또는 전치사구를 부가어로 취하여 의미를 더 상세히 표현할 수 있습니다.

Yo desayuno en casa / siempre / todos los días. 나는 집에서/항상/매일 아침을 먹는다.

Parte 1

명사구

Unidad 01 ★ 명사
Nombres

Track 002

A ¡Chico!, una canción, por favor.
소년, 노래 하나 부탁해요.

B La cucaracha, la cucaracha...
라꾸까라차, 라꾸까라차……

문법 Gramática

1 명사의 성 (género)

명사는 사람, 동물, 사물, 추상적 사건이나 개념의 이름을 나타내는 품사입니다. 스페인어의 모든 명사는 남성(*m.*) 또는 여성(*f.*)으로 문법적 성이 있습니다.

(1) 남성 명사는 주로 -o로 끝나고 여성 명사는 -a로 끝납니다.

	사람	동물	사물	추상적 개념
남성(m.)	chico 소년	perro 개(수컷)	libro 책	saludo 인사
여성(f.)	chica 소녀	perra 개(암컷)	mesa 탁자	pobreza 가난

(2) 그 외 단어들은 각 단어마다 성을 외워야 합니다.

	사람	동물	사물	추상적 개념
남성(m.)	hombre 남자 padre 아버지	león 숫사자 cisne 백조	cine 영화관 lápiz 연필	amor 사랑 paisaje 경치
여성(f.)	mujer 여자 madre 어머니	lombriz 지렁이 serpiente 뱀	llave 열쇠 pared 벽	libertad 자유 información 정보

① 사람의 직업 중 -ista로 끝나는 단어는 남성형과 여성형의 형태가 동일합니다. 이 경우, 명사 앞에 오는 관사로 명사의 성을 알 수 있습니다.

el pianista **– la pian**ista
남자 피아니스트   여자 피아니스트

el periodista **– la period**ista
남기자   여기자

② -nte로 끝나는 명사는 남성형과 여성형의 형태가 동일한 경우도 있고, -e를 -a로 변화시켜 여성형을 나타내는 경우도 있습니다.

el cantante **– la canta**nte
남자 가수   여자 가수

el dependiente **– la dependie**nta
남자 점원   여자 점원

③ 남성 명사가 자음으로 끝난 직업 명사나 동물 명사는 끝에 -a를 붙여서 여성형을 만듭니다.

pintor – pintor**a**
남자 화가   여자 화가

ratón – raton**a**
수컷 쥐   암컷 쥐

예외 actor 남자 배우 – actriz 여자 배우

rey 왕 – reina 여왕/왕비

④ -dad/tad, -ción/sión으로 끝나는 단어는 항상 여성 명사입니다.

la sole**dad** 고독

la habita**ción** 방

(3) -o로 끝났는데 여성 명사인 경우와 -a로 끝났는데 남성 명사인 경우가 있습니다.

남성 명사: **el** día 날, **el** problema 문제, **el** idioma 언어

여성 명사: **la** mano 손, **la** moto 오토바이, **la** foto 사진

2 명사의 수 (número)

(1) 모음으로 끝난 명사에는 -s를 붙이고, 자음으로 끝난 명사에는 -es를 붙여 복수형을 만듭니다.

-모음 + s	-자음 + es
casa 집 – casa**s** 집들	reloj 시계 – reloj**es** 시계들
estudiante 학생 – estudiante**s** 학생들	actor 배우 – actor**es** 배우들

(2) -s로 끝난 명사 중 끝음절에 강세가 없는 경우 단·복수의 형태가 동일합니다.

el lunes 월요일 – los lunes 월요일마다

el paraguas 우산 – los paraguas 우산들

(3) -z로 끝난 명사의 복수형은 -ces로 바뀝니다.

lápiz 연필 – lápi**ces** 연필들

pez 물고기 – pe**ces** 물고기들

actriz 여배우 – actri**ces** 여배우들

> **❗ 주의 ¡Ojo!**
> 끝음절에 강세 표시가 있는 단어는 -es를 붙여 복수형을 만듭니다. 복수형에서 강세 표시가 없어지니 주의해야 합니다.
> **예** televisión 텔레비전 - television**es** 텔레비전들
> autobús 버스 - autobus**es** 버스들

Unidad 01   19

연습문제 Ejercicios

1 다음 단어의 성을 표시해 보세요. 남성 명사에는 m, 여성 명사에는 f라고 표시하세요.

(1) niña _____   (2) enfermero _____

(3) cerveza _____ (4) piscina _____

(5) queso _____   (6) pelota _____

2 직업을 나타내는 각 명사의 여성형을 쓰세요.

(1)

el cocinero – la _____

(2)

el pintor – la _____

(3)

el actor – la _____

(4)

el cantante – la _____

3 다음 명사들을 복수형으로 쓰세요.

(1) el reloj   → los _____

(2) el pez   → los _____

(3) la habitación   → las _____

(4) el gato   → los _____

(5) la llave   → las _____

(6) el paraguas   → los _____

Unidad 02 ★ 관사
Artículos

🎧 Track **003**

A ¿Qué es esto?
　 이것은 무엇입니까?

B Es un lápiz.
　 연필입니다.

문법 Gramática

1 부정 관사 (artículos indefinidos)

처음 언급되거나 정해지지 않은 대상을 말할 때 '부정 관사 + 명사'로 쓰며 '하나' 혹은 '어떤'의 의미를 갖습니다.

	남성	여성
단수	un	una
복수	unos	unas

un chico 한/어떤 소년　　　　**una** chica 한/어떤 소녀
unos chicos 몇몇의 소년들　　**unas** chicas 몇몇의 소녀들

(1) 스페인어 부정 관사는 수사 uno(하나)에서 파생됐고, 남성 단수 명사 앞에서는 -o가 탈락된 **un** 형태로 씁니다. 여성 단수 명사 앞에서는 **una**를 씁니다.

　　un coche 자동차 한 대 / 어떤 자동차　　　**una** casa 집 한 채 / 어떤 집

(2) 부정 관사 복수형 unos, unas는 '몇몇의' 뜻이 있습니다.

　　unos libros 몇 권의 책　　　**unas** flores 꽃 몇 송이

(3) 부정 관사는 셀 수 없는 명사(물질 명사와 추상 명사)와는 쓰지 않고 셀 수 있는 명사에만 씁니다.

~~un~~ dinero 돈
~~una~~ carne 고기
~~un~~ tiempo 시간
~~una~~ libertad 자유

> **❗ 주의 ¡Ojo!**
> 물질 명사 중 식재료나 음식의 '양'을 표현하고자 할 때는 용기, 단위를 써서 표현합니다.
> 예) **un kilo** de queso 1kg의 치즈
>   **un cartón** de leche 우유 1팩
>   **dos botellas** de agua 물 2병

2 정관사 (artículos definidos)

이미 언급된 것이나 알고 있는 것 혹은 유일한 것을 말할 때 '정관사 + 명사'로 씁니다.

	남성	여성
단수	el	la
복수	los	las

el libro 그 책   **la** casa 그 집
los libros 그 책들   **las** casas 그 집들

(1) 이미 언급된 명사구를 다시 지칭하거나 언급된 명사구와 연관된 부분을 지칭할 때

Juan compró una casa el año pasado. **La casa** está en el campo.
후안은 작년에 집 한 채를 샀다. 그 집은 시골에 있다.

María tiene una casa. **El jardín** es muy grande. 마리아는 집이 한 채 있다. (그 집) 정원은 매우 크다.

(2) 상황 속에서 바로 보이거나 분명히 있다고 가정할 때

¿Dónde está **el servicio**? 화장실은 어디에 있나요?

Espera un momento, voy a**l baño**. 잠시 기다려, 나 화장실 갔다 올게.

(3) 종류 전체를 가리킬 때

Me gusta **el café**. 나는 커피를 좋아한다.

El perro es el mejor amigo de**l hombre**. 개는 인간의 가장 좋은 친구이다.

(4) 유일무이한 것

La Tierra es redonda. 지구는 둥글다.

En mi imperio nunca se pone **el sol**. 나의 제국에 결코 해가 지지 않는다.

> **❗ 주의 ¡Ojo!**
> 남성 단수 정관사 el이 전치사 de/a와 같이 쓰이면 다음과 같이 축약하여 씁니다.
> de + el → del   a + el → al

연습문제 Ejercicios

1 주어진 명사에 알맞은 부정 관사를 넣으세요.

(1) _____ coche

(2) _____ bicicleta

(3) _____ autobús

(4) _____ avión

(5) _____ hamburguesa

(6) _____ helado

2 다음 ( ) 안에 알맞은 부정 관사를 넣고, 필요하지 않으면 ×를 써 넣으세요.

(1) Quiero comprar (   ) ordenador para mi trabajo.
(2) No eches (   ) sal en mi plato.
(3) Quiero enseñarte (   ) foto de mi infancia.
(4) Vamos a tomar (   ) taxi.
(5) Yo no tomo (   ) leche.

3 다음 중 정관사의 사용이 맞지 <u>않는</u> 것을 고르세요.

① la camiseta   ② los pantalones   ③ el calcetines   ④ el abrigo

4 다음 중 알맞은 관사를 고르세요.

(1) No tengo lavadora. Necesito (una / la) lavadora.
(2) Tengo un coche. (Un / El) coche es de Japón.
(3) (Un / El) padre de Amalia es muy simpático. ¿Verdad?
(4) Me gusta mucho (un / el) fútbol.

Unidad 02   23

Unidad 03 ★ 형용사
Adjetivos

 Track 004

A El profesor es muy alto y guapo.
선생님은 매우 키가 크시고 잘생기셨어.

B Sí, es una persona graciosa, también.
그래, 또한 매우 재미있는 분이시지.

 문법 Gramática

1 형용사의 성·수

스페인어 형용사는 명사의 성·수에 따라 일치시킵니다. 주로 명사 뒤에 쓰여 명사구는 '관사 + 명사 + 형용사' 구조가 됩니다.

(1) -o로 끝나는 형용사는 명사와 성·수 일치하여 4가지 형태가 있습니다.

	남성	여성
단수	alto	alta
복수	altos	altas

un hombre alto
한/어떤 키 큰 남자

una mujer alta
한/어떤 키 큰 여자

unos hombres altos
몇몇의 키 큰 남자들

unas mujeres altas
몇몇의 키 큰 여자들

(2) 자음이나 -o 이외의 모음으로 끝나는 형용사는 남성, 여성 형용사의 형태가 같고 복수형만 구분합니다.

un niño inteligente 한 똑똑한 남자 아이
unos niños inteligentes 몇몇의 똑똑한 남자 아이들
el edificio azul 파란 건물
la casa azul 파란 집

una niña inteligente 한 똑똑한 여자 아이
unas niñas inteligentes 몇몇의 똑똑한 여자 아이들
los edificios azules 파란 건물들
las casas azules 파란 집들

2 명사 앞과 뒤에 모두 쓸 수 있는 형용사

스페인어에서 형용사는 주로 명사 뒤에 오지만, 명사 앞과 뒤에 모두 쓸 수 있는 형용사가 있습니다. 이때 형용사의 위치에 따라 의미가 달라집니다. 명사 뒤에 쓰면 객관적인 의미를 나타내고, 명사 앞에 쓰면 주관적 판단이 들어간 의미로 사용됩니다.

후치 형용사	전치 형용사
un amigo **viejo** 늙은 친구	un **viejo** amigo 오래된 친구
la casa **nueva** 새로 지은 집	la **nueva** casa 새로 이사 간 집
el vecino **pobre** 가난한 이웃	el **pobre** vecino 불쌍한 이웃
un hombre **grande** 몸집이 큰 남자	un **gran** hombre 위대한 남자

> **❗ 주의 ¡Ojo!**
>
> **명사 앞에서 어미 탈락하는 형용사**
> bueno, malo, grande는 명사 앞에 쓸 때 형태가 변하므로 주의해야 합니다.
> (1) 남성 단수 명사 앞에서 -o 탈락: bueno 좋은, malo 나쁜
>   예) un **buen** hombre 착한 남자 un **mal** hombre 나쁜 남자
> (2) 남성, 여성 단수 명사 앞에서 -de 탈락: grande 큰
>   예) un **gran** escritor 위대한 남자 작가 una **gran** escritora 위대한 여자 작가

3 어순: 관사 + (명사) + 형용사

문맥에서 형용사가 수식하는 명사를 알 경우는 명사를 생략하고 '관사 + 형용사'만을 써서 명사구를 나타낼 수 있습니다.

A ¿Qué zapatos prefieres, **los negros** o **los blancos**? 어떤 구두를 선호하니? 검정 구두 아니면 흰색 구두?
B Prefiero **los blancos**. 난 흰색 구두가 더 좋아.

참고 Algo más...

축소사와 증대사 (diminutivos y aumentativos)

- 스페인어의 형용사와 명사 뒤에 축소사 -ito/-illo를 붙이면 작은 것, 귀엽고 사랑스러운 것을 표현합니다.

  예) pequeño – pequeñ**ito**   guapo – guap**illo**
      아주 조그만   작고 잘생긴

      casa – cas**ita**   Juan – Juan**ito**
      작은 집   아이 이름 (후안의 애칭)

- 반면 증대사 -ón/-ote를 붙이면 크기가 크거나 강도가 센 것을 표현합니다.

  예) grande – grand**ón**   gato – gat**ote**
      매우 큰   덩치가 큰 고양이

      soltero – solter**ón**   soltera – solter**ona**
      나이가 많은 미혼 남자   나이가 많은 미혼 여자

4 국적 형용사

(1) -o로 끝나는 국적 형용사는 명사 성·수에 따라 4가지 형태가 있습니다.

	남성 단수	여성 단수	남성 복수	여성 복수
Corea 대한민국	coreano	coreana	coreanos	coreanas
México 멕시코	mexicano	mexicana	mexicanos	mexicanas

un estudiante **coreano** 한 한국 학생　　una profesora **mexicana** 한 멕시코 여선생님

(2) -o 이외의 다른 모음으로 끝나는 국적 형용사는 남성·여성이 동일한 형태이며 단·복수만 형태로 구분합니다.

	남성 단수	여성 단수	남성 복수	여성 복수
Estados Unidos 미국	estadounidense	estadounidense	estadounidenses	estadounidenses
Irán 이란	iraní	iraní	iraníes	iraníes

un músico **iraní** 한 이란 음악가　　una actriz **estadounidense** 한 미국 여배우

(3) 남성 국적 형용사가 자음으로 끝나는 경우 명사의 성·수에 따라 4가지 형태가 있으며 여성형의 경우 자음 뒤에 -a를 붙여 나타냅니다.

	남성 단수	여성 단수	남성 복수	여성 복수
España 스페인	español	española	españoles	españolas
Japón 일본	japonés	japonesa	japoneses	japonesas

un señor **español** 한 스페인 신사　　una escritora **japonesa** 한 일본 여자 작가

> ✅ **Tip**
> 남성 국적 형용사를 명사로 쓰면 언어를 뜻합니다.
> el español 스페인어, el inglés 영어, el alemán 독일어, el francés 프랑스어, el japonés 일본어, el chino 중국어, el coreano 한국어

5 외모, 성격을 나타내는 형용사

외모		성격	
grande 큰	pequeño 작은	simpático 친절한	antipático 불친절한
alto 키가 큰	bajo 키가 작은	divertido 재미있는	aburrido 재미없는
gordo 뚱뚱한	delgado 날씬한	gracioso 유머가 있는	serio 진지한
guapo 잘생긴	feo 못생긴	sociable 사교적인	tímido 소심한
moreno 짙은 머리색의	rubio 금발의	generoso 관대한	tacaño 인색한
largo (머리가) 긴	corto (머리가) 짧은	sincero 신실한	mentiroso 거짓말하는
joven 젊은	viejo 늙은	trabajador 부지런한	perezoso 게으른

연습문제 Ejercicios

1 다음 중 성·수 일치가 맞지 <u>않는</u> 것을 찾아 고치세요.

① una señorita guapa

② unos profesores estadounidenses

③ un examen difícil

④ una clase aburrido

➔ _____

2 다음 형용사의 의미가 맞지 <u>않는</u> 것을 고르세요.

① una casa nueva – 새로 이사한 집

② un gran escritor – 위대한 작가

③ un buen chico – 착한 청년

④ una amiga pobre – 가난한 친구

3 다음 형용사를 알맞은 형태로 넣으세요.

(1) una mujer (alto) _____

(2) unos niños (moreno) _____

(3) unas casas (grande) _____

(4) unas señoras (generoso) _____

4 다음 명사구의 성별을 바꾸어 쓰세요.

(1) un periodista francés   ➔ _____

(2) una cocinera trabajadora ➔ _____

(3) un actor guapo   ➔ _____

(4) una mujer rubia   ➔ _____

Unidad 03

5 다음 유명인들의 국적을 알맞은 국적 형용사를 넣어 완성하세요.

> Alemania   Cuba   Estados Unidos   Inglaterra   Italia   México

(1) Fidel Castro → un político _____

(2) Albert Einstein → un científico _____

(3) Frida Kahlo → una pintora _____

(4) Andrea Bochelli → un cantante _____

(5) Angelina Jolie → una actriz _____

(6) J. R. R. Tolkien → un escritor _____

6 다음 각 사람의 성격을 나타내는 형용사를 반대말끼리 연결하세요.

(1) sociable   •   •   ⓐ perezoso

(2) trabajador   •   •   ⓑ aburrido

(3) simpático   •   •   ⓒ tímido

(4) sincero   •   •   ⓓ antipático

(5) divertido   •   •   ⓔ mentiroso

Parte 2

현재형

Unidad 04 ★ 주격 인칭 대명사와 ser 동사
Pronombres personales de sujeto y verbo "ser"

A ¿De dónde son Mario y Lan?
마리오와 란은 어느 나라 사람이니?

B Él es de Italia y ella es de China.
그는 이탈리아 사람이고 그녀는 중국 사람이야.

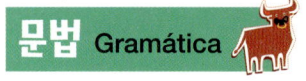

1 주격 인칭 대명사

	단수	복수
1인칭	yo 나	nosotros/as 우리들
2인칭	tú 너	vosotros/as 너희들
3인칭	él 그 ella 그녀 usted (= Ud. = Vd.) 당신	ellos 그들 ellas 그녀들 ustedes (= Uds. = Vds.) 당신들

(1) tú와 usted: tú는 친구나 가족처럼 가까운 사이의 사람을 부를 때 씁니다. usted은 심리적으로 거리감이 있는 사람을 부를 때 씁니다. usted은 듣는 사람 즉 상대방을 가리키지만 문법적으로 3인칭입니다.

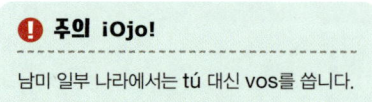

주의 ¡Ojo!
남미 일부 나라에서는 tú 대신 vos를 씁니다.

(2) vosotros와 ustedes: 2인칭이 두 명 이상일 때, 스페인에서는 vosotros를 쓰지만, 중남미에서는 vosotros를 아예 쓰지 않고, ustedes를 씁니다.

(3) 주격 인칭 대명사 복수형의 경우 남성 집단 혹은 남녀 혼성 집단일 경우 남성형 복수 -os(nosotros, vosotros, ellos)를 쓰고, 여성 집단일 경우 여성형 복수 -as(nosotras, vosotras, ellas)를 씁니다.

(4) 스페인어에서는 주어가 빈번하게 생략됩니다. 각 인칭별 동사 변화형이 달라서 주어가 없어도 동사만으로 주어를 짐작할 수 있기 때문입니다.

2 ser 동사: ~이다

이름, 국적, 직업, 외모, 성격, 소유, 재료 등, 주어의 변하지 않는 속성을 나타냅니다.

ser + 명사/형용사

	ser		ser
yo	soy	nosotros	somos
tú	eres	vosotros	sois
él/ella/usted	es	ellos/ellas/ustedes	son

(1) 이름, 국적, 직업

   Yo **soy** Álvaro. **Soy** argentino. **Soy** médico. 저는 알바로입니다. 아르헨티나 사람이고 의사입니다.

(2) 성격, 사물의 특성

   Soy optimista, pero un poco tímido. 저는 낙천적이지만 조금 소심합니다.

   La película **es** divertida. 그 영화는 재미있습니다.

(3) 관계

   Nosotros **somos** amigos. 우리는 친구입니다.

(4) 시간, 양, 가격

   A ¿Qué día **es** hoy? 오늘은 무슨 요일입니까?
   B **Es** jueves. 목요일입니다.

   A ¿Cuánto **es** esto? 이것은 얼마입니까?
   B **Son** cincuenta euros. 50유로입니다.

(5) 재료, 소유

   La mesa **es** de metal. **Es** de Juan. 탁자는 금속으로 되어 있습니다. 그것은 후안의 것입니다.

(6) 행사

   La fiesta **es** en la casa de Elena. 엘레나의 집에서 파티가 열립니다.

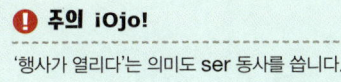
'행사가 열리다'는 의미도 ser 동사를 씁니다.

연습문제 Ejercicios

1 괄호 속의 표현을 주격 인칭 대명사로 바꾸어 쓰세요.

(1) (Juan) _____ es médico y (María) _____ es enfermera.

(2) (Tú y yo) _____ somos amigos.

(3) (Tú y Felipe) _____ sois alumnos del profesor Martínez.

(4) (Susana y Jorge) _____ son de Ecuador.

(5) (Mi madre) _____ es buena cocinera.

2 다음 중 <u>틀린</u> 문장을 고르고 아래 빈칸에 알맞게 고치세요.

① Yo soy de Colombia. Soy de Bogotá.

② Nosotros sois católicos.

③ Emilio y Carmen son graciosos.

④ La fiesta es este sábado.

→ _____

3 다음 빈칸에 ser 동사의 알맞은 형태를 쓰세요.

(1) ¿De dónde _____ ustedes?

(2) Nosotros _____ coreanos.

(3) Vosotros _____ estudiantes.

(4) La mesa _____ de madera.

(5) Tú _____ muy simpático.

Unidad 05 ★ estar 동사와 hay
Verbo "estar" y "hay"

Track **006**

A ¿Estás bien?
   잘 지내?

B No, estoy enfermo.
  Ahora estoy en casa.
  아니, 나 몸이 아파. 지금 집에 있어.

문법 Gramática

1 estar 동사: ~있다

주어의 상태나 위치처럼 변할 수 있는 상태를 나타냅니다.

estar + 형용사/부사/전치사구

	estar
yo	estoy
tú	estás
él/ella/usted	está
nosotros	estamos
vosotros	estáis
ellos/ellas/ustedes	están

(1) 상태

A Hola, ¿cómo **estás**? 안녕, 어때?
B **Estoy** muy bien. 난 아주 좋아.

Estoy un poco cansado. 나는 조금 피곤해.

La tienda **está** cerrada. No **está** abierta.
가게가 문을 닫았습니다. 열려 있지 않습니다.

(2) 위치

Ahora **estoy** en clase. 지금 저는 수업 중입니다.

Perú **está** en América del Sur. 페루는 남미에 있습니다.

Unidad 05

2 ser 동사와 estar 동사의 구분: 속성 vs. 상태

(1) 의미와 용법 비교

	ser	estar
의미	~이다	~있다
용법	변하지 않는 속성 (이름, 국적, 직업, 사물의 특성, 재료 등)	변할 수 있는 상태 (위치, 상태)

(2) 일부 형용사는 함께 쓰는 동사가 ser냐 estar냐에 따라 의미가 달라집니다.

ser		estar	
	bueno 착하다		bueno 맛있다
	malo 나쁘다		malo 아프다
	enfermo 환자이다		enfermo 아프다
	aburrido 지루하다		aburrido 지루해하다
	listo 영리하다		listo 준비되다
	rico 부자이다		rico 맛있다
	viejo 늙었다		viejo 낡았다

Alejandro **es** bueno. 알레한드로는 착하다.

Juan **es** malo. 후안은 나쁘다.

La clase **es** aburrida. 수업이 지루하다.

Juana **es** lista. 후아나는 영리하다.

La comida **está** buena. 음식이 맛있다.

Juan **está** malo. 후안은 아프다.

Los estudiantes **eatán** aburridos. 학생들이 지루해한다.

La cena **está** lista. 저녁 식사가 준비되었다.

> ❗ **주의 ¡Ojo!**
> ser와 estar 동사 뒤에 나오는 형용사는 주어의 성·수에 일치합니다.

3 estar 동사와 hay의 구분: 위치 vs. 존재

우리말의 '~있다'라는 표현은 스페인어에서 estar 동사 또는 hay로 표현될 수 있습니다.

(1) 주어 + estar 동사: 특정 주어의 위치를 나타냅니다. 이때, 주어는 주로 정관사와 함께 쓰이며, 부정 관사와 함께 쓰일 수도 있지만 관사 없이 쓰지는 않습니다.

> 정관사/부정 관사 + 명사 + estar 동사

① 정관사 + 명사 + estar 동사

　A ¿Dónde **está** el museo? 박물관은 어디에 있어요?

　B **Está** a la izquierda. 왼쪽에 있어요.

② 부정 관사 + 명사 + estar 동사

　Un perro **está** aquí. 어떤 개 한 마리가 여기 있어요. 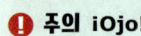 Un niño **está** ahí. 한 어린이가 거기 있어요.

(2) hay + 대상: 불특정 대상의 존재를 나타낼 때 씁니다. 이 대상은 문법적으로는 목적어이지만, 한국어에서는 '~이/가 있다'라고 주어처럼 해석됩니다. 주로 대상을 처음 언급할 때 이 구문을 쓰며, 따라서 hay 동사 뒤에 오는 명사구는 정관사와 함께 쓰지 않습니다.

hay + 부정 관사/무관사/수사/부정사 + 명사

① hay + 부정 관사/무관사 + 명사

   A ¿Qué **hay** en tu barrio? 너희 동네에는 무엇이 있니?
   B **Hay** una biblioteca muy agradable. 매우 아늑한 도서관이 있어.
   En la biblioteca, **hay** libros, mesas y sillas. 도서관에는 책, 탁자, 의자가 있어.

   A ¿**Hay** naranjas en la nevera? 냉장고에 오렌지 있니?
   B No, no **hay** naranjas. Pero sí **hay** fresas. 아니, 오렌지는 없어. 하지만 딸기는 있어.

② hay + 수사 + 명사

   En mi casa **hay** tres dormitorios, dos baños, un salón y una cocina.
   우리 집에는 방 3개, 화장실 2개, 거실 1개, 부엌 1개가 있어.

   Hay treinta y un estudiantes en mi clase.
   내 수업에는 31명의 학생들이 있다.

③ hay + 부정사 + 명사

   Hay muchos estudiantes en el aula. 교실에 많은 학생들이 있다.
   Hay poca gente en el centro comercial. 쇼핑센터에 사람이 거의 없다.
   Hay algunos problemas en esta escuela. 이 학교에 약간의 문제가 있다.

> **⚠ 주의 ¡Ojo!**
> haber 동사가 '~있다'라는 뜻으로 쓰일 때, 뒤에 오는 명사의 단·복수 형태와 상관없이 항상 haber 동사의 3인칭 단수 형태인 hay를 씁니다. 즉, 존재하는 대상을 나타내는 명사구는 항상 hay 뒤에 나오며 복수가 되어도 hay 형태는 변하지 않습니다.

Algo más...

부정사(los indefinidos)는 명사 앞에 쓰여 명사를 한정하는 말 중의 하나입니다. 불특정의 '어떤'의 의미를 가지는 'algún / alguna', 혹은 양을 나타내는 mucho(많은), poco(적은), demasiado(지나치게 많은) 등의 단어를 말합니다. 부정사 P. 58 참조

연습문제 Ejercicios

1 다음 대화의 빈칸에 estar 동사의 알맞은 형태를 쓰세요.

(1) A ¿Dónde estás?
B _____ enfrente del cine.

(2) A ¿Dónde está Chile?
B _____ en América del Sur.

(3) A ¿Cómo están ustedes?
B _____ muy bien.

(4) A ¿Cómo está tu hermano?
B _____ enfermo.

(5) A ¿Cómo está la habitación?
B _____ muy sucia.

(6) A ¿Estáis cansados?
B Sí, _____ muy cansados.

2 다음 각 문장에서 틀린 부분을 찾아 고치세요.

(1) Corea está en la península coreana. Es cerca de Japón.
   → _____

(2) José está de Brasil. Es muy simpático.
   → _____

(3) Marta está cansada. Es en casa.
   → _____

(4) Nosotras somos en África ahora.
   → _____

3 다음 문장의 빈칸에 hay 혹은 estar 동사 중 하나를 알맞은 형태로 넣으세요.

(1) _____ una librería en nuestra universidad.
(2) María _____ en la escuela porque hoy tiene clases.
(3) _____ muchos estudiantes en el museo.
(4) En mi habitación _____ una cama, un escritorio, una silla y una computadora.
(5) El hospital _____ en el centro de la ciudad.

Unidad 06 현재형 규칙 동사
Presente de indicativo: verbos regulares

Track **007**

A ¿Bailas bien?
　너 춤 잘 추니?

B No, no bailo bien. Pero canto bastante bien.
　아니, 춤은 잘 못 춰. 하지만 노래는 좀 하는 편이지.

문법 Gramática

1 현재형 규칙 동사 형태

스페인어 일반 동사는 원형의 어미에 따라 -ar, -er, -ir로 끝나는 3가지 형태가 있습니다.
현재형 규칙 동사의 어미는 다음과 같이 변화합니다.

	-ar	-er	-ir
	hablar 말하다	**comer** 먹다	**vivir** 살다
yo	habl**o**	com**o**	viv**o**
tú	habl**as**	com**es**	viv**es**
él/ella/usted	habl**a**	com**e**	viv**e**
nosotros	habl**amos**	com**emos**	viv**imos**
vosotros	habl**áis**	com**éis**	viv**ís**
ellos/ellas/ustedes	habl**an**	com**en**	viv**en**

Unidad 06　37

2 현재형 규칙 동사의 예

-ar	-er	-ir
bailar 춤추다	aprender 배우다	abrir 열다
cantar 노래하다	beber 마시다	asistir 참석하다
cocinar 요리하다	comprender 이해하다	decidir 결정하다
comprar 사다	correr 달리다	discutir 논쟁하다
estudiar 공부하다	leer 읽다	escribir 쓰다
escuchar 듣다	responder 대답하다	recibir 받다
llegar 도착하다	vender 팔다	subir 오르다
tocar 연주하다		
trabajar 일하다		

A ¿Qué idiomas **hablas**? 너는 무슨 언어를 하니?
B **Hablo** coreano, inglés y un poco de español. 난 한국어, 영어 그리고 스페인어 조금 해.

A ¿**Bebéis** cerveza? 너희들 맥주 마시니?
B Sí, **bebemos** cerveza. 응, 우리 맥주 마셔.

A ¿**Vive** Juan cerca de aquí? 후안이 여기 근처에 사니?
B No, **vive** lejos de aquí. 아니, 여기서 멀리 살아.

A ¿**Bailan** bien ustedes? 당신들은 춤을 잘 추십니까?
B No, no **bailamos** bien. Pero cantamos bastante bien. 아니요. 저희는 잘 못 춥니다. 하지만 노래는 상당히 잘 부릅니다.

A ¿Qué tipo de libros **lees** normalmente? 너는 주로 어떤 책을 읽니?
B Yo **leo** novelas. 나는 소설을 읽어.

참고
Algo más...

발음상의 이유로 1인칭 단수 변화형에서 철자가 바뀌는 동사들이 있습니다.
이같은 동사들은 1인칭 단수에서만 철자가 바뀌고 나머지 인칭에서는 규칙 변화합니다.

g → j   coger 잡다
co**j**o, coges, coge, cogemos, cogéis, cogen

gu → g   distinguir 식별하다
distin**g**o, distingues, distingue, distinguimos, distinguís, distinguen

c → z   convencer 설득하다
conven**z**o, convences, convence, convencemos, convencéis, convencen

연습문제 Ejercicios

1 다음 각 그림을 설명하는 문장을 찾아 연결하세요.

(1)    (2)    (3)    (4)

ⓐ Eva lee muchos libros.
ⓑ Javier toca el piano muy bien.
ⓒ Marta corre en el parque.
ⓓ David bebe mucha cerveza.

2 각 빈칸에 알맞은 동사 변화를 골라 동그라미 하세요.

(1) Yo no (vivo / vive) aquí. Estoy de visita.

(2) José (aprendes / aprende) muchos idiomas. Inglés, español y chino.

(3) Los señores Martínez (abre / abren) la tienda a las nueve de la mañana.

(4) Vosotros (compramos / compráis) pan todas las mañanas.

(5) Usted (cocino / cocina) muy bien.

(6) Tú (escucho / escuchas) la música clásica.

3 '나의 일상'에 대한 글을 빈칸에 1인칭 단수 현재형으로 동사를 활용해 완성하세요.

Yo (1)_____(tomar) un café con leche todas las mañanas.

Luego (2)_____(asistir) a las clases.

Después de las clases (3)_____(comer) con mis amigos en un restaurante.

Por la tarde (4)_____(estudiar) en la biblioteca.

Más tarde, (5)_____(trabajar) en una cafetería durante cuatro horas.

(6)_____(llegar) tarde a mi casa por la noche.

Unidad 07

현재형 불규칙 동사
Presente de indicativo: verbos irregulares

🎧 Track **008**

A ¿Quieres un café?
   커피 한잔할래?

B No, prefiero un té con leche.
   아니, 밀크티가 더 좋겠어.

문법 Gramática

동사 현재형 활용 시 어미뿐만 아니라 어간이 변화하는 경우 불규칙 동사라고 합니다.

1 -e- ➡ -ie-

	p**e**nsar 생각하다	qu**e**rer 사랑하다, 원하다	pref**e**rir 선호하다	c**e**rrar 닫다
yo	p**ie**nso	qu**ie**ro	pref**ie**ro	c**ie**rro
tú	p**ie**nsas	qu**ie**res	pref**ie**res	c**ie**rras
él/ella/usted	p**ie**nsa	qu**ie**re	pref**ie**re	c**ie**rra
nosotros	pensamos	queremos	preferimos	cerramos
vosotros	pensáis	queréis	preferís	cerráis
ellos/ellas/ustedes	p**ie**nsan	qu**ie**ren	pref**ie**ren	c**ie**rran

comenzar 시작하다, **empezar** 시작하다, **entender** 이해하다, **mentir** 거짓말하다, **perder** 잃어버리다, **sentir** 느끼다

40

2 -o-, -u- → -ue-

	almorzar 점심 먹다	**volver** 돌아오다	**dormir** 자다	**jugar** 놀다, (스포츠)하다
yo	almuerzo	vuelvo	duermo	juego
tú	almuerzas	vuelves	duermes	juegas
él/ella/usted	almuerza	vuelve	duerme	juega
nosotros	almorzamos	volvemos	dormimos	jugamos
vosotros	almorzáis	volvéis	dormís	jugáis
ellos/ellas/ustedes	almuerzan	vuelven	duermen	juegan

contar 이야기하다, 세다, costar 가격이 나가다, encontrar 만나다, morir 죽다, mostrar 보여 주다, recordar 기억하다

3 -e- → -i-

	pedir 요구하다	**servir** 봉사하다, 서빙하다	**repetir** 반복하다
yo	pido	sirvo	repito
tú	pides	sirves	repites
él/ella/usted	pide	sirve	repite
nosotros	pedimos	servimos	repetimos
vosotros	pedís	servís	repetís
ellos/ellas/ustedes	piden	sirven	repiten

seguir 계속하다, vestir 옷을 입히다

> **❗ 주의 ¡Ojo!**
> 현재형에서 -e- → -ie- / -o-, -u- → -ue- / -e- → -i-로 어근의 모음이 변하는 불규칙 동사들은 단수형과 3인칭 복수형만 불규칙 변화하며 nosotros, vosotros는 항상 규칙 형태입니다.

4 1인칭 단수만 불규칙인 동사들

이러한 동사들은 1인칭 단수형에 -go가 붙는 특수한 형태를 씁니다.

	hacer 하다	**poner** 놓다	**salir** 나가다	**caer** 떨어지다	**traer** 가져오다
yo	hago	pongo	salgo	caigo	traigo
tú	haces	pones	sales	caes	traes
él/ella/usted	hace	pone	sale	cae	trae
nosotros	hacemos	ponemos	salimos	caemos	traemos
vosotros	hacéis	ponéis	salís	caéis	traéis
ellos/ellas/ustedes	hacen	ponen	salen	caen	traen

5 혼합형 불규칙 동사들

이 유형의 동사들은 1인칭 단수형은 -go가 붙고, nosotros, vosotros를 제외한 나머지 인칭에서 어간의 모음이 변하는 동사들입니다.

	tener 가지다	venir 오다	decir 말하다	oír 듣다
yo	ten**go**	ven**go**	d**igo**	o**igo**
tú	ti**e**nes	vi**e**nes	d**i**ces	o**y**es
él/ella/usted	ti**e**ne	vi**e**ne	d**i**ce	o**y**e
nosotros	tenemos	venimos	decimos	oímos
vosotros	tenéis	venís	decís	oís
ellos/ellas/ustedes	ti**e**nen	vi**e**nen	d**i**cen	o**y**en

6 단음절 불규칙 동사

1인칭 단수형이 불규칙이며, vosotros 변화형에 강세 표시가 없습니다.

	dar 주다	ir 가다	ver 보다
yo	**doy**	**voy**	**veo**
tú	das	vas	ves
él/ella/usted	da	va	ve
nosotros	damos	vamos	vemos
vosotros	**dais**	**vais**	**veis**
ellos/ellas/ustedes	dan	van	ven

7 -uir로 끝나는 동사들

발음상의 이유로 nosotros, vosotros를 제외한 변화형에 -y-가 들어갑니다.

	incluir 포함하다	concluir 결론짓다	destruir 파괴하다	huir 도망치다	sustituir 대체하다
yo	inclu**y**o	conclu**y**o	destru**y**o	hu**y**o	sustitu**y**o
tú	inclu**y**es	conclu**y**es	destru**y**es	hu**y**es	sustitu**y**es
él/ella/usted	inclu**y**e	conclu**y**e	destru**y**e	hu**y**e	sustitu**y**e
nosotros	incluimos	concluimos	destruimos	huimos	sustituimos
vosotros	incluís	concluís	destruís	huís	sustituís
ellos/ellas/ustedes	inclu**y**en	conclu**y**en	destru**y**en	hu**y**en	sustitu**y**en

연습문제 Ejercicios

1 다음 밑줄 친 부분에 동사 변화가 잘못 들어간 것을 고르세요.

① Elisa pide la comida en el restaurante chino.
② Daniel siempre vene tarde.
③ Cristina muestra su dibujo.
④ Pablo siempre pierde paraguas.

2 다음 중 알맞은 동사 변화형을 찾아 동그라미를 하세요.

(1) Yo (vo / veo) la televisión en el salón.
(2) Yo (pono / pongo) mi mochila encima de la mesa.
(3) Yo no (deco / digo) las mentiras.
(4) Yo (do / doy) un regalo a mi novia.

3 다음 각 문장의 빈칸에 알맞은 동사 현재형을 넣으세요.

(1) Yo no _____(mentir) nunca. Soy una persona sincera.
(2) El camarero nos _____(servir) los platos.
(3) Los señores Hernández _____(cerrar) la tienda los fines de semana.
(4) Vosotros _____(entender) la situación.
(5) Tú _____(encontrar) a tus amigos en la discoteca.

4 '나의 금요일'에 대한 글입니다. 괄호 안에 주어진 동사의 현재형으로 빈칸을 완성하세요.

> Cuando yo (1)_____(terminar) de trabajar, normalmente (2)_____ (yo, ir) al gimnasio. Allí (3)_____(hacer) el ejercicio casi todos los días. Los viernes por la noche (4)_____(yo, salir) con mis amigos. Nosotros (5)_____(ver) una película. Si no, a veces (6)_____(yo, dar) una fiesta en mi casa. Mis amigos (7)_____(traer) bebidas y comidas. Yo (8)_____(poner) la mesa para ellos. Nosotros (9)_____(charlar) mucho durante toda la noche.

Unidad 07

Unidad 08 ★ conocer 동사와 saber 동사의 구분
Conocer vs. Saber

Track 009

A Conozco un buen restaurante.
   Se llama "La vaca argentina".
   나는 아주 좋은 식당을 하나 알아. 이름이 "라 바까 아르헨티나"야.

B Yo sé dónde está el restaurante.
   나도 그 식당이 어디 있는지 알아.

문법 Gramática

우리말의 '~을/를 알다'는 스페인어에서 conocer와 saber 두 동사로 구분됩니다. 이 단원에서는 conocer와 saber의 동사 변화형과 두 동사의 미묘한 의미 차이에 대해 알아봅니다.

1 conocer 동사와 saber 동사의 현재형

	conocer	saber
yo	conozco	sé
tú	conoces	sabes
él/ella/usted	conoce	sabe
nosotros	conocemos	sabemos
vosotros	conocéis	sabéis
ellos/ellas/ustedes	conocen	saben

> ✅ **Tip**
> conocer 동사처럼 1인칭 단수형에 -zco가 붙거나 혹은 특수한 형태를 쓰는 동사들이 있습니다.
> agradecer 고마워하다 → agradezco
> traducir 번역하다 → traduzco
> ofrecer 제공하다 → ofrezco
> conducir 운전하다 → conduzco
> caber (공간에) 들어가다 → quepo

2 conocer 동사와 saber 동사의 의미 차이

(1) conocer: '주관적 경험을 통해 사람이나 장소를 알다'라고 할 때 씁니다.
conocer 뒤에는 명사구만 올 수 있고, '~(사람)을/를 안다'고 할 때는 전치사 a를 써야 합니다.

A ¿**Conoces a** la profesora Yang? 너 양 선생님 아니?
B Sí, la **conozco** muy bien. Es mi profesora de español.
응, 그분을 잘 알아. 내 스페인어 선생님이셔.

A ¿**Conocéis** Busan? 너희들 부산을 (가봐서) 아니?
B Sí, **conocemos** muy bien Busan porque viven allí nuestros abuelos.
응, 우리는 부산을 (가봐서) 잘 알아. 왜냐하면 우리 할아버지 할머니가 거기 사시거든.

(2) saber: '객관적 사실이나 정보를 알다'라고 할 때 씁니다.
saber 뒤에는 명사구뿐만 아니라 의문사, que, si와 같은 접속사를 동반한 절도 올 수 있습니다.

Juan **sabe** mucho de la historia de los países latinoamericanos.
후안은 중남미 나라들의 역사에 대해 많이 알고 있다.

Yo **sé** que Juan vivió muchos años en el extranjero.
나는 후안이 외국에 여러 해 살았다는 것을 알아.

¿**Sabes** si viene María a la fiesta?
너 마리아가 파티에 오는지 안 오는지 알고 있니?

A ¿**Sabes** dónde está el Correo Central? 중앙 우체국이 어디 있는지 아니?
B Sí, lo **sé**. 응, 알아.

A ¿**Saben** ustedes cuándo empieza la conferencia?
당신들은 컨퍼런스가 언제 시작하는지 아십니까?
B No, no lo **sabemos** todavía. 아니요. 아직 모르겠습니다.

saber + 동사 원형: ~할 줄 안다
saber 뒤에 동사 원형을 쓸 경우, 능력을 나타냅니다.

예 No **sé tocar** el violín. 나는 바이올린 켤 줄 모른다.
Isabel **sabe hablar** varios idiomas. 이사벨은 여러 언어를 할 줄 안다.
Javier e Inés **saben montar** a caballo. 하비에르와 이네스는 말을 탈 줄 안다.

연습문제 Ejercicios

1 다음 동사의 쓰임이 잘못된 것을 골라 고치세요.

① Laura sabe conducir el coche.

② Ángela conoce a la madre de Juana.

③ Roberto conoce diseñar la página de web.

④ Tomás sabe mucho de música.

→ _____

2 다음 문장의 빈칸에 conocer와 saber 중 알맞은 동사를 인칭에 맞게 활용하여 넣으세요.

(1) ¿_____ usted si hay una biblioteca cerca?

(2) Pedro _____ muy bien este barrio. Viven sus primos aquí.

(3) Yo no _____ arreglar computadoras.

(4) _____ al director de esta empresa. Es mi amigo.

(5) Luisa no _____ nada de informática.

(6) Mis padres _____ que me voy de viaje este viernes.

3 다음 중 알맞은 동사 변화형을 찾아 동그라미를 하세요.

(1) Yo no (conduco / conduzco) el coche por la noche.

(2) Ellos (ofrecéis / ofrecen) muy buenos trabajos.

(3) Yo (traduco / traduzco) unos textos en alemán.

(4) No (cabes / caben) todos los libros en la estantería.

(5) Yo te (agradeco / agradezco) tu ayuda.

Parte 3

한정사

Unidad 09 수사
Numerales

 Track 010

A ¿Cuál es tu número de teléfono?
전화번호가 어떻게 되세요?

B Es el cero-cinco-cero-cuatro-nueve-ocho-dos-tres-uno-siete-seis.
050-4982-3176입니다.

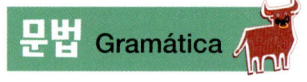

1 기수 (numerales cardinales)

0	cero				
1	uno/a	11	**once**	21	veintiuno/a
2	dos	12	**doce**	22	veintidós
3	tres	13	**trece**	23	veintitrés
4	cuatro	14	**catorce**	24	veinticuatro
5	cinco	15	**quince**	25	veinticinco
6	seis	16	dieciséis	26	veintiséis
7	siete	17	diecisiete	27	veintisiete
8	ocho	18	dieciocho	28	veintiocho
9	nueve	19	diecinueve	29	veintinueve
10	diez	20	veinte	30	treinta

> ❗ 주의 ¡Ojo!
> 11~15는 특수한 형태이며, 16부터 29까지는 발음상의 이유로 y가 축약된 형태라고 볼 수 있습니다.
> 예) 16 ~~diez y seis~~ → dieciséis   21 ~~veinte y uno~~ → veintiuno

31	treinta y uno/a	101	ciento uno/a		
32	treinta y dos	199	ciento noventa y nueve	1,000	mil
...	...	200	doscientos/as	1,999	mil novecientos noventa y nueve
40	cuarenta	300	trescientos/as		
50	cincuenta	400	cuatrocientos/as	2,000	dos mil
60	sesenta	500	**quinientos/as**	10,000	diez mil
70	setenta	600	seiscientos/as	100,000	cien mil
80	ochenta	700	**setecientos/as**	1,000,000	un millón
90	noventa	800	ochocientos/as	2,000,000	dos millones
100	cien	900	**novecientos/as**		

(1) 두 자릿수의 숫자일 경우 31부터 십의 자리와 일의 자리 숫자 사이를 y로 연결합니다. 그러나 그 외 자릿수 사이에는 y가 들어가지 않습니다. 예를 들어, 101은 ciento y uno라고 하지 않고 ciento uno라고 합니다.

(2) uno가 들어가는 숫자 뒤에 남성 명사가 오면 -o가 탈락해서 un이 되고, 여성 명사가 오면 una가 됩니다.

Hay **treinta y un** estudiantes en este curso.
이 코스에 31명의 학생들이 있습니다.

Hay **veintiuna** mujeres en esta asociación.
이 단체에는 21명의 여자들이 있습니다.

Tengo **veintiún** años.
저는 21세입니다.

주의 ¡Ojo!
veintiuno 뒤에 남성 명사가 와서 -o가 탈락될 경우, 강세 표시가 붙어 veintiún이 됩니다. 단, 뒤에 명사를 생략하고 숫자만 쓸 때는 -o가 생략되지 않으며 강세 표시도 붙지 않습니다.
예) Tengo **veintiuno**. 저는 21세입니다.

(3) 백의 자릿수 중 200 이상은 성·수 변화합니다. 따라서 뒤에 여성 명사가 오면 -o가 -a로 변화합니다.

ciento una flores 101송이의 꽃
doscientas flores 200송이의 꽃

quinientas libras 500파운드
setecientas casas 700채의 집

(4) mil은 성·수에 따른 모양 변화 없이 항상 mil로 쓰입니다.

cinco **mil** euros 5,000유로
mil dólares 1,000달러
diez **mil** wones 10,000원

(5) millón은 1,000,000이라고 할 때 부정 관사 un을 반드시 같이 쓰며 뒤에 명사가 오면 전치사 de를 뒤에 씁니다. millón의 복수형은 millones입니다. millón/millones 뒤에 다른 단위의 숫자가 더 있으면 전치사 de 없이 바로 명사를 수식하여 씁니다.

un millón de pesos 1백만 페소
dos millones de personas 2백만 명의 사람들
tres millones doscientos mil dólares 320만 달러

주의 ¡Ojo!
2,000,000 이상의 숫자는 millones로 복수형을 쓰고 강세 표시가 붙지 않습니다.

2 서수 (numerales ordinales)

첫 번째	primero/a(s)	다섯 번째	quinto/a(s)	아홉 번째	noveno/a(s)
두 번째	segundo/a(s)	여섯 번째	sexto/a(s)	열 번째	décimo/a(s)
세 번째	tercero/a(s)	일곱 번째	séptimo/a(s)		
네 번째	cuarto/a(s)	여덟 번째	octavo/a(s)		

(1) 서수는 주로 앞에 정관사나 소유사를 함께 씁니다. 소유사 P. 52 참조

(2) 뒤에 여성 명사가 오면 -o가 -a로 변하는 여성형을 씁니다.

　　La **primera** lección es fácil. 첫 과는 쉽습니다.

　　La **Segunda** Guerra Mundial estalló el 3 de septiembre de 1939. 제2차 세계 대전은 1939년 9월 3일 발발했습니다.

(3) primero와 tercero 뒤에 남성 단수 명사가 오면 -o가 탈락합니다.

　　Mi **primer** amor era una chica rusa. 내 첫사랑은 러시아 소녀였다.

　　El **tercer** capítulo trata de las expresiones del tiempo. 제3과는 날씨 표현을 다룬다.

(4) 서수는 기수와 달리 복수형도 있습니다.

　　Hoy vamos a estudiar los **primeros** dos capítulos. 오늘은 처음 부분의 두 과를 공부하겠습니다.

3 숫자를 써서 날짜, 나이, 가격 등을 표현할 수 있습니다.

(1) 날짜 (la fecha)

　　A　¿Qué fecha es hoy? 오늘은 며칠입니까?

　　B　Es el **veintiuno** de diciembre. 12월 21일입니다.

(2) 나이 (la edad)

　　A　¿Cuántos años tienes? 너는 몇 살이니?

　　B　Tengo **veintiún** años. 난 21살이야.

(3) 가격 (el precio)

　　A　¿Cuánto cuesta este bolso? 이 가방은 얼마예요?

　　B　Cuesta **trescientos cincuenta** euros. 350유로입니다.

> **❗ 주의 ¡Ojo!**
>
> 매월 1일은 기수 uno뿐만 아니라 서수 primero를 써서 나타낼 수도 있습니다.
>
> 예 El **primero** de enero = El **uno** de enero
> 1월 1일

참고 Algo más...

달(Mes) 표현

1월	enero	2월	febrero	3월	marzo	4월	abril
5월	mayo	6월	junio	7월	julio	8월	agosto
9월	septiembre	10월	octubre	11월	noviembre	12월	diciembre

연습문제 Ejercicios

1 다음 각 문장에 알맞은 것을 고르세요.

(1) Yo tengo (diez y dos / doce) hermanos.

(2) Mi madre tiene (cincuenta y uno / cincuenta y un) años.

(3) En el estadio hay (dos mil / dos miles) asientos.

(4) Juan siempre me regala (cien / cienta) rosas en mi cumpleaños.

(5) Carlos ganó (cinco cientos / quinientos) euros en la lotería.

2 다음 각 문장에서 <u>틀린</u> 곳을 찾아 고치세요.

(1) Enero es el primero mes del año. → _____

(2) Mi oficina está en la cuarto planta. → _____

(3) Yo estoy en el tercero curso de bachillerato. → _____

(4) María fue la primero en llegar. → _____

3 다음 중 숫자가 <u>잘못</u> 표기된 것을 고르세요.

①

A ¿Cuántos años tiene tu abuelo?
B Tiene setenta y un años.

②

A ¿Qué fecha es hoy?
B Hoy es el quince de febrero.

③

A ¿Cuándo es tu cumpleaños?
B Es el primero de abril.

④

A ¿Cuánto cuesta este ordenador?
B Cuesta un millón trescientos wones.

Unidad 10 ★ 소유사
Posesivos

 Track 011

A ¿Dónde está mi libro?
  내 책이 어디 있지?

B Este es mío. El tuyo está ahí.
  이건 내 거야. 네 것은 거기 있네.

문법 Gramática

소유사는 '(누구)의'라는 의미로 소유자를 나타낼 때 씁니다. 명사 앞에 쓰는 전치형 소유사와 명사 뒤에 쓰는 후치형 소유사가 있습니다. 전치형이든 후치형이든 소유사는 소유 대상인 명사를 수식하기 때문에 명사와 성·수 일치시킵니다.

	전치형 소유사	후치형 소유사
yo	mi	mío/a
tú	tu	tuyo/a
él/ella/usted	su	suyo/a
nosotros	nuestro/a	nuestro/a
vosotros	vuestro/a	vuestro/a
ellos/ellas/ustedes	su	suyo/a

mi padre = el padre **mío** 나의 아버지
tu abuela = la abuela **tuya** 너의 할머니

nuestra casa = la casa **nuestra** 우리 집
vuestras hijas = las hijas **vuestras** 너희의 자녀들

참고 Algo más...

남녀 합하여 지칭할 때는 남성 복수형을 씁니다.

예 mis **padres** = mi padre + mi madre   tus **abuelos** = tu abuelo + tu abuela
   나의 부모님   너의 조부모님

1 전치형 소유사

(1) 전치형 소유사는 명사 앞에 쓰며 관사와 함께 쓸 수 없습니다.

　　mi amigo (○), el mi amigo (×)

(2) 전치형 소유사의 3인칭 단·복수는 su로 형태가 동일합니다. 따라서 su는 '그의, 그녀의, 당신의, 그들의, 그녀들의, 당신들의'의 6가지 해석이 가능하기 때문에 소유자에 대한 정보는 문맥을 통해 유추해야 합니다.

　　Mis tíos viven en Busan. Pero **su** hija vive en Seúl. Ella sale con **sus** primos los fines de semana.
　　　　　　　　　　　　　　　= mis tíos　　　　　　　　　　　　　= la hija de mis tíos

　　우리 삼촌 내외는 부산에 사신다. 하지만 그들의 딸은 서울에 산다. 그녀는 주말마다 그녀의 사촌들과 나가서 논다.

> ✅ **Tip**
> 문맥에서 3인칭 소유자를 su로 썼을 때 누구를 가리키는지 파악하기 힘들 때, 소유사 su 대신 '전치사 de + 전치격 대명사'를 써서 소유자를 명확히 표현하기도 합니다.
> 예) Juan tenía que preparar un proyecto con María, su compañera de clase. Ayer ellos elaboraron un material en la casa **de ella**.
> 후안은 그의 반 친구인 마리아와 프로젝트를 준비해야 했다. 어제 그들은 그녀의 집에서 자료를 만들었다.

2 후치형 소유사

(1) 후치형 소유사는 명사 뒤에 쓰며 관사와 함께 씁니다.

(2) 정관사 + (명사) + 후치형 소유사

　　이미 소유사가 한 번 언급된 후 두 번째로 소유 명사구가 나올 때 명사를 반복하지 않기 위해 주로 후치형 소유사를 씁니다.

　　A ¿Dónde están mis llaves? 내 열쇠들은 어디 있지?
　　B Las **tuyas** están aquí, encima de la mesita. 네 것들은 여기 협탁 위에 있어.

(3) ser 동사 + 후치형 소유사

　　ser 동사 뒤에 관사 없이 후치형 소유사가 쓰이면 '(누구)의 것'을 뜻합니다.

　　A ¿De quién es este coche? 이 차는 누구의 것이지?
　　B No es **mío**. Es de Antonio. Es **suyo**. 내 것은 아니야. 안토니오 것이야. 그의 것이야.

(4) 부정 관사 + 명사 + 후치형 소유사

　　소유 대상의 신원을 밝히고 싶지 않을 때 씁니다.

　　Un amigo **mío** me compró este reloj. 어떤 내 친구가 나한테 이 시계를 사 줬어.

(5) ¡명사 + 후치형 소유사!

　　'-(이)여'라는 부름 자리에 놓이는 호격일 때 후치형 소유사를 사용합니다.

　　¡Amigo **mío**! 내 친구여!　　¡Amor **mío**! 내 사랑!　　¡Dios **mío**! 나의 신이시여!

연습문제 Ejercicios

1 다음 보기 와 같이 빈칸에 우리말 뜻에 맞는 전치형 소유사를 쓰세요.

> 보기 네 공책이 책상 위에 있어. ➡ Tu cuaderno está sobre la mesa.

(1) 이 아이가 내 친구 실비아야. ➡ Esta es _____ amiga Silvia.

(2) 이들이 우리 고양이들입니다. ➡ Estos son _____ gatos.

(3) 그녀의 신발이 여기 있네요. ➡ _____ zapatos están aquí.

(4) 이것들이 너희들의 여행 가방이니? ➡ ¿Estas son _____ maletas?

2 후치형 소유사를 써서 대화를 완성하세요. 관사는 필요한 경우에만 넣으세요.

(1) A ¿Es tuya esta chaqueta?
B No, _____ es más pequeña.

(2) A ¿Estos zapatos son de la profesora Hernández?
B Sí, son _____.

(3) A ¿Son de ustedes estos asientos?
B No, _____ son aquellos.

(4) A ¿De quién es este paraguas?
B No es _____. Yo tengo el mío aquí.

3 다음 중 소유사가 잘못 쓰인 문장을 골라 알맞게 고치세요.

① Un profesor mío es argentino.
② Tus amigos son muy divertidos.
③ Una tía nuestro vive en Canadá.
④ Vuestra casa está lejos.

➡ _____

54

Unidad 11 지시사
Demostrativos

A ¿De quién es este reloj?
이 시계는 누구의 것이지요?

B Es mío. Gracias.
내 거예요. 고마워요.

 문법 Gramática

지시사는 화자와 청자를 기준으로 지시하는 대상의 거리감을 표현합니다.

	이		그		저	
	단수	복수	단수	복수	단수	복수
남성	**este** libro	**estos** libros	**ese** libro	**esos** libros	**aquel** libro	**aquellos** libros
여성	**esta** mesa	**estas** mesas	**esa** mesa	**esas** mesas	**aquella** mesa	**aquellas** mesas
중성	**esto**		**eso**		**aquello**	

1 지시사 + 명사

지시사의 형태는 명사의 성·수에 일치시킵니다. 단, 이미 명사를 알 경우 명사를 생략하고 대명사로 쓸 수도 있습니다.

Este vaso está limpio, pero **ese** no. 이 잔은 깨끗하지만 그것은 그렇지 않네.

Estas camisas son más bonitas que **aquellas**. 이 셔츠들이 저것들보다 더 예쁘네.

Mira, **esta** es mi amiga Juana. 여기 봐, 여기는 내 친구 후아나야.

2 중성 지시사 esto, eso, aquello

중성 지시사는 명확한 이름을 모르거나 굳이 제시하고 싶지 않을 때 또는 상황 전체를 받을 때 씁니다. '이것, 그것, 저것'을 의미합니다.

A ¿Cuánto cuesta **aquello**? 저것은 얼마입니까?
B Cuesta cuarenta euros. 40유로입니다.

A Voy a dejar este trabajo. 이 일을 그만둘 거야.
B ¿Por qué dices **eso**? 왜 그런 말을 하니?

3 공간적 거리감

지시사(este, ese, aquel)는 주로 공간적 거리감을 나타냅니다. 이때는 장소 부사(aquí, ahí, allí)와 함께 씁니다.

가깝다		멀다
este libro 이 책	**ese** libro 그 책	**aquel** libro 저 책
aquí 여기	ahí 거기	allí 저기

> ✅ **Tip**
> 스페인에서는 장소 부사를 aquí(여기), ahí(거기), allí(저기) 세 가지로 표현하지만 중남미에서는 acá(여기), allá(거기, 저기) 두 가지로 표현합니다.

A **Aquí** hay un restaurante mexicano. 여기 멕시코 식당이 하나 있네.
B **Este** restaurante tiene estrella Michelín. 이 식당은 미슐랭 가이드 별점을 받은 곳이야.

4 시간적 거리감

(1) **este**: 현재와 가까운 시간대, 현재, 미래, 가까운 과거 모두 가능

Esta tarde voy al cine con mi novia. 난 오늘 오후에 여자 친구랑 영화 보러 간다.
Este verano he trabajado mucho. 나는 올여름에 열심히 일했다.

(2) **ese**: 미래, 과거의 시간대

Esa semana me voy de vacaciones. 그 주에 나는 휴가를 떠날 것이다.
Ese día me encontraba mal y no salí. 그날 너무 몸이 안 좋아서 안 나갔다.

(3) **aquel**: 아주 먼 과거의 시간대

En **aquellos** años no había televisión. 그 시절에는 TV가 없었다.

5 문장 내 대명사 역할

앞 문장에 언급된 명사구가 둘일 때 지시 대명사 aquel을 사용하여 '전자'를, este를 사용하여 '후자'를 나타낼 수 있습니다.

Las arañas no son insectos. **Estos** tienen seis patas, mientras que **aquellas** tienen ocho.
거미는 곤충이 아니다. 곤충(후자)은 발이 6개인 반면, 거미(전자)는 8개이다.

연습문제 Ejercicios

1 다음 각 그림의 상황에서 할 수 있는 말을 찾아 연결하세요.

(1)　　　　　　　　　(2)　　　　　　　　　(3)

ⓐ Mira, ese señor es el padre de Luisa.
ⓑ Aquella torre es el símbolo de Seúl.
ⓒ ¿Cuánto cuestan estas gafas de sol?

2 다음 문장의 빈칸에 알맞은 지시사를 고르세요.

_____ frigorífico no cabe en la cocina.

① Esas　　　② Ese　　　③ Esos　　　④ Esa

3 다음 중 지시사가 잘못 들어간 문장을 골라 알맞게 고치세요.

① Aquí hay un ordenador portátil. ¿De quién es este?
② Allí se ve una casa bonita. Esta es la casa de Pedro.
③ Mira, Raúl, te presento a una amiga mía. Esta es Amelia.
④ Del 5 al 12 de agosto no trabajo. Esa semana voy a ir de vacaciones.

➔ _____

4 다음 대화의 빈칸에 알맞은 지시사를 고르세요.

A　Es difícil encontrar el trabajo ideal.
B　_____ es verdad.

① Este　　　② Aquella　　　③ Eso　　　④ Ese

Unidad 11　57

Unidad 12 부정사
Indefinidos

 Track 013

A ¿Tienes algo de comer en la nevera?
네 냉장고에 뭐 먹을 거 있니?

B No, no tengo nada de comer.
아니, 아무것도 먹을 게 없어.

문법 Gramática

스페인어의 부정사는 정해지지 않은 대상을 나타낼 때 씁니다.
부정사에는 부정 대명사와 부정 형용사가 있고, 각각 긍정형과 부정형이 있습니다. 긍정형은 항상 긍정문에 쓰이고, 부정형은 항상 부정문에만 쓰입니다.

		긍정형 (afirmativo)	부정형 (negativo)
부정 대명사	사람	alguien 누군가	nadie 아무도
	사물	algo 어떤 것	nada 아무것
부정 형용사		alguno + 명사 어떤~ **algún** chico 어떤 소년 **alguna** chica 어떤 소녀 **algunos** chicos 어떤 소년들 **algunas** chicas 어떤 소녀들	ninguno + 명사 아무 ~ **ningún** chico 아무 소년 **ninguna** chica 아무 소녀

1 부정 대명사

(1) 불특정한 사람을 나타낼 때: 긍정형 alguien(누군가)와 부정형 nadie(아무도)를 씁니다.

- A ¿Hay **alguien** en casa? 집에 누가 있니?
- B No, no hay **nadie** en casa. 아니, 아무도 없어.

(2) 불특정한 사물이나 정도를 나타낼 때: 긍정형 algo(어떤 것)와 부정형 nada(아무것)을 씁니다.

- A ¿Comprendes **algo**?
  무얼 좀 이해했니?
- B No, no comprendo **nada**.
  아니, 아무것도/전혀 이해 못 했어.

> **⚠ 주의 ¡Ojo!**
> 부정형 부정 대명사 nada, nadie가 동사 앞에 나오면 no를 생략합니다.
> 예) Nada comprendo. = No comprendo nada.
> 나는 아무것도 이해 못한다.

2 부정 형용사 + 명사

부정 형용사는 항상 뒤에 명사를 동반합니다. 긍정형 alguno(어떤)의 경우 명사의 성수에 일치하여 algún, alguna, algunos, algunas의 4가지 형태가 있고, 부정형 ninguno(아무)의 경우 ningún, ninguna의 두 가지 형태가 있습니다.

- A ¿Hay **algún** banco por aquí?
  여기 근처에 어떤 은행이 있나요?
- B No, no hay **ninguno**.
  아니요, 아무 은행도 없어요.

- A ¿Hay aquí **alguna** tienda de juguetes?
  여기 어떤 장난감 가게가 있나요?
- B Si, aquí hay **alguna**.
  네. 여기 장난감 가게 하나 있어요.

> **⚠ 주의 ¡Ojo!**
> 명사를 생략하고 부정 형용사를 대명사처럼 쓰는 경우 남성 단수형은 -o를 생략하지 않고 alguno와 ninguno로 씁니다.

3 기타 부정 형용사: otro(다른), cada(각각), todo(모두), cualquier(아무 ~라도)

Quiero **otro** café. 저 커피 한 잔 더요.

Cada persona tiene su gusto. 각 사람마다 자신의 기호가 있다.

Todo el mundo lo conoce. 모든 사람들이 그를 알아요.

Puede entrar **cualquier** persona. 어떤 사람이라도 다 들어올 수 있습니다.

- A ¿Cuál prefieres, el café o el té? 넌 커피하고 홍차 중 어떤 것을 원하니?
- B **Cualquiera**. 아무거나.

> **⚠ 주의 ¡Ojo!**
> cualquier가 대명사처럼 명사 없이 단독으로 사용되면 cualquiera가 됩니다.

Unidad 12

연습문제 Ejercicios

1 보기 에서 알맞은 부정사를 골라 문장을 완성하세요.

| 보기 | algo | algunos | nada | nadie |

(1) ¿Compramos _____ caramelos?

(2) No vive _____ en aquella casa.

(3) ¿Tienes _____ que hacer esta tarde?

(4) No tengo _____ que hacer. Estoy aburrido.

2 다음 각 문장에서 틀린 부분을 찾아 고치세요.

(1) Nadie no trabaja en esta oficina. ➡ _____

(2) Conozco a algo que habla árabe. ➡ _____

(3) No tengo algún amigo extranjero. ➡ _____

(4) Tengo algún problemas para aprender idiomas. ➡ _____

3 다음 우리말 해석에 맞게 보기 에서 부정사를 골라 알맞은 형태로 넣으세요.

| 보기 | otro | cada | todo | cualquier |

(1) ¿Puede traerme _____ cuchara?
저에게 다른 숟가락을 하나 더 갖다주시겠어요?

(2) En mi clase _____ los estudiantes son excelentes.
내 수업의 모든 학생들은 훌륭합니다.

(3) Quiero viajar a _____ lugar estas vacaciones.
나는 이번 휴가 때 어디든지 여행하고 싶다.

(4) _____ uno tiene que pagar diez mil wones.
각 한 사람당 만 원씩을 지불해야 한다.

Parte 4

대명사

Unidad 13

직접 목적격 대명사
Pronombres de complemento directo

 Track 014

A ¿Me quieres?
나를 사랑하니?

B Sí, te quiero mucho.
그럼, 너를 많이 사랑해.

문법 Gramática

1 직접 목적격 대명사의 쓰임

타동사는 직접 목적어를 필요로 합니다. 처음 대상을 언급할 때는 명사를 쓰고, 이미 언급된 대상을 다시 언급할 땐 직접 목적격 대명사를 씁니다.

A ¿Lees **el libro** de Cervantes?
　　　　　사물
너 세르반테스의 그 책을 읽고 있니?

B Sí, **lo** leo.
응, 나 그것을 읽고 있어.

A ¿Quieres **a María**?
　　　　　사람
너 마리아를 사랑하니?

B Sí, **la** quiero mucho.
응, 나는 그녀를 매우 사랑해.

Algo más...

직접 목적어로 쓰인 명사가 사람(동물)을 가리킬 때는 전치사 a를 넣습니다.
스페인어는 동사 형태가 인칭 정보를 갖고 있기 때문에 주어를 생략하거나 목적어와 도치시킬 수 있습니다. 그런데 만약 'Juan quiere María.'라고 쓴다면 이 문장은 '후안이 마리아를 사랑한다.'는 뜻인지 '마리아가 후안을 사랑한다'는 뜻인지 파악하기 어렵습니다. 따라서 목적어 앞에 전치사 a를 넣어 직접 목적어를 표시합니다.

예 Amo **a mi familia**. 나는 나의 가족을 사랑해요.
　 Oigo **a un gato** en el garaje. 나는 차고에서 고양이 울음소리를 듣습니다.

2 직접 목적격 대명사의 형태

		단수	복수
1인칭		me 나를	nos 우리들을
2인칭		te 너를	os 너희들을
3인칭	남성	lo 그를, 당신을, 그것을	los 그들을, 당신들을, 그것들을
	여성	la 그녀를, 당신을, 그것을	las 그녀들을, 당신들을, 그것들을

3 직접 목적격 대명사의 위치

(1) 동사가 시제 활용된 형태일 때: 항상 동사 앞에 씁니다.

- A ¿Conoces **al profesor** Muñoz?
  너 무뇨스 선생님 알아?
- B Sí, **lo** conozco muy bien.
  응, 그분을 매우 잘 알아.

> ✅ **Tip**
> 스페인어권 일부 지역에서는 3인칭 남성 단수 직접 목적격 대명사가 사람을 나타낼 때, lo 대신 le를 쓰는 경향이 있습니다. 이 현상을 leísmo 현상이라고 부릅니다.
> Veo al chico. → Lo veo.(표준) / Le veo.(지역 방언)

(2) 본동사가 과거 분사(-ado/-ido)일 때: 'haber + 과거 분사' 형태로 완료형일 때 직접 목적격 대명사를 haber 조동사 앞에 씁니다. 과거 분사 P. 93 참조

- A ¿Has hecho **la tarea**? 너 숙제했니?
- B No, no **la** he hecho todavía. 아니, 아직 그거 못 했어.

(3) 본동사가 동사 원형일 때: 'poder / querer / preferir / ir a + 동사 원형'일 경우 직접 목적격 대명사는 시제 활용된 첫 동사 앞에 오거나 본동사인 동사 원형 뒤에 붙여 씁니다.

- A ¿Quieres comprar esta falda? 이 치마 사기 원하니?
- B Sí, **la** quiero comprar. / Sí, quiero comprar**la**. 응, 그것을 사기 원해.
- A ¿Vas a leer el periódico? 그 신문 읽을 거야?
- B Sí, **lo** voy a leer. / Sí, voy a leer**lo**. 응, 그것을 읽을 거야.

(4) 본동사가 현재 분사일 때: 'estar + 현재 분사형 (-ando/-iendo)'일 경우에도 직접 목적격 대명사는 estar 앞에 나오거나 현재 분사인 본동사 뒤에 붙여 씁니다. 현재 분사 P. 90 참조

- A ¿Estás estudiando el español?
  스페인어를 공부하고 있니?
- B Sí, **lo** estoy estudiando./ Sí, estoy estudiándo**lo**.
  응, 그것을 공부하고 있어.

> ❗ **주의 ¡Ojo!**
> 목적격 대명사를 현재 분사 뒤에 바로 붙여 쓸 경우 현재 분사의 강세 위치를 유지하기 위해 강세 표시를 해야 합니다.
> estudiándolo (○)
> estudiandolo (×)

연습문제 Ejercicios

1 다음 문장들 중 빈칸에 a가 필요 없는 문장을 고르세요.

① Te presento _____ mi amiga Inés.

② Necesito _____ una computadora nueva.

③ Yo quiero _____ mi novio mucho.

④ Yo conozco _____ un profesor japonés.

2 다음 질문에 알맞은 직접 목적격 대명사를 보기 에서 골라 대답하세요.

보기	lo	los	os	te

(1) A ¿Quién es ese chico?

　　B No sé, no _____ conozco.

(2) A ¿Cuándo visitas a tus abuelos?

　　B _____ visito los fines de semana.

(3) A Javier, ¿me ayudas, por favor?

　　B Por supuesto, ¿en qué _____ ayudo?

(4) A ¿Nos esperas un momento?

　　B ¡Claro que sí! _____ espero aquí.

3 다음 문장의 밑줄 친 직접 목적어 명사구를 직접 목적격 대명사로 바꾸어 만든 문장 중 잘못된 문장을 찾아 고치세요.

① Quiero hablar muy bien el español. → Quiero hablarlo muy bien.

② Yo envío mensajes de texto a mis amigos. → Yo los envío a mis amigos.

③ ¿Vas a hacer tu tarea en la biblioteca? → ¿Vas a hacerla en la biblioteca?

④ Victoria quiere invitar a sus amigos a la fiesta. → Victoria quiere los invitar a la fiesta.

→ _____

Unidad 14 간접 목적격 대명사
Pronombres de complemento indirecto

 Track 015

A Te doy un regalo.
너에게 선물을 하나 할게.

B Muchas gracias.
너무 고마워.

1 간접 목적격 대명사의 쓰임

'~에(게)'라는 간접 목적어를 처음 언급할 때는 '전치사 a + 명사/고유 명사'로 씁니다. 반면, 간접 목적어가 앞서 언급되었거나 상황에서 알고 있는 경우 간접 목적격 대명사를 씁니다.

Siempre yo regalo un libro **a mi hijo** en su cumpleaños. Y mi marido **le** da un juguete.
나는 우리 아들에게 생일날 책 한 권을 선물합니다. 그리고 우리 남편은 그에게 장난감 하나를 줍니다.

2 간접 목적격 대명사의 형태

	단수	복수
1인칭	me 나에게	nos 우리들에게
2인칭	te 너에게	os 너희들에게
3인칭	le 그에게, 그녀에게, 당신에게, 그것에게	les 그들에게, 그녀들에게, 당신들에게, 그것들에게

Unidad 14 65

(1) 1, 2인칭 간접 목적격 대명사는 직접 목적격 대명사와 형태가 같습니다. 문맥으로 구분합니다.

¿**Me** escribes un e-mail cuando llegues allí? 거기 도착하면 나에게 이메일 쓸 거지?
　　간접 목적격 대명사

¿**Me** quieres? 나를 사랑하니?
　　직접 목적격 대명사

(2) 간접 목적격의 중복: '전치사 a + 사람(3인칭)/동물'는 3인칭 간접 목적격 대명사로 받을 수 있습니다. 이때 지시 대상을 명확하기 위해 간접 목적격 대명사와 '전치사 a + 명사' 형태를 함께 쓰는 경향이 있습니다.

Yo **le** compro un regalo **a mi novia**.
나는 내 여자 친구에게 선물을 사 준다.

A mis padres les gusta el fútbol.
우리 부모님은 축구를 좋아하세요.

> ✅ **Tip**
> 1, 2인칭 간접 목적격 대명사는 일반적으로 '전치사 + 대명사' 형태를 중복해서 쓰지 않지만 썼을 경우는 간접 목적어를 강조하여 나타내고자 할 때입니다.
> 예 **A ti te** digo la verdad. 너에게 내가 진실을 얘기한다.

3 어순

(1) 간접 목적격 대명사 + 직접 목적격 대명사: 동사가 시제 활용되었을 때는 동사 앞에 '간접 목적격 대명사 + 직접 목적격 대명사' 순서로 씁니다.

A ¿Le pago la cuenta a usted?
　당신에게 계산서의 금액을 지불하면 되나요?

B Sí, **me la** paga, por favor.
　네, 저에게 내시면 돼요.

(2) 본동사가 시제 활용된 다른 동사와 함께 쓰여 동사 원형이거나 현재 분사 형태일 때 '간접 목적격 대명사 + 직접 목적격 대명사' 순서로 시제 활용된 첫 번째 동사 앞에 쓰거나 본동사 뒤에 결합하여 쓸 수 있습니다.

Te lo voy a decir. = Voy a decír**telo**.
나는 너에게 그것을 말해 줄 거야.

Te lo estoy pidiendo. = Estoy pidiéndo**telo**.
내가 너에게 그것을 부탁하고 있잖니.

> ❗ **주의 ¡Ojo!**
> '간접 목적격 대명사 + 직접 목적격 대명사'를 동사 원형이나 현재 분사 뒤에 바로 붙여 쓸 때, 동사 원형과 현재 분사의 강세를 유지하기 위해 강세 표시를 붙여야 합니다.

(3) 3인칭 간접 목적격 대명사 le / les 뒤에 3인칭 직접 목적격 대명사 lo / la / los / las가 올 경우 발음상으로 이유로 le / les → se로 바뀝니다.

A ¿Vas a devolver este libro a Elena? 너 엘레나에게 이 책 돌려줄 거지?

B Sí, **se** (= a Elena) **lo** (= este libro) voy a devolver. = Voy a devolvér**selo**.
　응, 그녀에게 그것을 돌려줄 거야.

> ❗ **주의 ¡Ojo!**
> 동사 원형을 전치사 뒤에 쓸 때 목적격 대명사는 항상 동사 원형 뒤에만 붙여 씁니다.
> 예 Antes de hacer**lo**, tienes que pedir el permiso. 그것을 하기 전에 너는 허가를 요청해야 한다.
> Voy a salir después de entregár**selo**. 나는 그에게 그것을 제출한 후 나갈 것이다.

연습문제 Ejercicios

1 다음 중 밑줄 친 부분이 <u>틀린</u> 문장을 골라 알맞게 고치세요.

① <u>Te</u> presto mi bicicleta. ¡Cuidado con los coches!

② Quiero regalar<u>lo</u> una corbata a mi padre.

③ El profesor Lorenzo <u>nos</u> enseña las matemáticas.

④ <u>Le</u> estoy escribiendo una carta a mi novia.

→ _____

2 다음 빈칸에 알맞은 것을 고르세요.

A ¿Puedes prestarle a Carlos tu motocicleta?

B No, lo siento. No _____ _____ puedo prestar.

① te / lo   ② me / la
③ se / la   ④ le / la

3 다음 대화에 알맞은 '간접 목적격 대명사 + 직접 목적격 대명사'를 써서 대답하세요.

(1) A ¿<u>Te</u> doy <u>un consejo</u> para este caso?

   B Sí, por favor. _____ _____ das ahora.

(2) A ¿<u>Me</u> puedes explicar <u>qué pasa</u>?

   B Sí, claro. _____ _____ puedo explicar.

(3) A ¿Cuándo vas a entregar <u>tu trabajo</u> <u>al profesor</u>?

   B Ahora mismo _____ _____ voy a entregar.

(4) A ¡No puedes decir <u>mentiras</u> <u>a tus padres</u>!

   B Tienes razón. No _____ _____ quiero decir.

Unidad 14 67

Unidad 15 ★ 재귀 대명사
Pronombres reflexivos

🎧 Track **016**

A ¿A qué hora te levantas por la mañana?
아침에 몇 시에 일어나니?

B Me levanto a las siete.
나는 7시에 일어나.

문법 Gramática

1 재귀 대명사의 쓰임

재귀 대명사는 '자기 자신'을 나타내는 대명사이며 주어와 동일한 사람을 가리킵니다. 주어가 하는 행위가 자신에게 적용될 때 주어와 같은 인칭의 재귀 대명사를 동사에 결합한 형태의 재귀 동사를 사용합니다. 예를 들어, 타동사 levantar(일으키다)의 재귀 동사의 원형은 재귀 대명사 se가 붙어 levantarse(일어나다)가 됩니다. 실제 문장에서는 인칭에 따라 알맞은 재귀 대명사를 써야 하며 동사가 활용된 경우 재귀 대명사는 동사 앞에 쓰입니다.

Yo **levanto** pesas. 나는 역기를 들어올린다.
Yo **me levanto**. 나는 일어난다.
Cristina **despierta** a su hijo. 크리스티나는 그녀의 아들을 깨운다.
Cristina **se despierta** a las seis. 크리스티나는 6시에 잠에서 깬다.
Raúl **baña** al perro. 라울이 개를 목욕시킨다.
Raúl **se baña** por la noche. 라울이 밤에 목욕한다.

2 재귀 대명사의 형태

	단수	복수
1인칭	me 나 자신	nos 우리 자신들
2인칭	te 너 자신	os 너희 자신들
3인칭	se 그 자신, 그녀 자신, 당신 자신, 그것 자신	se 그들 자신, 그녀들 자신, 당신들 자신, 그것들 자신

(1) 재귀 대명사 1, 2인칭은 직·간접 목적격 대명사와 형태가 같습니다. 재귀 대명사는 주어와 인칭이 같으므로 구분할 수 있습니다.

(2) 재귀 대명사 3인칭 단·복수 형태는 se로 동일합니다.

3 재귀 대명사의 종류

주로 일상적인 신체 활동을 표현할 때 재귀 동사를 씁니다. 아래 제시된 동사들의 주어는 생략 가능하지만 재귀 대명사는 꼭 써야 합니다.

(1) 재귀 대명사가 직접 목적어인 경우, '스스로 ~하다'의 의미를 갖고 '재귀 대명사(직접 목적어) + 동사'의 형태로 쓰입니다.

despertarse 잠 깨다	Yo **me despierto** con el despertador. 나는 알람 시계 소리에 잠을 깬다.
levantarse 일어나다	Yo **me levanto** temprano. 나는 일찍 일어난다.
ducharse 샤워하다	**Me ducho** todas las mañanas. 나는 매일 아침 샤워한다.
bañarse 목욕하다	María **se baña** por las noches. 마리아는 밤마다 목욕한다.
secarse 몸을 (수건으로) 닦다	Vosotros **os secáis** con una toalla. 너희들은 수건으로 몸을 닦는다.
maquillarse/pintarse 화장하다	Nosotros **nos maquillamos** delante del espejo. 우리들은 거울 앞에서 화장한다.
afeitarse 면도하다	Juan **se afeita** tres veces por semana. 후안은 주 3회 면도한다.
peinarse 머리 빗다	Tú **te peinas** todos los días. 너는 매일 머리 빗는다.
acostarse 잠자리에 들다	**Te acuestas** muy tarde. 너는 매우 늦게 잠자리에 든다.
sentarse 자리에 앉다	Los estudiantes **se sientan** en el sofá. 학생들은 소파에 앉는다.
vestirse 옷을 차려입다	Los niños **se visten** rápido. 아이들은 옷을 빨리 입는다.

> **❶ 주의 ¡Ojo!**
>
> 현재형 불규칙 동사들은 변화형에 주의합니다.
>
> e → ie: despertar — despierto, despiertas, despierta, despertamos, despertáis despiertan
> o → ue: acostar — acuesto, acuestas, acuesta, acostamos, acostáis, acuestan
> e → i: vestir — visto, vistes, viste, vestimos, vestís, visten

(2) 재귀 대명사가 간접 목적어인 경우, '스스로 ~을/를 ~하다'의 의미를 갖고 '재귀 대명사(간접 목적어) + 동사 + 직접 목적어'의 형태로 쓰입니다.

lavarse el pelo 머리 감다 lavarse la cara 세수하다	**Nos lavamos** el pelo. 우리들은 머리를 감는다. **Os laváis** la cara. 너희들은 세수한다.
cepillarse los dientes 이를 닦다	**Te cepillas** los dientes. 너는 이를 닦는다.
secarse el pelo 머리를 말리다	Ellas **se secan** el pelo. 그녀들은 머리를 말린다.
ponerse la ropa 옷 입다	**Me pongo** la ropa formal. 나는 정장 옷을 입는다.
quitarse la ropa 옷 벗다	El niño **se quita** los zapatos. 아이는 신발을 벗는다.
probarse la ropa 옷을 입어 보다	**Me pruebo** muchas ropas en la tienda. 나는 가게에서 옷을 많이 입어 본다.

> ⚠️ **주의 ¡Ojo!**
>
> vestirse는 '옷을 차려 입다'의 의미로 ponerse la ropa와 뜻이 같습니다. vestirse는 '옷 입다'의 뜻만 되는 반면, ponerse는 '구두를 신다'(ponerse los zapatos), '허리띠를 착용하다'(ponerse el cinturón), '목걸이를 걸다'(ponerse el collar) 등으로 뒤에 따라오는 목적어에 따라 신체에 착용하는 모든 것에 광범위하게 쓰입니다.

4 어순

(1) 재귀 대명사 + 직접 목적격 대명사

재귀 동사가 직접 목적격 대명사와 함께 사용될 경우 '재귀 대명사 + 직접 목적격 대명사' 순서로 씁니다.

A ¿**Me** quito **los zapatos** aquí?
여기서 내가 신발을 벗을까?

B Sí, **te los** quitas aquí.
응, 여기서 그것들을 벗어.

(2) 전치사 + 재귀 동사

전치사 뒤에 재귀 동사를 쓸 때 동사는 원형을 쓰지만 재귀 대명사는 주어의 인칭과 일치해야 합니다. 이때 재귀 대명사는 재귀 동사 바로 뒤에 붙어서 사용됩니다.

Me ducho antes de **cepillarme**.
나는 이를 닦기 전에 샤워한다.

¿Te pones la ropa después de **maquillarte**?
너는 화장한 후 옷을 입니?

연습문제 Ejercicios

1 다음 재귀 동사를 쓴 문장에서 잘못된 문장을 찾아 알맞게 고치세요.

① Tú levantas temprano por las mañanas.
② Mi hermana se ducha después de levantarse.
③ Nos sentamos en el banco.
④ Me seco el pelo con el secador.

➜ _____

2 다음 그림을 알맞게 표현한 문장으로 고르세요.

① Pilar se pinta cuando Juan se ducha.
② Pilar se baña cuando Juan se peina.
③ Pilar se maquilla cuando Juan se afeita.
④ Pilar se seca el pelo cuando Juan se viste.

3 '나의 일상'에 대한 글입니다. 괄호 안에 주어진 동사를 알맞은 형태로 바꾸어 빈칸을 채우세요.

Por la mañana mi madre me (1)_____ (despertar) a las siete. (2)_____ (yo, levantarse) en seguida y (3)_____ (ir) al baño primero. (4)_____ (yo, lavarse) la cara antes de (5)_____ (yo, desayunar) con mi mamá. Yo (6)_____ (salir) de casa a las ocho. (7)_____ (yo, llegar) a la facultad y (8)_____ (asistir) a las clases todo el día. (9)_____ (yo, volver) a casa a las seis y media y (10)_____ (yo, cenar) con mi familia. (11)_____ (yo, ducharse) antes de (12)_____ (yo, acostarse).

Unidad 15

Unidad 16

전치격 대명사
Pronombres con preposiciones

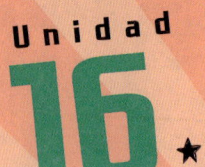

Track 017

A ¿Vas a ir al cine conmigo?
나랑 영화 보러 갈래?

B Sí, voy contigo.
그래, 너랑 갈게.

 Gramática

전치격 대명사는 전치사 뒤에 쓰는 대명사입니다.

1 전치격 대명사의 형태

(1) 1인칭 단수, 2인칭 단수만 제외하고 주격 대명사 형태를 그대로 씁니다.

전치사		전치격 대명사
a	~에게	mí
de	~의, ~에 대하여	ti
en	~에서	él
para	~위하여	ella
por	~때문에	usted
sin	~없이	nosotros/as
contra	~반하여	vosotros/as
desde	~부터	ellos
sobre	~에 대하여	ellas
		ustedes

Esta carta es **para ti**.
이 편지는 너한테 온 거야.

No puedo vivir **sin ella**.
나는 그녀 없이 살 수 없어.

He oído mucho hablar **de ti**.
나는 너에 대해 사람들이 얘기하는 걸 많이 들었어.

Juan no está **contra nosotros**, está con nosotros.
후안은 우리 반대편에 있는게 아니라 우리 편이야.

(2) 전치사 con 다음에 1, 2인칭 단수 대명사를 쓸 때는 conmigo, contigo라는 예외적 형태를 사용합니다.

con + 대명사	
conmigo	나와 함께
contigo	너와 함께
con él	그와 함께
con ella	그녀와 함께
con usted	당신과 함께
con nosotros/as	우리와 함께
con vosotros/as	너희와 함께
con ellos	그들과 함께
con ellas	그녀들과 함께
con ustedes	당신들과 함께

A ¿Quieres bailar **conmigo**?
나랑 춤출래?

B Sí, quiero bailar **contigo**.
그래, 너랑 춤추고 싶어.

A ¿Quiénes van al cine **con ustedes**?
영화관에 누가 당신들과 함께 가죠?

B Nuestros hijos van **con nosotros**.
우리 아이들이 우리와 함께 갑니다.

2 전치격 대명사의 재귀형

주어와 전치격 대명사가 같은 사람을 가리킬 경우 전치격 대명사는 재귀형을 써야 합니다. 다만, 재귀형임을 강조하기 위해서 mismo / misma / mismos / mismas를 뒤에 쓸 수 있습니다.

(1) 3인칭 단·복수 전치격 대명사가 주어와 같은 사람을 가리킬 경우 3인칭 전치격 대명사의 재귀형인 **sí**를 씁니다.

Juan trabaja para él. 후안은 그(사장님)를 위해 일한다.
= **para el jefe**

Juan trabaja para **sí (mismo)**. 후안은 그 자신을 위해 일한다.
= **para Juan**

(2) 1인칭, 2인칭 단·복수 전치격 대명사의 재귀형은 전치격 대명사와 형태가 동일합니다.

Estoy satisfecho de **mí (mismo)**.
나는 나 자신에 대해 만족한다.

Vosotros trabajáis para **vosotros (mismos)**.
너희들은 너희들 자신을 위해 일한다.

(3) 전치사 con일 경우, 3인칭 전치격 대명사가 주어와 같은 사람을 가리킬 때 3인칭 재귀 전치격 대명사 consigo를 씁니다.

María siempre lleva **consigo** muy poco dinero.
= **con María**
마리아는 항상 그녀 자신과 함께 돈을 조금 지니고 다닌다.

Las nuevas tecnologías traen **consigo** un cambio social.
새로운 기술은 그와 함께 사회 변화를 가져온다.

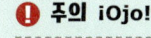 주의 ¡Ojo!

consigo는 남성, 여성 단·복수 모두에 형태 변화 없이 사용합니다.

3 예외

전치사 중 예외적으로 모든 인칭에서 주격 대명사 형태를 쓰는 전치사가 있습니다.

전치사		대명사
entre	~사이에	yo
hasta	~까지	tú
según	~에 의하면	él
		ella
incluso	~을 포함하여	usted
		nosotros/as
salvo		vosotros/as
excepto	~을 제외하고	ellos
menos		ellas
como	~처럼	ustedes

Entre tú y yo no hay nada.
너와 나 사이엔 아무것도 없어.

Hasta yo no quiero hacerlo.
나까지 그걸 하긴 싫다.

Según tú, ¿cuál es la mejor solución al problema?
너에 의하면, 문제에 대한 가장 좋은 해결책이 무엇이니?

Todos beben cerveza **incluso yo**.
모두 맥주를 마셔요, 저 포함해서요.

Todo el mundo come demasiado, **excepto vosotros**.
모두 너무 많이 먹네, 너희들만 빼고.

Toda la clase sabía que venía un nuevo profesor, **salvo yo**.
반 전체 학생들이 새 선생님이 오실거라는 것을 나 빼고 알고 있었다.

Ayer vinieron a la fiesta todos los amigos **menos tú**.
어제 파티에 너만 빼고 모든 친구들이 왔어.

Yo estoy en el primer año **como tú**.
나도 너처럼 1학년이야.

연습문제 Ejercicios

1 다음 중 전치격 대명사가 <u>잘못</u> 쓰인 것을 골라 알맞게 고치세요.

① Estas flores son para ella.

② Siempre pienso en ti.

③ Yo lloro por ti.

④ ¿Quieres casarte con mí?

➜ _____

2 다음 두 단어 중 알맞은 단어에 동그라미 하세요.

(1) Quiero escribir un libro sobre (yo mismo / mí mismo).

(2) Yo no puedo hacer nada sin (tú / ti).

(3) Según (tú / ti), ¿quién es el mejor jugador de fútbol del mundo?

(4) Nadie me escucha excepto (ella / sí).

3 다음 우리말 해석에 맞게 빈칸에 들어갈 알맞은 것을 고르세요.

> Yo no confío en _____.
> 나는 그녀를 믿지 않는다.

① la   ② ella

③ sí   ④ él

4 다음 문장의 빈칸에 알맞은 전치격 대명사의 재귀형을 고르세요.

> Ella lleva _____ una maleta grande.

① consigo   ② consiga

③ consigos   ④ consigas

Unidad 17 중성어 lo
Neutro "lo"

 Track 018

A　Tú pareces cansada.
　너 피곤해 보인다.

B　Sí, lo estoy ahora.
　맞아, 나 지금 그래.

문법 Gramática

중성어 lo는 함께 쓰는 범주들의 성·수와 관계없이 형태가 변하지 않습니다.
lo는 중성 관사로 '명사화(nominalización)'하는 역할을 할 때 사용되거나 중성 대명사 역할을 할 때 사용됩니다.

1 중성 관사 lo

형용사, 부사, de 전치사구, que 관계절 앞에 lo를 써서 개체의 성·수를 표시하지 않고 '~것'이라는 의미로 씁니다. 우리말 의존 명사 '것'과 의미상 유사합니다.

(1) lo + 형용사: ~것

Lo antiguo me gusta más que **lo moderno**. 나는 옛것을 현대적인 것보다 좋아한다.
Lo ocurrido ayer en la carretera fue trágico. 어제 도로에서 일어난 것은 비극적인 것이었다.
Lo difícil es trabajar de día y estudiar de noche. 낮에 일하고 밤에 공부하는 건 어려운 것이야.

(2) lo + 형용사/부사 + que: ~인 것, ~인 일

'lo + 형용사/부사'가 'que 관계절'과 함께 쓰여 '얼마나 ~한지'와 같이 감탄의 정도를 표현합니다.

No sabes **lo valiosa** que eres. 너는 네가 얼마나 가치 있는지를 모른다.
= ¡Qué valiosa eres!

Me impresiona **lo bien** que habla el presidente. 대통령이 얼마나 말을 잘하는지가 나를 감동시킨다.
= ¡Qué bien habla el presidente!

(3) lo + de 전치사구: ~의 일

Siento mucho **lo de ayer**. 어제 일 너무 미안해.

Ayer Javier me contó **lo de Alberto**. 어제 하비에르가 알베르토의 일을 내게 말해 줬어.

(4) lo + que 관계절: ~하는 것   lo que 관계절 P. 175 참조

A ¿Qué es **lo que necesitas**? 네가 원하는 것이 무엇이니?
B **Lo que necesito** es el amor. 내가 필요한 것은 사랑이야.

2 중성 대명사 lo

(1) lo + ser / estar 동사: ser 동사의 보어인 형용사나 명사 혹은 estar 동사의 보어인 형용사나 부사를 반복하지 않기 위해 중성 대명사 lo를 씁니다. 이때 형용사나 명사의 성·수에 관계없이 lo는 형태가 변하지 않습니다.

A La casa está vieja. 집이 낡았어.
B Sí, **lo** está. (= Sí, está **vieja**.) 그래, 낡았어.

A ¿Son ustedes estudiantes de español? 당신들은 스페인어 학생들입니까?
B Sí, **lo** somos. (= Sí, somos **estudiantes**.) 네, 그렇습니다.

(2) 앞 문장 전체를 대신할 때도 lo를 씁니다.

A ¿Sabes que mañana no tenemos clase? 내일 우리 수업 없는 거 알아?
B Sí, **lo** sé. 응, 그거 알아.

A Esta vez vamos a tener éxito. 이번에는 우리가 성공할 거야.
B Yo no **lo** creo. 나는 그럴 거라고 생각하지 않아.

Unidad 17

연습문제 Ejercicios

1 다음 문장 중 중성어 lo가 잘못 사용된 문장을 찾으세요.

① No me gusta lo que estás haciendo.

② Me molesta lo ruido de la calle.

③ ¡Mira lo alta que es la montaña!

④ Me encanta lo bien que canta este cantante.

2 다음 대화에 들어갈 수 있는 단어를 고르세요.

> A ¿Estás contenta ahora?
>
> B Sí, _____ estoy.

① la   ② lo   ③ los   ④ las

3 다음 각 문장에 이어지는 문장을 찾아 연결하세요.

(1) La salud es...   •   • ⓐ que hay mucha contaminación.

(2) Lo malo de la vida en la ciudad es...   •   • ⓑ pero ahora no lo estoy.

(3) ¡Hay que ver...   •   • ⓒ lo que importa más.

(4) Siempre me pongo nerviosa en las entrevistas...   •   • ⓓ lo jóvenes que están mis abuelos!

Parte 5

- 의문문
- 부정문
- 감탄문

Unidad 18 의문문
Interrogación

 Track 019

A ¿Me dejas tu coche mañana?
내일 네 차 좀 빌려줄래?

B Sí, por supuesto.
응, 물론이지.

문법 Gramática

1 일반 의문문

¿ ?와 같이 물음표를 문장 앞뒤에 넣습니다. 주로 주어를 동사 뒤에 도치시키지만, 평서문 어순을 그대로 두고 억양만 올리기도 합니다. 이때 대답은 'Sí 예/No 아니요'로 합니다.

A ¿Me enseña usted su pasaporte?
저에게 당신의 여권을 보여 주시겠습니까?

B Sí, aquí está.
네, 여기 있습니다.

A ¿Tú te vas de vacaciones?
너 휴가 가니?

B No, este verano no puedo ir.
아니, 이번 여름에 못 가.

주의 ¡Ojo!
질문이 No가 들어간 부정문일 때 대답이 부정문이면 무조건 No라고 대답하고 대답이 긍정문이면 Sí로 대답합니다. 우리말과 다르므로 유의해야 합니다.

예 A ¿No es coreano usted?
당신은 한국 사람 아니시죠?

B No, no soy coreano. Soy chino.
예, 저 한국 사람 아니에요. 중국 사람이에요.

2 부가 의문문

평서문 뒤에 ¿Verdad?, ¿No (es cierto)?와 같은 부가 의문문을 써서 상대방의 동의를 구하며 의미를 강조합니다.

Juan no es argentino, **¿verdad?** 후안은 아르헨티나 사람이 아니야, 그렇지?

María corre muy rápido, **¿no es cierto?** 마리아는 매우 빨리 달려, 맞지?

3 의문사가 쓰인 의문문

의문사로 시작하는 의문문은 '¿의문사 + 동사 + 주어?' 순서로 주어와 동사를 도치시켜 씁니다.

의문사	예
Quién/Quiénes 누구	¿**Quién** es aquel chico? 저 소년은 누구지요? ¿**Quiénes** son aquellos hombres? 저 남자들은 누구니?
Qué 무엇	¿**Qué** haces los fines de semana? 주말엔 무엇을 하니?
Cuál/Cuáles 어느 것 (같은 범주 내)	¿**Cuál** prefieres, el café o el té? 무엇을 더 선호하니, 커피 아니면 차? ¿**Cuáles** son tus defectos? 너의 단점들은 무엇이니?
Dónde 어디	¿**Dónde** está el museo? 박물관이 어디에 있습니까?
Cuándo 언제	¿**Cuándo** es tu cumpleaños? 네 생일은 언제니?
Cómo 어떻게	Y tú, ¿**cómo** estás? 너는 어떠니?
Cuánto/a, Cuántos/as 얼마나	¿**Cuánto** cuesta? 얼마입니까? ¿**Cuántos** hermanos tienes? 너는 형제 자매가 몇 명 있니?
Por qué 왜	¿**Por qué** no vienes a clase? 왜 수업에 오지 않니?

> **❶ 주의 ¡Ojo!**
>
> 의미상 전치사를 동반해야 하는 의문문의 경우 전치사는 의문사 앞에 위치합니다.
>
> 예 ¿**Con quién** vives? 누구랑 사니?
> ¿**En qué** puedo ayudarle? 무엇을 도와드릴까요?
> ¿**De dónde** eres tú? 너는 어느 나라 사람이니?
> ¿**Adónde** vas ahora? 지금 어디 가니?
>
> * Adónde는 A + dónde의 의미이며 이 경우는 특수하게 전치사와 의문사가 붙어 한 단어처럼 쓰입니다.

연습문제 Ejercicios

1 보기 와 같이 대답에 맞는 질문을 만드세요.

> 보기
> A Tú, ¿conoces a mi prima?
> B Sí, conozco a tu prima.

(1) A ¿_____ usted más café?
    B No, no quiero más café.

(2) A Ustedes no _____, ¿verdad?
    B No, no fumamos.

(3) A ¿_____ temprano (tú)?
    B No, me levanto tarde.

2 다음의 각 질문에 대한 알맞은 대답을 찾아 연결하세요.

(1) ¿Quieres tomar más tarta?　•　　•　ⓐ Sí, por supuesto. Puede pagar con tarjeta.

(2) ¿Puedo pagar con tarjeta?　•　　•　ⓑ No, gracias. Estoy llena.

(3) ¿Ves a tus amigos con frecuencia?　•　　•　ⓒ Sí, veo a mis amigos mucho.

3 다음 각 그림을 보고 빈칸에 알맞은 의문사를 골라 쓰세요.

| qué | dónde | cuánto | por qué |

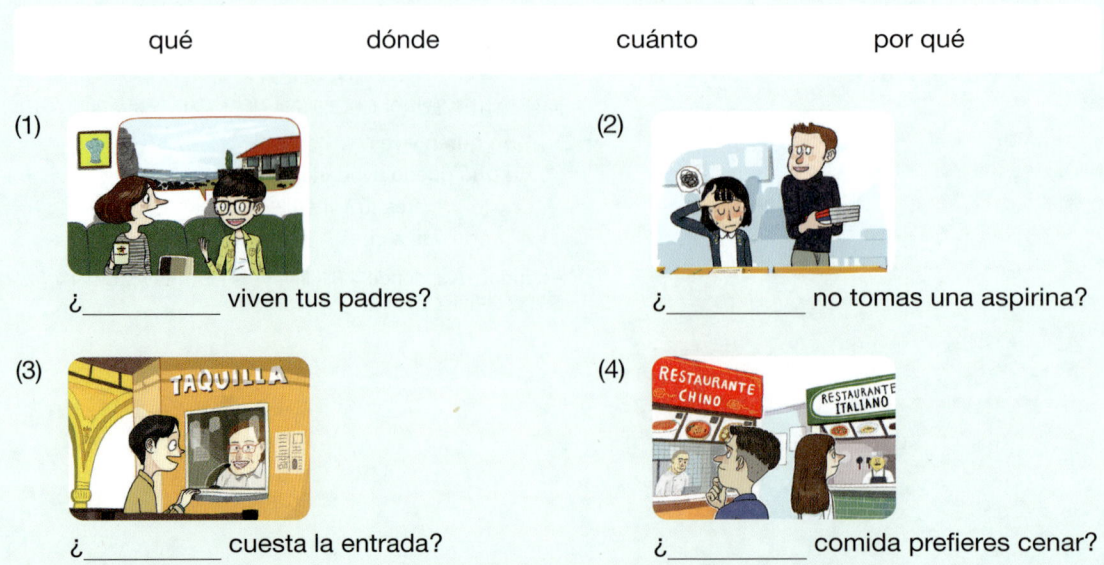

(1) ¿_____ viven tus padres?

(2) ¿_____ no tomas una aspirina?

(3) ¿_____ cuesta la entrada?

(4) ¿_____ comida prefieres cenar?

Unidad 19 부정문
Negación

A Yo nunca como carne. Soy vegetariana.
나는 절대 고기를 먹지 않아. 채식주의자거든.

B Al contrario, yo no como verduras nunca.
반대로 난 야채를 절대 안 먹는데.

 Gramática

1 (주어) + no + 동사

스페인어에서 부정문은 동사 앞에 no를 넣어서 만듭니다. 시제 활용된 동사 뒤에 동사 원형이나 현재 분사가 올 경우 처음 나온 시제 활용된 동사 앞에 no를 씁니다.

Yo **no** soy de aquí. Soy de Daegu. 저는 여기 출신이 아니에요. 대구 사람입니다.
Miguel **no** está estudiando ahora. 미겔은 지금 공부하고 있지 않아요.
Este invierno **no** voy a esquiar. 이번 겨울에 난 스키를 타지 않을 거야.

2 (주어) + no + (재귀/간접/직접) 목적격 대명사 + 동사

스페인어 목적격 대명사는 강세가 없어서 동사 강세에 붙어서 소리 나기 때문에 동사와 분리되지 않습니다. no는 목적격 대명사 앞에 씁니다.

Yo **no** me levanto temprano. 나는 일찍 일어나지 않는다.
Tú **no** me lo devuelves. 너는 나에게 그것을 돌려 주지 않는다.

3 전치사구 + no + 목적격 대명사 + 동사

gustar 동사처럼 의미상의 주체인 간접 목적어를 강조하거나 분명히 밝히고자 할 때 'a + 전치격 대명사/(고유)명사'와 같은 전치사구를 쓸 수 있는데 no는 전치사구와 목적격 대명사 사이에 위치합니다.

gustar 동사 P. 218 참조

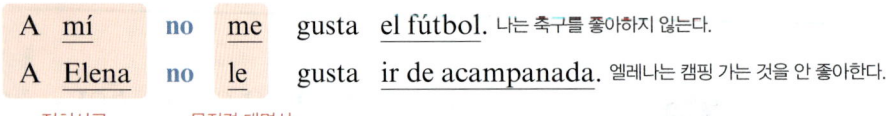

| A | mí | no | me | gusta | el fútbol. 나는 축구를 좋아하지 않는다. |
| A | Elena | no | le | gusta | ir de acampanada. 엘레나는 캠핑 가는 것을 안 좋아한다. |

전치사구   목적격 대명사

4 No~ ni (~ ni) 또는 Ni~ ni~

'~하지도 ~하지도 않다'는 의미로 두 개의 부정문을 연결할 때 씁니다.

No soy alto **ni** bajo.
나는 키가 크지도 작지도 않아.

Ni lo sé **ni** me importa.
난 그걸 알지도 못하고 내게 중요하지도 않아.

Felipe **no** tiene **ni** amigos **ni** familiares.
펠리페는 친구도 없고 친척도 없다.

> ❗ 주의 ¡Ojo!
> Ni가 문두에 올 경우 동사 앞에 따로 no를 쓰지 않습니다.

5 nunca, jamás

'결코 ~하지 않다'는 의미로 부정문 뒤에 강조의 의미로 사용하거나 동사 앞에 쓰여 문장 전체를 부정할 때 씁니다. 단, 동사 앞에 nunca나 jamás를 쓰면 이미 부정문임을 명시했기 때문에 부정어 no를 중복해서 쓰지 않습니다.

Juan **nunca** estudia. = Juan **no** estudia **nunca**.
후안은 절대로 공부하지 않는다.

Jamás te dejaré. = No te dejaré **jamás**.
나는 너를 절대로 버리지 않을 거야.

연습문제 Ejercicios

1 다음 문장을 부정문으로 바꾸세요.

(1) El inglés es la lengua oficial de Brasil. → _____

(2) Mañana voy a salir con mis amigos. → _____

(3) Yo te quiero. → _____

(4) A mi padre le gusta el béisbol. → _____

2 다음 부정문의 빈칸에 공통으로 들어갈 수 있는 단어를 고르세요.

Ernesto no es gordo _____ delgado.

Gloria no quiere _____ correr _____ andar. Está agotada.

① no ② ni ③ nunca ④ tampoco

3 두 사람의 대화입니다. 그림에 제시된 상황에 따라 Sí 또는 No로 보기 와 같이 대답하세요.

보기

A ¿Es estudiante Adela?
B No, no es estudiante.

(1)
A ¿Vives con tus padres?
B _____

(2)
A ¿Tienen un perro Enrique y Clara?
B _____

(3)
A ¿Hay mesas en la sala de espera?
B _____

Unidad 20 ★ 감탄문
Exclamación

 Track 021

A Mi hijo está muy enfermo. Ahora está en el hospital.
우리 아들이 너무 아파서 지금 병원에 있어.

B ¡Qué lástima!
이런 안됐구나!

문법 Gramática

일반적으로 감탄 표현은 감탄사 qué, cuánto, cómo를 사용하여 놀람, 경탄, 불쾌감 등을 표현할 수 있습니다. 하지만 감탄사를 쓰지 않고 감탄을 표현하는 감탄문도 있습니다. 감탄문은 공통적으로 감탄 부호(¡ !)를 문장 앞뒤에 찍어 표시합니다.

1 ¡Qué + 명사/형용사/부사!: 대상, 상태, 상황에 대한 감탄

(1) ¡Qué + 명사!

¡**Qué** frío! 엄청 춥네요!   ¡**Qué** pena! 유감이야!   ¡**Qué** asco! 웩! 구역질난다.

(2) ¡Qué + 형용사!

¡**Qué** bonita (es la chica)! (그 소녀가) 이렇게나 예쁘네!
¡**Qué** cara (es la casa)! (그 집이) 엄청 비싸네.

(3) ¡Qué + 부사!

¡**Qué** bien! 잘됐네!   ¡**Qué** mal! 저런, 안됐네!

> ✅ **Tip**
> 비교급 형태를 사용한 감탄문
> ¡**Qué** + 명사 + **tan** / **más** + 형용사!
> 예) ¡**Qué** chica **tan** bonita!
> 이렇게 예쁜 소녀라니!
> ¡**Qué** mujer **más** trabajadora!
> 엄청 열심히 일하는 여자야!

2 ¡Cuánto + (명사)!: 양에 대한 감탄

(1) ¡Cuántos/as + 셀 수 있는 명사 + (동사) + (주어)!

셀 수 있는 명사의 양을 감탄할 때는 항상 복수형인 cuántos/as로 쓰며 명사에 따라 남성, 여성을 구분하여 사용합니다.

¡Cuántos amigos tiene Juan!
후안은 얼마나 친구가 많은지!

¡Cuántas casas posee aquel señor!
저 신사 분은 얼마나 많은 집을 소유하고 계신지!

(2) ¡Cuánto/a + 셀 수 없는 명사 + (동사) + (주어)!

셀 수 없는 명사의 양을 감탄할 때는 cuánto/a로 명사의 성에 따라 변화하되 단수형만 씁니다.

¡Cuánto tiempo sin verte!
너를 안 본 지 얼마나 오래됐는지!

¡Cuánta libertad tienes!
넌 얼마나 많은 자유가 있는지!

(3) ¡Cuánto + 동사 + (주어)!

감탄사 cuánto 뒤에 동사가 와서 행위의 정도를 표현할 때는 cuánto의 성·수 변화 없이 cuánto만 씁니다.

¡Cuánto come Pedro!
페드로가 얼마나 많이 먹는지!

¡Cuánto trabajas!
네가 얼마나 일을 많이 하는지!

3 ¡Cómo + 동사 + (주어)!: 방법이나 정도에 대한 감탄

¡Cómo canta la niña! Tiene una voz preciosa.
그 여자아이가 어쩜 노래를 이리 (잘)하는지! 목소리가 참 예쁘구나.

¡Cómo bailan aquellos jóvenes! Parecen profesionales.
왜! 저 젊은이들 춤추는 거 봐. 프로 같아.

4 감탄사를 쓰지 않은 명사구나 평서문

감탄의 뉘앙스로 발음하면 감탄문으로 쓸 수 있습니다. 이때 문장 앞뒤에 감탄 부호(¡ !)를 넣습니다.

¡Buen apetito! 맛있게 드세요!

¡Maldito sea! 젠장!

¡Estoy agotada! 난 완전히 지쳤어!

연습문제 Ejercicios

1 다음 문장 중 <u>틀린</u> 문장을 골라 알맞게 고치세요.

① ¡Cuánto te quiero!

② ¡Cómo se comporta el niño!

③ ¡Cuánto libro tiene Antonio!

④ ¡Qué chico tan inteligente!

➔ _____

2 각 그림의 상황에서 할 수 있는 말을 찾아 연결하세요.

(1)　　　　　　　　(2)　　　　　　　　(3)　　　　　　　　(4)

ⓐ ¡Cuánto tiempo tengo que esperar!　　ⓑ ¡Qué frío hace!　　ⓒ ¡Qué paisaje tan bonito!　　ⓓ ¡Qué sorpresa! Muchas gracias.

3 다음 빈칸에 알맞은 감탄사를 보기 에서 골라 알맞은 형태로 넣어 감탄문을 완성하세요.

| 보기 | Qué | Cómo | Cuánto |

(1) Rafael pronuncia muy bien el coreano. ¡_____ pronuncia!

(2) Los exámenes no son difíciles. ¡_____ fáciles!

(3) El niño tiene muchos juguetes. ¡_____ juguetes!

(4) Me gusta la comida de este restaurante. ¡_____ sabrosa!

Parte 6

- 현재 분사
- 과거 분사
- 현재 완료

Unidad 21 현재 분사
Gerundio

 Track 022

A Tú pareces muy cansado.
너 많이 피곤해 보인다.

B Estos días estoy durmiendo pocas horas.
요즘 잠을 조금밖에 못 자고 있어.

1 현재 분사의 형태

현재 분사형은 동사 어미를 -ando 또는 -iendo로 변화시켜 만듭니다. 현재 분사는 인칭이나 시제에 따라 모양이 변하지 않으며 상황이나 행위의 지속 또는 진행을 나타냅니다.

(1) 현재 분사 규칙형

-ar ➡ -ando		-er ➡ -iendo		-ir ➡ -iendo	
hablar 말하다	hablando	comer 먹다	comiendo	escribir 쓰다	escribiendo

Yo estoy **hablando** por teléfono. 나는 전화 통화 중이다.

Carlos está **comiendo** un bocadillo. 카를로스는 바게트 빵을 먹고 있다.

Elena está **escribiendo** una carta. 엘레나는 편지를 쓰고 있다.

Tú estás **practicando** mucho el español estos días. 너는 요즘 스페인어 연습을 많이 하고 있구나.

Está **lloviendo** ahora. 지금 비가 오고 있다.

Ellos están **subiendo** la montaña. 그들은 산을 오르고 있다.

(2) 현재 분사 불규칙형

어미뿐만 아니라 어간의 철자가 변화하는 경우가 있습니다.

-e- ➡ -i-		-o- ➡ -u-		-i- ➡ -y-	
decir 말하다	diciendo	dormir 자다	durmiendo	ir 가다	yendo
pedir 요구하다	pidiendo	morir 죽다	muriendo	leer 읽다	leyendo
mentir 거짓말하다	mintiendo	poder 할 수 있다	pudiendo	creer 믿다	creyendo
sentir 느끼다	sintiendo			oir 듣다	oyendo
seguir 따라가다	siguiendo			traer 가져오다	trayendo
servir 가져다주다	sirviendo				
venir 오다	viniendo				

2 현재 분사의 용법

(1) 현재 분사를 문장에 덧붙여 쓰면 주어가 동시에 하는 행위나 상태를 표현합니다.

Juan se ducha **cantando**. 후안은 노래를 부르면서 샤워한다.

Yo no puedo estudiar **escuchando** la música. 나는 음악 들으면서 공부할 수가 없다.

(2) estar + 현재 분사: ~이/가 ~하고 있다

estar 동사 현재형과 현재 분사를 함께 쓰면 현재 진행의 의미를 나타낼 수 있습니다. 이때 다음과 같은 부사와 주로 함께 쓰입니다.

ahora 지금	en este momento 이 순간	recientemente 최근에
estos días 요즘	actualmente 최근에	en estos meses 최근 몇 달 동안

Ahora estoy viendo la televisión. 나는 지금 TV를 보고 있다.

(3) seguir, continuar + 현재 분사: 계속 ~하고 있다

Sigo busc**ando** trabajo.
나는 계속 일자리를 찾는 중이다.

Continúo estudi**ando** inglés.
나는 계속 영어 공부하는 중이다.

(4) llevar + 시간 + 현재 분사 / llevar + 현재 분사 + 시간: ~한 지 (기간이) ~되었다

Llevo media hora esper**ando** a mi novia.
나는 여자 친구를 기다린 지 30분이 된다.

Rafael **lleva** trabaj**ando** toda la mañana.
라파엘은 오전 내내 일하고 있다.

참고 Algo más...

'llevar + 현재 분사'와 현재 완료의 의미 차이

'한국에 산 지 얼마나 되었죠?'라는 표현은 llevar 동사를 써서 '앞으로도 계속 살게 될 것'이라는 의미를 줍니다. 이때, 현재 완료를 쓰면 완료상의 의미 때문에 '오늘까지만 살고 이제 떠나야 한다'는 의미를 내포하므로 어울리지 않습니다.

¿Cuánto tiempo **llevas viviendo** en Corea? (○)   ¿Cuánto tiempo **has vivido** en Corea? (×)

연습문제 Ejercicios

1 다음 주어진 동사의 현재 분사형을 써서 문장을 완성하세요.

(1) María está _____ (leer) una novela.

(2) Los niños están _____ (morir) de hambre.

(3) La mamá está _____ (ir) al mercado.

(4) El camarero nos está _____ (servir) la comida.

2 다음 보기 와 같이 그림을 보고 '~ 한 지 얼마나 되었니?'하고 묻는 질문에 주어진 동사의 현재 분사를 알맞게 넣고 대답에 걸린 시간을 넣어 대화를 완성하세요.

보기

A ¿Cuánto tiempo llevas trabajando (trabajar)?
B Llevo una hora y media.

(1)
A ¿Cuánto tiempo llevas _____ (leer) esa novela?
B Llevo _____ .

(2)
A ¿Cuánto tiempo llevas _____ (limpiar) la casa?
B Llevo _____ .

(3)
A ¿Cuánto tiempo llevas _____ (preparar) el proyecto?
B Llevo _____ .

Unidad 22 과거 분사
Participio

Track 023

A ¿Queda mucho tiempo para la cena?
저녁 식사는 아직 멀었어요?

B No, ya está preparada la cena.
아니요, 저녁 식사 준비 다 되었어요.

문법 Gramática

1 과거 분사의 형태

과거 분사는 '상태나 행동의 완료나 수동'의 의미를 나타냅니다. 과거 분사가 명사를 수식하는 형용사로 쓰인 경우나 estar 동사나 tener 동사의 보어로 쓰인 경우, 각각 명사 또는 주어와 목적어의 성·수에 일치 하여 형태가 변화하지만 현재 완료에 사용된 경우는 형태가 변하지 않습니다.

(1) 과거 분사 규칙형

과거 분사 규칙형은 동사 어미를 -ado 또는 -ido로 바꾸어 만듭니다.

-ar → -ado		-er → -ido		-ir → -ido	
comprar 사다	comprado	perder 분실하다	perdido	salir 나가다	salido

Estoy **perdido**. Ayúdeme. 제가 길을 잃었어요. 저 좀 도와주세요.
La niña ya está **vestida**. 아이가 이제 옷 다 입었어요.
Juan ha **salido** de casa hace cinco minutos. 후안은 5분 전에 집에서 나갔다.

(2) 과거 분사 불규칙형

abrir 열다	abierto	poner 놓다	puesto
decir 말하다	dicho	resolver 해결하다	resuelto
escribir 쓰다	escrito	romper 부수다	roto
hacer 하다	hecho	ver 보다	visto
morir 죽다	muerto	volver 돌아오다	vuelto

2 과거 분사의 용법

과거 분사는 명사를 수식하는 형용사로 쓸 수 있고 다른 동사와 함께 써서 보어의 역할을 할 수도 있습니다.

(1) 명사를 수식하는 형용사로 쓰인 경우: 명사 + 과거 분사

el espejo **roto** 깨진 거울   la ventana **abierta** 열린 창문
los soldados **muertos** 죽은 군인들   las cartas **escritas** 쓰여진 편지들

(2) 주어를 수식하는 보어 역할: 주어 + estar / quedar / seguir + 과거 분사

'~되어 있다/~된 채로 남아 있다/~된 채로 계속 있다'를 의미하며 동사 뒤에 오는 과거 분사는 주어에 성·수 일치합니다.

Esta puerta **está hecha** de madera. 이 문은 나무로 된 것이야.

Manolo **sigue dormido** todavía porque anoche se acostó muy tarde.
마놀로는 아직 자고 있어. 어젯밤에 매우 늦게 잠자리에 들었거든.

(3) 목적어를 수식하는 보어 역할: 주어 + tener + 과거 분사 + 목적어

'~이/가 ~을/를 ~된 채로 가지고 있다'를 의미하며 이때 주어는 목적어로 오는 대상을 소유한 능동 주어입니다. 과거 분사는 목적어의 상태를 말해 줍니다. 따라서 이때 과거 분사는 목적어에 성·수 일치합니다.

A ¿Has hecho el equipaje? 너 짐 쌌니?
B No te preocupes. Ya **lo tengo hecho**.
걱정 마, 이미 싸서 가지고 있어.

> **⚠ 주의 ¡Ojo!**
>
> 목적어와 과거 분사의 위치는 바뀔 수 있습니다.
> 예 A ¿Has hecho la tarea? 너 숙제했니?
>   B Sí, mamá. **Tengo hecha la tarea**.
>   = **Tengo la tarea hecha**.
>   네, 엄마. 이미 해서 갖고 있어요.

주어 + llevar + 시간 + 과거 분사

'~된 지 (시간이) ~되었다'의 의미로 해석되며 과거 분사는 주어에 성·수 일치합니다.
이때 과거 분사는 수동의 의미가 있습니다.

예 Pedro y Andrea **llevan** cinco años **casados**. 페드로와 안드레아는 결혼한 지 5년이 되었다.
Un periodista francés **lleva** un mes **encarcelado** en Turquía. 한 프랑스 기자가 터키 감옥에 한 달간 억류되어 있다.

연습문제 Ejercicios

1 다음 각 그림의 상황을 설명하는 문장 빈칸에 들어갈 알맞은 동사를 찾아 과거 분사형을 넣으세요.

abrir   despertar   dormir   mojar

(1) Beatriz no está despierta todavía.
Ella sigue _____.

(2) La tienda no está cerrada.
La tienda está _____.

(3) Los niños quedan despiertos.
Ellos no están _____.

(4) La ropa no está seca.
Está _____.

2 다음 문장 중 틀린 문장을 골라 알맞게 고치세요.

① El profesor tiene resuelto el problema.

② Mi habitación ya está arreglada.

③ ¿Ya tienes planchado la ropa?

④ Mis padres llevan veinte años casados.

➡ _____

Unidad 23 현재 완료
Pretérito perfecto

 Track 024

A ¿Has fregado los platos?
설거지했니?

B Sí, los he fregado.
응, 설거지했어.

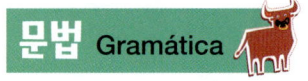

1 현재 완료의 형태

현재 완료는 'haber 동사 현재형 + 과거 분사'의 형태로 쓰며 '~한 적 있다' 혹은 '최근에 ~했다'의 두 가지 의미를 나타냅니다.

	haber 현재형		과거 분사
yo	he		
tú	has		
él/ella/usted	ha	+	-ado
nosotros	hemos		-ido
vosotros	habéis		
ellos/ellas/ustedes	han		

He estado tres veces en Nueva Zelanda. 나는 뉴질랜드에 세 번 간 적 있어.

Hace poco **he perdido** mi móvil. 좀 전에 내 핸드폰을 잃어버렸어.

Los señores Martínez nos **han invitado** a cenar el sábado. 마르티네스 부부가 우리를 토요일 저녁 식사에 초대했다.

2 현재 완료의 용법

스페인어의 현재 완료는 현재와 관련이 있는 완료된 과거 시제를 표현합니다. 과거 시점에서부터 현재까지의 경험을 나타내는 '~한 적 있다' 또는 현재에 가까운 과거에 완료된 행위나 상태를 표현하는 '최근에 ~했다'의 두 가지 의미가 가능합니다.

(1) 과거 시점에서부터 현재까지 경험: ~한 적 있다

경험을 물을 때, 질문과 대답에 다음과 같은 횟수 표현과 함께 쓸 수 있습니다.

una vez 한 번	dos veces 두 번	alguna vez 단 한 번이라도
nunca / jamás 결코 (~아니다)	siempre 항상	ninguna vez 단 한 번도 (~아니다)

A ¿Cuántas veces **has tenido** un accidente de tráfico? 몇 번이나 교통사고가 났었니?
B Nunca **he tenido** accidente de tráfico. 한 번도 교통사고 난 적 없는데.
A Yo lo **he tenido** dos veces. 난 두 번 있었는데.

A ¿**Has estado** alguna vez en un país extranjero? 외국에 있은 적 있니?
B No, nunca **he estado**. 아니, 한 번도 없어.

(2) 현재 시점에서 아주 가까운 과거에 일어난 완료된 행위: (이미/최근에) ~했다

주로 ya (이미), todavía no/aún no (아직 ~안 했다)과 같은 부사와 함께 쓰입니다.

A ¿**Has escrito** la carta? 편지 다 썼니?
B Sí, ya la **he escrito**. 응, 이미 다 썼어.
   Pero todavía no la **he enviado**. 하지만 아직 부치진 않았어.

현재 완료 시제에 대한 스페인과 중남미 국가의 차이

스페인에서는 과거에 일어난 일 중에 현재에 가깝게 일어난 완료된 일에는 현재 완료형을 써서 먼 과거에 일어난 일과 구분하여 씁니다. 주로 hoy(오늘), hace poco(좀 전에), hace cinco minutos(5분 전에), esta mañana(오늘 아침에)와 같은 표현은 현재 완료형과 함께 씁니다.

예) Ayer me levanté temprano. Pero **hoy** me **he levantado** tarde.
나는 어제 일찍 일어났어. 하지만 오늘은 늦게 일어났어.

또한 스페인에서는 물리적으로 현재에 가까운 오늘 일어난 일뿐만 아니라 esta semana(이번 주에), este mes(이번 달에), este año(올해에) 등과 같이 este와 함께 표시된 시간 부사와 함께 쓰인 과거의 일은 현재 완료를 써서 표현합니다.

예) Mi hermana **ha tenido** un niño **este año**. 우리 누나가 올해 아들을 낳았다.

반면 중남미에서는 지난 과거의 일은 원근을 따지지 않고 모두 완료 과거형을 씁니다.

예) 오늘 아침 나는 8시에 일어났다.
   스페인 Esta mañana **me he levantado** a las ocho.
   중남미 Esta mañana **me levanté** a las ocho.

연습문제 Ejercicios

1 다음 주어진 동사를 현재 완료형으로 바꿔서 문장을 완성하세요.

(1) Tú, ¿ya _____(hacer) los deberes?

(2) Hoy yo _____(probar) paella en un restaurante español.

(3) Óscar _____(enamorarse) de una chica a primera vista.

(4) Estela _____(visitar) México este verano.

2 다음 각 문장에 알맞은 표현을 보기 에서 골라 넣으세요.

보기   alguna vez   nunca   todavía   ya

(1) ¿Has cocinado _____ para tu familia?

(2) No tengo que hacer la compra. Mi esposo _____ la ha hecho.

(3) Yo _____ he acampado en la montaña. Me da miedo.

(4) _____ no he terminado los deberes. Por eso, no puedo salir esta noche.

3 다음 문장 중 틀린 문장을 찾아 알맞게 고치세요.

① Mi abuelo ha ido a China este verano.

② Son las once. Pero mi hijo todavía no ha vuelto.

③ Los señores Martínez han abierto la tienda hace cinco minutos.

④ Hoy no he visto a Violeta en la escuela.

➡ _____

Parte 7

- 완료 과거
- 불완료 과거
- 과거 완료, 과거 시제 종합

Unidad 24 완료 과거
Pretérito indefinido

Track **025**

A ¿En qué año naciste tú?
너는 몇 년도에 태어났니?

B Nací en mil novecientos noventa y ocho.
나는 1998년에 태어났어.

문법 Gramática

1 완료 과거의 용법

완료 과거는 현재에서 먼 과거 시점에 이미 완료된 행위나 상태를 나타낼 때 쓰며 기간이 명시된 경우 꼭 써야 합니다. 주로 아래 나온 시간 표현들과 함께 쓰입니다.

ayer 어제	anoche 어젯밤
anteayer 그제	anteanoche 그젯밤
el año pasado 작년에	la semana pasada 지난주에
el otro día 일전에	hace unos días 며칠 전에
hace dos semanas 2주 전에	el verano pasado 지난 여름

Ayer me **levanté** temprano y **fui** de excursión. 어제 나는 일찍 일어나서 소풍을 갔다.

El año pasado los señores García **viajaron** a China. 작년에 가르시아 부부는 중국을 여행했다.

Anteayer **estudié** todo el día. 그제 나는 하루 종일 공부했다.

De joven **viví** tres años en México. 젊었을 때 나는 멕시코에서 3년 동안 살았다.

2 완료 과거의 규칙형

	-ar	-er	-ir
	entrar 들어가다	**comer** 먹다	**abrir** 열다
yo	entr**é**	com**í**	abr**í**
tú	entr**aste**	com**iste**	abr**iste**
él/ella/usted	entr**ó**	com**ió**	abr**ió**
nosotros	entr**amos**	com**imos**	abr**imos**
vosotros	entr**asteis**	com**isteis**	abr**isteis**
ellos/ellas/ustedes	entr**aron**	com**ieron**	abr**ieron**

3 규칙 동사이지만 발음상의 이유로 철자가 바뀌는 동사들이 있습니다.

(1) 1인칭 단수형 철자가 바뀌는 동사

c → qu	
sacar 꺼내다	sa**qu**é, sacaste, sacó, sacamos, sacasteis, sacaron
tocar 연주하다	to**qu**é, tocaste, tocó, tocamos, tocasteis, tocaron
explicar 설명하다	expli**qu**é, explicaste, explicó, explicamos, explicasteis, explicaron

g → gu	
llegar 도착하다	lle**gu**é, llegaste, llegó, llegamos, llegasteis, llegaron
jugar 놀다	ju**gu**é, jugaste, jugó, jugamos, jugasteis, jugaron
entregar 제출하다	entre**gu**é, entregaste, entregó, entregamos, entregasteis, entregaron

z → c	
almorzar 점심 먹다	almor**c**é, almorzaste, almorzó, almorzamos, almorzasteis, almorzaron
empezar 시작하다	empe**c**é, empezaste, empezó, empezamos, empezasteis, empezaron
cruzar 건너다	cru**c**é, cruzaste, cruzó, cruzamos, cruzasteis, cruzaron

(2) 3인칭 단·복수형 모음이 i → y로 바뀌는 동사

leer처럼 어간과 어미에 걸쳐 모음 2개가 연이어 나오는 동사들은 발음상의 이유 때문에 3인칭 단수형에서 -ió가 -yó로 바뀌고, 3인칭 복수형에서 -ieron은 -yeron이 됩니다.

i → y	
leer 읽다	leí, leíste, le**yó**, leímos, leísteis, le**yeron**
creer 믿다	creí, creíste, cre**yó**, creímos, creísteis, cre**yeron**
oír 듣다	oí, oíste, o**yó**, oímos, oísteis, o**yeron**
construir 건축하다	construí, construiste, constru**yó**, construimos, construisteis, constru**yeron**

4 완료 과거 불규칙 동사

(1) 전인칭 불규칙 동사: 어간이 불규칙 형태로 변했기 때문에 동사 원형의 어미에 상관없이 동일한 어미 -e, -iste, -o, -imos, -isteis, -ieron이 붙습니다. 이 경우, 어느 인칭에도 강세 표시가 붙지 않습니다.

andar 걷다 estar 있다 tener 가지다	anduv- estuv- tuv-	anduve, anduviste, anduvo, anduvimos, anduvisteis, anduvieron estuve, estuviste, estuvo, estuvimos, estuvisteis, estuvieron tuve, tuviste, tuvo, tuvimos, tuvisteis, tuvieron
poder 할 수 있다 poner 놓다 saber 알다	pud- pus- sup-	pude, pudiste, pudo, pudimos, pudisteis, pudieron puse, pusiste, puso, pusimos, pusisteis, pusieron supe, supiste, supo, supimos, supisteis, supieron
hacer 하다 querer 좋아하다 venir 오다	hic- quis- vin-	hice, hiciste, hizo, hicimos, hicisteis, hicieron quise, quisiste, quiso, quisimos, quisisteis, quisieron vine, viniste, vino, vinimos, vinisteis, vinieron
decir 말하다 traer 가져오다 conducir 운전하다	dij- traj- conduj-	dije, dijiste, dijo, dijimos, dijisteis, dijeron traje, trajiste, trajo, trajimos, trajisteis, trajeron conduje, condujiste, condujo, condujimos, condujisteis, condujeron

> ❗ 주의 ¡Ojo!
> · hacer 동사의 3인칭 단수는 발음상 이유로 hico가 아니라 hizo로 c → z로 변합니다.
> · decir와 같은 유형의 동사들은 3인칭 복수형이 dijieron이 아니라 dijeron으로 i 모음이 탈락합니다.

(2) 3인칭 단·복수 불규칙 동사

pedir 요청하다 mentir 거짓말하다 sentir 느끼다 seguir 계속하다	e → i	pedí, pediste, pidió, pedimos, pedisteis, pidieron mentí, mentiste, mintió, mentimos, mentisteis, mintieron sentí, sentiste, sintió, sentimos, sentisteis, sintieron seguí, seguiste, siguió, seguimos, seguisteis, siguieron
dormir 자다 morir 죽다	o → u	dormí, dormiste, durmió, dormimos, dormisteis, durmieron morí, moriste, murió, morimos, moristeis, murieron

(3) 단음절 동사

단음절 동사는 어간이 불규칙으로 변화하고 -er로 끝나는 규칙 동사의 완료 과거 어미를 취하나 강세 표시가 없습니다. ir와 ser의 완료 과거형은 형태가 동일하며 문맥으로 뜻을 구분합니다.

dar 주다 ver 보다	d- v-	di, diste, dio, dimos, disteis, dieron vi, viste, vio, vimos, visteis, vieron
ir 가다 ser 이다	fu-	fui, fuiste, fue, fuimos, fuisteis, fueron

연습문제 Ejercicios

1 다음 문장 중 틀린 문장을 찾아 알맞게 고치세요.

① Paloma desayunó después de ducharse ayer.

② Tú trabajaste toda la tarde en una tienda de ropa el miércoles pasado.

③ Luis leó un libro durante una hora antes de acostarse anteayer.

④ Mis padres visitaron a mis tíos el fin de semana pasado.

➡ _____

2 다음 그림을 보고 알맞은 동사를 골라 완료 과거형으로 쓰세요.

cenar   limpiar   llegar   tocar

(1)
Yo _____ con mi novia en un buen restaurante ayer.

(2)
Marcos _____ su casa el lunes pasado.

(3)
Adriana _____ el piano en una fiesta la semama pasada.

(4)
Mi padre _____ a casa muy tarde anoche.

3 다음 질문에 주어진 동사의 완료 과거형으로 대답하세요.

(1) A ¿Visitaste las pirámides de México?
    B Sí, allí _____ (yo, sacar) muchas fotos.

(2) A ¿A qué hora te levantaste ayer?
    B _____ (Yo, levantarse) a las nueve de la mañana.

(3) A ¿Cuándo conociste a tu mejor amigo?
    B Lo _____ (yo, conocer) hace diez años en la escuela primaria.

연습문제 Ejercicios

4 다음 문장 중 틀린 문장을 찾아 알맞게 고치세요.

① Susana vio una película en el cine la semana pasada.

② Ayer mi padre vino a casa con un regalo para mi madre.

③ Luis y José me dijieron una mentira ayer.

④ El año pasado yo fui a Alemania.

→ _____

5 다이어리에 적힌 '지난주 내가 한 일들'입니다. 요일 별로 한 일을 1인칭 단수 완료 과거형을 써서 완성하세요.

Lunes	Martes	Miércoles	Jueves	Viernes	Sábado	Domingo
Traducir los textos en español	Entregar el trabajo al profesor	Ir al médico	Hacer ejercicio	Ver una película con Daniel	Cocinar para los invitados	Ir a la iglesia

La semana pasada yo estuve muy ocupada.

El lunes (1)_____ los textos en español.

El martes (2)_____ el trabajo al profesor.

El miércoles (3)_____ al médico.

El jueves (4)_____ ejercicio.

El viernes (5)_____ una película con Daniel.

El sábado (6)_____ para los invitados.

El domingo (7)_____ a la iglesia.

6 다음 주어진 동사를 완료 과거형으로 바꿔 문장을 완성하세요.

(1) Alfonso _____(pedir) un espaguetti en el restaurante italiano.

(2) El domingo pasado Elisa _____(dormir) una siesta despúes de almorzar.

(3) Anteayer los señores Vázquez _____(estar) todo el día en casa.

(4) El año pasado _____(morir) mi abuelo.

Unidad 25 불완료 과거
Pretérito imperfecto

Track 026

A ¿Cómo eras tú cuando eras pequeño?
너는 어렸을 때 어땠니?

B De pequeño yo era un niño muy bajo y gordo.
어렸을 때 나는 매우 키가 작고 뚱뚱했어.

1 불완료 과거의 규칙 동사 형태

	-ar entrar 들어가다	-er comer 먹다	-ir abrir 열다
yo	entr**aba**	com**ía**	abr**ía**
tú	entr**abas**	com**ías**	abr**ías**
él/ella/usted	entr**aba**	com**ía**	abr**ía**
nosotros	entr**ábamos**	com**íamos**	abr**íamos**
vosotros	entr**abais**	com**íais**	abr**íais**
ellos/ellas/ustedes	entr**aban**	com**ían**	abr**ían**

2 불완료 과거의 불규칙 동사 형태: 아래 3개 동사만 불규칙형이며 나머지는 모두 규칙형입니다.

ser ~이다	era, eras, era, éramos, erais, eran
ir 가다	iba, ibas, iba, íbamos, ibais, iban
ver 보다	veía, veías, veía, veíamos, veíais, veían

3　불완료 과거 용법 I: 상황, 사람, 사물 묘사

불완료 과거형은 과거의 상황, 사람, 사물 등을 묘사할 때 사용합니다. 따라서 주로 당시의 상황이나 배경을 나타내는 상태 동사에 많이 쓰입니다.

(1) 과거 시간이나 날씨 등 상황 묘사

　　Eran las tres de la madrugada. **Era** muy tarde. 새벽 3시였다. 매우 늦은 시간이었다.
　　No **hacía** mucho frío, pero **llovía**. 날씨는 춥지 않았지만 비가 왔다.

(2) 사람/사물 묘사

　　El señor **era** bajo y **tenía** bigote. 그는 키가 작았고 콧수염이 있었다.
　　La cama **era** pequeña. El espejo del baño **estaba** roto. 침대는 작고 화장실의 거울은 깨져 있었다.

4　불완료 과거 용법 II: 행위, 동작 묘사

(1) 과거에 반복적으로 행한 일과: '~하곤 했다'라 해석되며 주로 다음과 같은 습관이나 반복을 나타내는 시간 표현과 함께 쓰입니다.

todos los días 매일	siempre 항상	a veces 가끔
generalmente 보통	en aquella época 그 시대에는	antes 전에는

　　Cuando era niño, **iba** a la escuela internacional. 나는 어렸을 때 국제 학교에 다녔다.
　　Antes **fumaba** mucho más que ahora. 전에는 지금보다 훨씬 더 많이 담배를 피우곤 했다.

(2) 과거에 진행되고 있던 행위: '~하고 있던 중이었다'라 해석되며 'estar 동사의 불완료 과거형 + 현재 분사'로 바꿔 쓸 수 있습니다.

　　완료 과거 mi hermano llegó
　　불완료 과거 yo me duchaba

　　Yo **me duchaba** cuando mi hermano llegó a casa. 우리 형이 집에 도착했을 때 나는 샤워 중이었다.
　　= Yo **estaba duchándome** cuando mi hermano llegó a casa.

(3) 과거에 하려고 하다 못 한 행동: '~하려고 했었다'는 뜻이며 'iba a + 동사 원형'으로 바꿔 쓸 수 있습니다.

　　Yo **salía** de casa cuando sonó el teléfono. 전화가 울렸을 때 나는 집에서 나가려던 참이었다.
　　= Yo **iba a salir** de casa cuando sonó el teléfono.

　　Yo **iba** a tu casa ayer, pero no porque no tenía tiempo. 어제 너네 집에 가려고 했었어. 그런데 시간이 없어서 가지 못했어.
　　= Yo **iba a ir** a tu casa ayer, pero no porque no tenía tiempo.

연습문제 Ejercicios

1 다음 중 불완료 과거형이 잘못 쓰여진 것을 찾아 알맞게 고치세요.

① De pequeño yo vivía en un pueblo pequeño.

② Mi casa tenía un jardín muy bonito.

③ Había un parque muy cerca.

④ Nosotros eran felices.

➜ _____

2 '나의 예전 남자 친구'에 대한 설명입니다. 빈칸에 알맞은 동사를 골라서 불완료 과거 형태로 쓰세요.

      gustar   saber   ser   tener

Mi ex-novio (1) _____ muy alto y guapo.

Le (2) _____ tocar la guitarra.

(3) _____ mucho de la historia del mundo.

Pero (4) _____ un carácter muy fuerte.

3 다음 각 문장 빈칸에 들어갈 동사를 불완료 과거형으로 바꿔 쓰세요.

(1) Cuando Laura _____(ser) niña, _____(vivir) en Suiza.

(2) Ayer _____(hacer) muy mal tiempo. _____(nevar).

(3) A mí me _____(doler) el estómago ayer.

(4) Javier _____(querer) comprar un ordenador nuevo.

Unidad 25

연습문제 Ejercicios

4 다음은 과거의 습관을 표현한 문장입니다. 틀린 것을 골라 고치세요.

① De niña, me levantaba temprano por la mañana.

② De pequeño, Sergio fue al río con sus amigos después de las clases.

③ En invierno Lidia patinaba sobre el hielo.

④ Yo comía mucho cuando era pequeño.

➜ _____

5 다음 두 문장의 의미를 같게 하기 위해 빈칸에 들어갈 알맞은 말을 고르세요.

Yo te llamaba anoche cuando tú me llamaste.

= Yo te _____ anoche cuando tú me llamaste.

① llamé   ② iba a llamar   ③ he llamado   ④ llamo

6 아래 그림은 어제 아침에 Juan과 Pilar 부부가 했던 일입니다. 각 빈칸에 알맞은 동사를 골라 불완료 과거형으로 바꿔 쓰세요.

decir   desayunar   dormir   ducharse

(1)

Pilar _____ cuando Juan se levantó.

(2)

Pilar _____ cuando Juan preparaba el desayuno.

(3)

Pilar _____ cuando Juan salió de casa.

(4)

Pilar _____ "Adiós, mi amor", pero no porque Juan ya no estaba en casa.

Unidad 26 ★ 완료 과거와 불완료 과거의 비교
Pretérito indefinido vs. Pretérito imperfecto

Track **027**

A ¿Por qué no vino a clase Mario ayer?
마리오가 어제 왜 수업에 안 왔지?

B Cuando iba a la escuela, tuvo un accidente de tráfico.
걔가 학교 가는 중에 교통사고를 당했대.

문법 Gramática

1 **완료 과거와 불완료 과거**

완료 과거는 정해진 과거 시점에 두드러지는 사건 및 주제와 같은 역할을 하는 반면, 불완료 과거는 당시 상황 및 배경을 설명합니다. 따라서 과거 한 시점에서 완료된 것에는 완료 과거를 쓰고, 아직 끝나지 않은 상태를 의미할 때는 불완료 과거를 씁니다.

(1) 완료 과거
　① 동작이 과거 시점에서 끝난 경우

　　Elena **salió** de casa a las siete. 엘레나는 7시에 집에서 나왔다.
　　Me **casé** hace tres años. 나는 3년 전에 결혼했다.

　② 기간이 명시된 경우

　　Mi padre **fue** presidente de la escuela secundaria por tres años. 우리 아빠는 고등학교 3년 동안 회장이셨다.
　　Yo **fumé** durante seis años. 나는 6년 동안 담배를 피웠다.

Unidad 26　109

③ 상태 동사가 주제의 의미로 쓰인 경우

¿Qué tiempo **hizo** ayer? 어제 날씨가 어땠나요?

Me **gustó** mucho la película. 나는 그 영화가 맘에 들었다.

(2) 불완료 과거
① 상태 동사가 과거 시점의 상황을 설명하는 경우

Cuando yo era pequeña, **vivía** en México. 나는 어렸을 때 멕시코에서 살았다.

El sábado me quedé en casa descansando porque **estaba** muy cansada.
토요일에 나는 집에서 쉬면서 있었는데 왜냐하면 너무 피곤했기 때문이다.

② 여러 번 반복적으로 일어난 사건이나 동작

Yo antes **fumaba** mucho. Pero ahora no fumo.
나는 전에는 담배를 많이 피웠었다. 하지만 지금은 담배를 안 피운다.

Antes Ignacio **pesaba** 70 kilos. Ahora pesa 60 kilos.
이그나시오는 전에 체중이 70kg 나갔다. 지금은 60kg이다.

③ 동작이 완료되지 않고 진행되는 상황을 묘사하는 경우

Yo **fumaba** en mi habitación cuando entró mi mamá.
나는 엄마가 들어오셨을 때 방에서 담배를 피우고 있었다.

¿Qué **hacía** usted cuando ellos llamaron a la puerta?
그들이 문을 두드렸을 때, 당신은 무엇을 하고 계셨나요?

④ 동작이 일어나지 않고 의도만 있었던 경우

Ayer casi **fumaba** cuando Juan me dio un cigarrillo. Al final no.
어제 후안이 담배 한 개비를 나에게 주었을 때 거의 담배를 피울 뻔했다. 하지만 결국 안 피웠다.

Yo **iba** a esquiar el mes pasado, pero no pude porque estaba muy ocupado.
지난달 나는 스키를 타러 갈려고 했지만 그럴 수 없었다. 왜냐하면 너무 바빴기 때문이다.

2 한 문장 안에 완료 과거와 불완료 과거를 함께 쓰는 경우

(1) '~했을 때 ~하는 중이었다'라고 표현할 때, 순간적으로 일어난 일(~했을 때)은 완료 과거를 쓰고 당시 상태나 진행 상황(~하는 중이었다) 혹은 계획에 있던 상황(~하려던 참이었다)을 표현할 때는 불완료 과거를 씁니다.

Nosotros **charlábamos** cuando **llegó** el profesor. 선생님이 도착하셨을 때 우리는 수다를 떠는 중이었다.

Yo **salía** cuando él me **llamó**. 그가 전화했을 때 나가려던 참이었다.

(2) '당시 상황이 ~였기 때문에 ~했다'라고 과거의 어떤 행동에 대한 근거를 설명할 때는 불완료 과거를 쓰고 그 이유에 대한 행동의 결과는 완료 과거를 씁니다.

No **pude** ir a clase ayer porque me **dolía** el estómago. 어제 나는 배가 아파서 학교에 갈 수 없었다.

연습문제 Ejercicios

1 다음은 '나의 제주 여행 (Mi viaje a la isla Jeju)'이라는 글입니다. 주어진 동사 형태 중 알맞은 형태를 동그라미로 표시하세요.

El verano pasado yo (1) (fui / iba) a la isla Jeju. Allí visité el Acuario y (2) (nadé / nadaba) mucho en el mar. Me gustaba tanto que no (3) (quise / quería) volver a casa.
Yo allí (4) (pasé / pasaba) una semana en total.

2 다음 문장 중 <u>틀린</u> 문장을 찾고 맞게 고치세요.

① Yo iba a la playa cuando vivía en Sokcho.

② De niño, Rafael jugaba al fútbol con sus amigos.

③ ¿Cuánto tiempo eras presidente del club?

④ Ayer llovió mucho.

→ _____

3 다음 주어진 동사를 알맞은 형태로 바꿔 문장을 완성하세요.

(1) El sábado pasado yo _____(estar) en el autobús cuando _____ (empezar) el partido.

(2) Raúl _____(estudiar) en la biblioteca ayer cuando su mamá lo _____ (llamar) por teléfono.

(3) Daniela _____(tener) dieciocho años cuando _____(entrar) en la universidad.

(4) Yo _____(dejar) de caminar aquel día porque me _____(doler) los pies.

(5) Mis amigos _____(llegar) tarde porque _____(haber) mucho tráfico aquella tarde.

Unidad 27 과거 완료, 과거 시제 종합
Pretérito pluscuamperfecto

🎧 Track 028

A Ayer llegué tarde a la entrevista.
어제 면접에 늦게 도착했어.

B ¡Dios mío! ¿Por qué?
세상에나! 왜?

A Porque había perdido el autobús.
왜냐하면 버스를 놓쳤거든.

 Gramática

1 과거 완료의 형태

과거 완료는 'haber 동사 불완료 과거형 + 과거 분사' 형태로 쓰며, '~한 것보다 더 전에 ~한 적 있다'를 의미합니다. 〈과거 분사 P. 93 참조〉

	haber 불완료 과거		과거 분사
yo	había		
tú	habías		
él/ella/usted	había	+	-ado
nosotros	habíamos		-ido
vosotros	habíais		
ellos/ellas/ustedes	habían		

Cuando el jefe llegó a la oficina ayer, yo ya **había terminado** el informe.
사장님이 어제 사무실에 오셨을 때 나는 보고서를 이미 끝내 놓았다.

Todavía no **había empezado** la reunión cuando he llegado a la oficina esta mañana.
내가 오늘 아침 회사에 도착했을 때 회의는 아직 시작되지 않았다.

2　과거 완료의 용법

스페인어의 과거 완료는 과거에 일어난 일 두 개를 말하는 경우 그중 시간적으로 먼저 완료된 일을 나타냅니다. 이처럼 상대적으로 다른 과거 사건보다 먼저 일어남을 표현하는 시제이므로 반드시 현재 완료나 완료 과거와 같은 과거 시제가 언급된 후이거나 그것을 염두해 두고 그 이전에 일어난 일을 말할 때 쓰입니다. 이때 앞선 과거 시점을 시간을 나타내는 부사구로만으로도 나타낼 수도 있습니다.

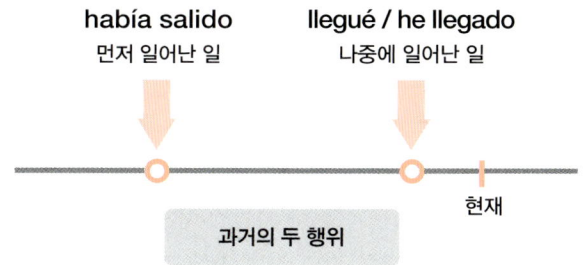

Cuando **he llegado** al aeropuerto esta mañana, el avión ya **había salido**.
내가 오늘 아침 공항에 도착했을 때 비행기는 이미 떠나고 없었다.

Cuando **llegué** al aeropuerto ayer, el avión ya **había salido**.
내가 어제 공항에 도착했을 때 비행기는 이미 떠나고 없었다.

Anteayer **me encontré** con el profesor que me **había dado** la primera clase de portugués.
나는 나에게 포르투갈어 첫 수업을 해주셨던 선생님을 엊그제 우연히 만났다.

No **pude** ir a tu casa en coche porque **había nevado** muchísimo la noche anterior.
나는 너의 집에 차를 타고 갈 수 없었어. 왜냐하면 그 전날 밤 눈이 엄청나게 많이 왔기 때문이야.

A los treinta años Jaime ya **se había casado** y tenía dos hijos.
30세에 하이메는 이미 결혼했고 두 아이가 있었다.

> ✅ **Tip**
>
> 과거 완료는 ya(이미)나 todavía no(아직~아닌) 등과 같은 부사와 자주 같이 씁니다.
>
> Yo empecé a trabajar en 2017. **Ya había terminado** la carrera y **había hecho** las prácticas en unas empresas.
> 나는 2017년부터 일하기 시작했다. 당시 나는 이미 대학 과정을 끝냈고, 몇몇 회사에서 실습도 한 상태였다.
>
> Entré en la universidad. Entonces **todavía no había cumplido** 19 años.
> 나는 대학에 들어갔다. 그 당시 나는 아직 만 19세가 안 됐을 때였다.

3 과거 시제의 의미 비교

스페인어의 과거 표현에는 불완료 과거, 완료 과거, 현재 완료, 과거 완료 네 가지가 있습니다. 이 중 현재 완료, 완료 과거, 과거 완료는 모두 과거 어느 한 시간대에서 일어나 이미 완료된 행위나 상태를 의미하는 반면, 불완료 과거는 과거의 한 시점에 완료된 일이 아니라 과거 시간대에 지속되는 상황을 표현합니다. 따라서 불완료 과거는 당시 상황을 설명하는 역할을 할 때, 세 가지 완료 시제(현재 완료, 완료 과거, 과거 완료)와 함께 쓰일 수 있습니다.

완료적 의미를 갖는 과거 시제들은 사건이 일어난 시점에 따라 구분합니다. 가까운 과거에 일어난 사건일 경우 현재 완료, 현재와 동떨어진 과거 사건의 경우 완료 과거, 이 두 사건보다 이전에 일어난 사건은 과거 완료를 씁니다.

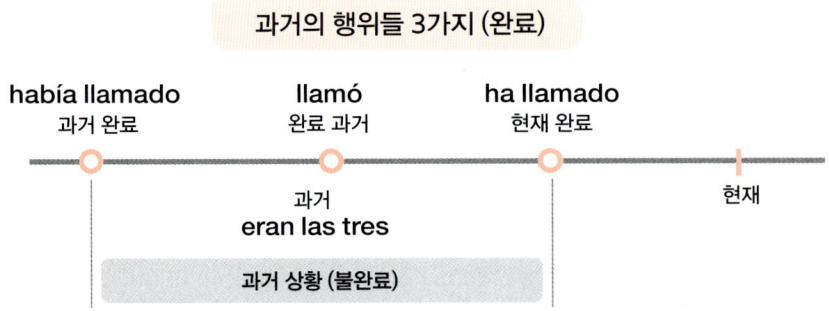

Estos días Juan está un poco raro.
요즘 후안이 좀 이상하다.

Cuando Juan me **ha llamado** hoy, **eran** las tres de la madrugada.
오늘 나한테 전화했을 때가 새벽 3시였다.

Cuando me **llamó** ayer, **eran** las tres de la madrugada, también.
어제 나한테 전화했을 때도 새벽 3시였다.

Cuando me **había llamado** anteayer, **eran** las tres de la madrugada, también.
그제 나한테 전화했을 때도 역시 새벽 3시였다.

4 동사에 따른 과거 시제의 용법 비교

스페인어에서 동사는 크게 상태 동사와 동작 동사 두 가지로 분류됩니다. 동사에 따라 네 가지 과거 시제(불완료 과거, 완료 과거, 현재 완료, 과거 완료)가 어떻게 쓰이는지 비교해 봅시다.

(1) 상태 동사 (예 **estar**)

상태 동사는 상황이나 배경을 설명하는 불완료 과거로 쓰이는 빈도가 다른 과거 시제보다 더 높습니다.

불완료 과거	과거 상황 · 배경을 나타낼 때 Cuando yo llamé a Juan ayer, él estaba en el baño. 　　과거 행위가 일어난 순간　　　　　　　　　과거 상황, 배경 내가 어제 후안에게 전화했을 때, 그는 욕실에 있었다.
완료 과거 현재 완료 과거 완료	① 화자가 강조하고 싶은 주제일 때 　　Yo estuve en España el verano pasado. 　　나는 지난여름에 스페인에 있었다. 　　Yo he estado en España este verano. 　　나 올여름에 스페인에 있었어. 　　Yo había estado en España antes de venir aquí. 　　나는 여기 오기 전에 스페인에 있었어. ② 기간, 횟수 명시로 완료된 과거일 때 　　Yo estuve tres años en México. 　　나는 3년 동안 멕시코에 있었다. 　　Yo he estado una semana en Costa Rica este verano. 　　나 올여름에 1주일 동안 코스타리카에 있었어. 　　Yo había estado tres años en Argentina antes de venir aquí. 　　나 여기 오기 전에 3년 동안 아르헨티나에 있었어.

(2) 동작 동사 (예 llamar)

동작 동사는 습관, 진행, 의도와 같이 완료가 되지 않은 상황 설명을 나타낼 경우에는 불완료 과거를 씁니다. 일회적인 사건이나 완료된 일일 때, 일어난 시점에 따라 현재 완료, 완료 과거, 과거 완료를 씁니다.

불완료 과거	① 습관적 행위일 때 　　Yo llamaba a mi madre cuando estaba triste. 　　나는 슬플 때마다 엄마에게 전화하곤 했다. ② 진행 중인 행위일 때 　　Yo llamaba a Juan cuando entró mi mamá. 　　엄마가 들어오셨을 때, 나는 후안에게 전화하고 있었다. ③ 시작조차 하지 않은 행위 (~하려고 했다) 　　Ayer te llamaba, pero no pude. 　　어제 전화하려고 했는데, 그러지 못했어.
현재 완료	현재에 가까운 과거에 일어난 일 La he llamado hace cinco minutos. 나는 5분 전에 그녀에게 전화했다.
완료 과거	과거 어느 한 시점에 일어난 일 Yo la llamé ayer. 나는 어제 그녀에게 전화했다.
과거 완료	과거 한 시점보다 더 이전에 일어난 일 La había llamado anteayer. 나는 엊그제 그녀에게 전화했다.

연습문제 Ejercicios

1 다음 괄호 안의 과거 동사 형태 중 가장 알맞은 형태를 고르세요.

(1) Ayer Alicia salió de casa con prisa porque (se levantó / se había levantado) tarde.

(2) (Hizo / Hacía) buen tiempo cuando empezó el partido de fútbol el jueves pasado.

(3) Yo (estuve / estaba) nervioso antes de tomar el examen ayer. Por eso llamé a mi madre.

(4) Después de estudiar en la universidad por cuatro años, Carlos (se hizo / se hacía) maestro.

2 다음 빈칸에 들어갈 알맞은 표현을 고르세요.

No pude comprar nada porque _____ la tarjeta de crédito en casa.

① dejaba   ② he dejado
③ había dejado   ④ dejo

3 다음 문장들에 공통적으로 들어갈 단어를 고르세요.

Ayer tuve una entrevista en una empresa. _____ muchos candidatos allí.

Anteayer _____ ido a otra empresa para tener la entrevista.

① estaba   ② había
③ he   ④ era

4 괄호 안에 주어진 동사의 알맞은 과거 시제를 사용하여 문장을 완성하세요.

(1) Javier no vino a la fiesta ayer porque _____ (tener) mucho trabajo.

(2) Ayer vi a Elena. _____ (Estar) muy contenta porque iba a una fiesta.

(3) Esta mañana yo le he dejado a Pablo el libro que me _____ (comprar) mi padre el mes pasado.

(4) Anoche Juana _____ (bailar) toda la noche porque la música era muy buena.

Parte 8

- 단순 미래
- 미래 완료
- 가정 미래
- 가정 미래 완료

 **단순 미래**
Futuro simple

Track **029**

A ¿Qué harás después de jubilarte?
너 은퇴하면 뭐 할 거니?

B Construiré una casa en el campo y viviré allí.
시골에 집 한 채 지어서 거기서 살 거야.

1 단순 미래의 형태

(1) 규칙 동사

단순 미래 규칙형은 동사 원형 뒤에 -é, -ás, -á, -emos, -éis, -án을 붙여서 만듭니다.

	-ar **entrar** 들어오다	-er **comer** 먹다	-ir **abrir** 열다
yo	entrar**é**	comer**é**	abrir**é**
tú	entrar**ás**	comer**ás**	abrir**ás**
él/ella/usted	entrar**á**	comer**á**	abrir**á**
nosotros	entrar**emos**	comer**emos**	abrir**emos**
vosotros	entrar**éis**	comer**éis**	abrir**éis**
ellos/ellas/ustedes	entrar**án**	comer**án**	abrir**án**

(2) 불규칙 동사

불규칙 동사는 어간이 변하지만 동일한 미래형 어미를 붙입니다.

poder 할 수 있다	podr-	podré, podrás, podrá, podremos, podréis, podrán
saber 알다	sabr-	sabré, sabrás, sabrá, sabremos, sabréis, sabrán
querer 좋아하다	querr-	querré, querrás, querrá, querremos, querréis, querrán
haber 있다	habr-	habré, habrás, habrá, habremos, habréis, habrán
salir 나가다	saldr-	saldré, saldrás, saldrá, saldremos, saldréis, saldrán
tener 가지다	tendr-	tendré, tendrás, tendrá, tendremos, tendréis, tendrán
venir 오다	vendr-	vendré, vendrás, vendrá, vendremos, vendréis, vendrán
poner 놓다	pondr-	pondré, pondrás, pondrá, pondremos, pondréis, pondrán
hacer 하다	har-	haré, harás, hará, haremos, haréis, harán
decir 말하다	dir-	diré, dirás, dirá, diremos, diréis, dirán

2 단순 미래의 용법

단순 미래형은 동작 동사에 쓰면 '~할 거야'라는 미래 행위를 가리키며, 상태 동사에 쓰면 '~일 거야'라는 현재에 대한 추측의 의미를 나타냅니다.

(1) 미래에 일어날 일(행위)

단순 미래형을 사용해서 미래에 일어날 일을 표현할 때는 미래를 나타내는 시간 표현과 함께 씁니다.

mañana 내일   pasado mañana 모레   la próxima semana 다음 주에
el próximo año 내년에   el mes que viene 다음 달에
dentro de dos días / semanas / meses / años 이틀/2주/2달/2년 후에

La próxima semana **visitaré** Sevilla. 나는 다음 주에 세비야를 방문할 거야.

Tomaré las vacaciones dentro de cinco días. 난 5일 후에 휴가를 가질 거야.

(2) 현재 상태에 대한 추측

A ¿Cuántos años tiene Eva?
에바가 몇 살이니?

B No sé. **Tendrá** unos treinta.
모르겠어. 대략 30세쯤 된 거 같아.

A ¿Qué **estará** haciendo Juan ahora?
후안이 지금 뭐 하고 있을까?

B **Estará** viajando solo.
혼자 여행하고 있겠지.

✅ **Tip**

가까운 미래나 이미 계획된 미래는 'ir a + 동사 원형'을 써서 표현하기도 합니다.

예 Esta tarde **voy a estudiar** en la biblioteca.
오늘 오후에 나는 도서관에서 공부할 거야.

연습문제 Ejercicios

1 다음 문장 중 단순 미래형을 잘못 쓴 문장을 찾아 알맞게 고치세요.

① Jorge irá al médico mañana.

② Violeta se ponerá un vestido azul para la fiesta.

③ Rosa estudiará todo el día en la biblioteca.

④ Ignacio verá el partido de fútbol tomando una cerveza.

➜ _____

2 다음 주어진 동사를 단순 미래형으로 바꿔서 문장을 완성하세요.

(1) Tú _____ (tener) una entrevista el lunes que viene.

(2) Mañana _____ (hacer) muy buen tiempo.

(3) Yo _____ (salir) con mis amigos el próximo fin de semana.

(4) Nosotros _____ (preparar) el proyecto durante estas vacaciones.

3 다음 현재 상황에 대한 추측을 표현하세요.

상황	추측
(1) Mi perro no come nada.	(Estar) _____ lleno.
(2) El niño no quiere ir al médico.	(Tener) _____ miedo a la inyección.
(3) Laura no habla nada.	(Estar) _____ cansada.
(4) Adela no llega todavía.	(Haber) _____ mucho tráfico.

4 괄호 안의 동사를 단순 미래형으로 바꾸어 '미래 사회'에 대한 글을 완성하세요.

> En el futuro la vida (1)_____ (ser) muy diferente. La gente (2)_____ (vivir) más años. Debido al desarrollo de la inteligencia artificial, muchos trabajos (3)_____ (desaparecer). Los seres humanos (4)_____ (deber) crear nuevos trabajos.

Unidad 29 ★ 미래 완료
Futuro perfecto

A El jueves volverá el jefe.
   목요일에 사장님이 돌아오실 거야.

B Yo habré terminado el informe el miércoles.
   난 수요일에 미리 보고서를 끝낼 거야.

1 미래 완료의 형태

미래 완료는 'haber 단순 미래형 + 과거 분사' 형태로 쓰며, 미래의 한 시점을 기준으로 이미 일어났을 상대적으로 앞선 미래의 일을 표현하거나 가까운 과거에 일어났을 법한 일에 대한 추측을 표현할 수 있습니다.

	haber 미래형		과거 분사
yo	habré		
tú	habrás		
él/ella/usted	habrá	**+**	-ado
nosotros	habremos		-ido
vosotros	habréis		
ellos/ellas/ustedes	habrán		

과거 분사 형태 **P. 93** 참조

2 미래 완료의 용법

(1) 미래 완료는 미래의 두 행위 중 더 먼저 일어날 미래의 일을 나타냅니다. 나중에 일어날 일에 대해서는 단순 미래를 사용하여 표현합니다.

Mañana tenemos una reunión. El jefe **llegará** a las diez. Pero yo **habré llegado** una hora antes. 내일 우리는 회의가 있다. 사장님은 10시에 도착하실 것이다. 하지만 나는 1시간 전에 이미 도착해 있을 것이다.

> ❗ 주의 ¡Ojo!
>
> 미래의 한 시점을 부사구로 표현하고 그 전에 일어날 법한 일을 표현할 때도 미래 완료를 쓸 수 있습니다. 이때는 단순 미래형 동사를 쓰지 않고 아래 문장에서처럼 '내일 이 시간대에' 라는 시간의 부사구가 미래의 시점을 표현하고 그 이전에 '난민들이 떠나는 일'이 이미 완료되어 있을 것이라는 것을 표현합니다.
>
> 예 A estas horas mañana los refugiados ya **habrán salido** del país.
> 내일 이 시간대이면 난민들은 이미 이 나라를 떠나고 없을거야.

(2) 과거에 일어났을 것이라고 추측할 때 씁니다.

¿Dónde **habré puesto** mi llave esta mañana? No la encuentro.
내가 오늘 아침 열쇠를 어디에 놨을까? 그걸 찾을 수가 없네.

A Mi perro no quiso cenar ayer. 어제 우리 개가 저녁을 안 먹으려고 하더라.
B **Habrá comido** mucho antes. 그전에 많이 먹었을 거야.

참고 Algo más...

스페인에서는 가까운 과거에 일어난 사건에 대해 추측할 때 미래 완료형을 쓰고 먼 과거 추측에는 가정 미래형을 써서 구분합니다. 가정 미래형 P. 124 참조

스페인 Juan **habrá salido** esta mañana. 오늘 아침 후안은 외출했을 거야.
Juan **saldría** ayer. 어제 후안은 외출했을 거야.

반면 주로 중남미에서는 시간적 원근에 관계없이 과거에 일어났을 거라고 추측되는 모든 사건에 미래 완료형을 씁니다.

중남미 Juan **habrá salido** esta mañana. 오늘 아침 후안은 외출했을 거야.
Juan **habrá salido** ayer. 어제 후안은 외출했을 거야.

연습문제 Ejercicios

1 다음 문장들에 공통적으로 들어가는 단어를 고르세요.

Este fin de semana _____ mucha gente en el centro.

Mañana Luis ya _____ terminado sus deberes.

① hay   ② he   ③ habrá   ④ ha

2 다음은 내가 생각하는 '10년 후 나의 모습'입니다. 주어진 동사의 미래 완료형을 써서 문장을 완성하세요.

Después de diez años, yo ya (1)_____(casarse) con mi media naranja. (2)_____(comprar) una nueva casa, (3)_____(aprender) tres idiomas y (4)_____(viajar) al menos a cinco países.

3 다음 과거 상황에 대한 추측을 미래 완료형을 사용해서 표현하세요.

상황	추측
(1) Nuria estaba más delgada.	_____(Bajar) de peso.
(2) Juan tenía mal aspecto aquel día.	No _____(dormir) lo suficiente.
(3) Mario estaba contentísimo ayer.	_____(Sacar) una buena nota en matemáticas.
(4) Estela ha venido en un coche lujoso esta mañana.	Lo _____(comprar).

Unidad 30 ★ 가정 미래
Condicional

 Track 031

A ¿Vas a ir al cine conmigo esta noche?
오늘 밤 나랑 영화 보러 갈래?

B Me gustaría salir contigo. Pero es que tengo otra cita.
너랑 나가면 좋겠지만 다른 약속이 있어.

1 가정 미래의 형태

어간 변화는 단순 미래형과 동일하고 어미에 -ía, -ías, -ía, -íamos, -íais, -ían을 붙여서 가정 미래형을 만듭니다. 단순 미래형 P.118 참조

(1) 규칙 동사

	-ar entrar 들어가다	-er comer 먹다	-ir abrir 열다
yo	entraría	comería	abriría
tú	entrarías	comerías	abrirías
él/ella/usted	entraría	comería	abriría
nosotros	entraríamos	comeríamos	abriríamos
vosotros	entraríais	comeríais	abriríais
ellos/ellas/ustedes	entrarían	comerían	abrirían

(2) 불규칙 동사

poder 할 수 있다	podr-	**podría, podrías, podría, podríamos, podríais, podrían**
saber 알다	sabr-	**sabría, sabrías, sabría, sabríamos, sabríais, sabrían**
querer 좋아하다	querr-	**querría, querrías, querría, querríamos, querríais, querrían**
haber 있다	habr-	**habría, habrías, habría, habríamos, habríais, habrían**
salir 나가다	saldr-	**saldría, saldrías, saldría, saldríamos, saldríais, saldrían**
tener 가지다	tendr-	**tendría, tendrías, tendría, tendríamos, tendríais, tendrían**
venir 오다	vendr-	**vendría, vendrías, vendría, vendríamos, vendríais, vendrían**
poner 놓다	pondr-	**pondría, pondrías, pondría, pondríamos, pondríais, pondrían**
hacer 하다	har-	**haría, harías, haría, haríamos, haríais, harían**
decir 말하다	dir-	**diría, dirías, diría, diríamos, diríais, dirían**

2 가정 미래의 용법

(1) 미래에 대한 희박한 가능성

가능성이 떨어지는 미래의 행위나 상태를 표현할 때 가정 미래형을 사용합니다.

Me **encantaría** ir al cine contigo, pero es que tengo que estudiar.
나는 너랑 영화관에 갔으면 좋겠어. 그런데 공부를 해야 해.

Aquí estamos bien, pero **estaríamos** mejor en la playa.
여기도 우리 좋지만, 해변이라면 더 좋을텐데.

¿Quién **sabría** arreglar la computadora? ¿Conoces a alguien?
누가 컴퓨터를 고칠 줄 알까? 누구 아는 사람 있니?

(2) 공손한 표현

상대방에게 부탁을 하거나 요청할 때 가정 미래형을 쓰면 더 공손한 표현이 됩니다.

A ¿**Podría** abrir la ventana, por favor? Hace calor. 창문 좀 열어 주시겠어요? 덥네요.

B Por supuesto. 물론이지요.

A ¿Le **importaría** cerrar la puerta? Es que tengo frío. 문을 닫으면 안 될까요? 제가 추워서요.

B Claro que no. 괜찮습니다.

> ❗ **주의 ¡Ojo!**
>
> importar 동사는 '~이/가 ~에게 중요하게 여겨지다'라는 의미의 동사로 상대방에게 요청하는 질문에 사용되면 "¿간접 목적 대명사(te/le) + importaría + 동사/명사?"로 써서 나타낼 수 있습니다. 이때 요청을 수용하는 대답은 항상 No로 대답해야 합니다.
>
> 예) A ¿Te **importaría** apagar el cigarrillo? 담배 꺼 주겠어?
>   B **No**, lo apago ahora mismo. 응, 지금 바로 끌게.

(3) 과거에서 본 미래

주절 동사가 과거일 때 과거 시점에서 본 미래를 나타내는 종속절에 가정 미래형을 씁니다.

Yo sabía que Juan **vendría** más tarde.
나는 후안이 더 늦게 올 거라는 것을 알고 있었다.

Nuestro hijo nos prometió que **volvería** a casa antes de las doce.
우리 아들은 집에 12시 전에 돌아올거라고 우리에게 약속했다.

Violeta me confirmó ayer que **pasaría** este sábado con nosotros.
비올레타는 어제 나에게 이번 토요일을 우리와 함께 보낼 거라고 장담했어.

(4) 과거에 대한 추측

먼 과거에 일어났을 일이나 상황에 대한 추측을 나타낼 때 가정 미래형을 씁니다.

A ¿Sabes por qué Juan no vino ayer?
너 어제 후안이 왜 안 왔는지 아니?

B No lo sé. **Estaría** enfermo.
모르겠어. 아팠을 수도 있어.

A ¿Cuántas personas había en la reunión de ayer?
어제 회의에 몇 사람이 있었어?

B No estoy seguro. **Habría** unas trescientas personas.
확실친 않은데, 약 300명 정도 있었던 거 같아.

> **❗ 주의 ¡Ojo!**
>
> 많은 중남미 국가에서는 과거 추측에 가정 미래형을 쓰지 않습니다. 따라서 가까운 과거든 먼 과거든 과거에 대한 추측은 전부 미래 완료형을 사용합니다.
>
> 미래 완료형 P. 121 참조

충고 및 조언을 나타낼 때 쓰는 가정 미래형

- 가정 미래형을 써서 상대방에게 말하면 충고나 조언의 의미를 나타내기도 합니다.

  예 A Tú, en mi lugar, ¿qué **harías**?
  네가 나라면, 넌 무엇을 할 거니?

  B Yo que tú, **buscaría** otro empleo.
  내가 너라면 다른 직장을 찾아볼 거야.

- deber / tener que와 같이 의무를 나타내는 동사를 가정 미래형을 쓰면 조언의 의미로 쓸 수 있습니다.

  예 **Deberías** conducir con más cuidado, Esteban.
  에스테반, 운전을 좀 더 조심스럽게 하는게 좋겠어.

  Tendrías que llegar al aeropuerto tres horas antes de la salida del vuelo.
  너는 비행기 출발 3시간 전에 공항에 도착하는 것이 좋을 거야.

연습문제 Ejercicios

1 다음 문장에 쓰인 동사의 가정 미래형이 잘못 쓰인 문장을 찾고 알맞게 고치세요.

① Me gustaría trabajar en un banco.

② ¿Querrías salir esta noche con nosotros?

③ Yo pensaba que Sebastián veniría a la reunión.

④ Yo practicaría mucho para hablar bien una lengua extranjera.

➜ _____

2 다음 문장을 더 공손하게 표현할 때 밑줄 친 부분에 써야 할 동사를 고르세요.

¿<u>Puede</u> traerme un café con leche?

① Podrá　　　② Pueda　　　③ Podría　　　④ Pude

3 다음 문장에 알맞은 단어를 골라 동그라미 하세요.

(1) A Paco le (gusta /gustaría) viajar este verano. Pero no tiene vacaciones.

(2) Me (encanta / encantaría) ser pintor. Es el sueño de mi vida.

(3) Yo que tú, yo no (vivo / viviría) en el centro de la ciudad.

(4) Me (interesa / interesaría) la historia. Estoy leyendo un libro sobre la Guerra de Corea.

4 다음 주어진 동사를 가정 미래형으로 바꿔서 문장을 완성하세요.

(1) Estoy cansadísima. Ahora mismo _____(acostarse). Pero no puedo.

(2) Yo, en tu lugar, _____(hablar) con un abogado.

(3) Pensábamos que hoy _____(hacer) mucho frío. Sin embargo, hace calor.

(4) Tú _____(deber) cambiar tu modo de pensar.

Unidad 31 가정 미래 완료
Condicional perfecto

 Track 032

A ¿Fuiste a la fiesta anoche?
어젯밤 파티에 갔었니?

B No, pero habría ido allí.
아니, 하지만 거기 갈 걸 그랬어.

 Gramática

1 가정 미래 완료의 형태

가정 미래 완료는 'haber 가정 미래형 + 과거 분사' 형태로 쓰며, 과거 이미 일어난 일에 대한 반대되는 가정을 할 때나, 과거의 한 시점 보다 더 먼저 일어났을 법한 일에 대한 추측을 할 때, 혹은 과거 시점에서 가정한 미래의 두 상황 중 먼저 일어날 일을 추측할 때 사용합니다.

	haber 가정 미래형		과거 분사
yo	habría		
tú	habrías		
él/ella/usted	habría	+	-ado
nosotros	habríamos		-ido
vosotros	habríais		
ellos/ellas/ustedes	habrían		

▶ 과거 분사 형태 P. 93 참조

2 가정 미래 완료의 용법

(1) 과거 이미 일어난 사실에 대한 반대되는 가정

과거에 이미 벌어진 일에 대한 후회의 의미를 나타낼 때 사용합니다.

Ayer **habría comprado** la falda larga en la tienda de ropa.
어제 옷 가게에서 긴 치마를 살 걸 그랬네.

¿Por qué no me lo dijiste? ¡Yo te **habría ayudado**!
왜 나한테 그걸 얘기하지 않았니? 내가 널 도와줄 수 있었는데.

> ✅ **Tip**
>
> 가정 미래 완료형이 주절에 사용되고 si 종속절 구문에 접속법 불완료 과거나 접속법 과거 완료를 써서 이미 일어난 일에 대한 반대되는 가정을 표현할 수 있습니다.
>
> 예) Si yo fuera tú, **habría ahorrado** más. 내가 너라면 돈을 더 많이 저축했을 거야.
>   접속법 불완료 과거
>
> Si yo hubiera ganado más dinero, **habría ahorrado** más. 내가 더 많은 돈을 벌었다면 더 많이 저축했을 텐데.
>   접속법 과거 완료

(2) 과거 한 시점보다 더 먼저 일어난 일에 대한 추측

과거의 어떤 일보다 더 먼저 일어난 일, 즉 과거 완료 사실에 대해 추측할 경우 사용합니다.

Manuel no pudo hacer nada porque ya **se habrían marchado**, supongo.
그들이 이미 떠나 버려서 마누엘이 아무것도 할 수 없었을 것이라 나는 추측한다.

A ¿Por qué no contestó al teléfono María? 마리아가 왜 전화를 받지 않았을까?

B **Se habría dormido**. (그전에) 잠들었을 거야.

> ✅ **Tip**
>
> 과거에 일어난 어떤 일보다 더 먼저 일어난 일을 확실성을 가지고 사실을 서술할 때는 직설법 과거 완료를 사용합니다. 확실성이 떨어질 때는 가정 미래 완료를 사용하며 이 용법으로 쓰인 가정 미래 완료는 'tal vez / quizás / probablemente와 같은 추측의 부사 + 직설법 과거 완료'로 바꿔 쓸 수 있습니다.
>
> 사실 Anoche María no contestó al teléfono porque **se había dormido**.
>   어젯밤 마리아는 전화를 받지 않았는데, 왜냐하면 이미 잠들었기 때문이다.
>
> 추측 Anoche María no contestó al teléfono porque **se habría dormido**
>   (= **tal vez** / **quizás** / **probablemente se había dormido**).
>   어젯밤 마리아는 전화를 받지 않았는데, 왜냐하면 아마도 이미 잠들었기 때문일 것이다.

(3) 과거에서 본 미래 완료

주절의 동사는 과거 시제이며 당시 미래에 어떤 시점을 가정했을 때 이미 일어났을 것이라고 생각되는 일을 종속절에 표현할 때 씁니다.

Yo pensaba que **habrían terminado** la obra antes de la Navidad.
나는 크리스마스 전에 그들이 이미 공사를 끝냈을 거라고 생각했다.

Esteban me dijo que mañana a las diez ya **habría desayunado**.
에스테반은 나에게 내일 10시면 이미 아침을 먹었을 거라고 말했다.

연습문제 Ejercicios

1 다음 문장에서 밑줄 친 가정 미래 완료의 사용이 어색한 것을 고르세요.

① Daniel habría fumado mucho porque murió de cáncer de pulmón.

② La policía habría capturado al ladrón mañana.

③ El año pasado yo me habría graduado de la universidad. Pero no pude.

④ Dora pensó que la fiesta ya habría terminado.

2 다음 상황에 쓰인 한국어 문장을 스페인어로 알맞게 옮긴 것을 고르세요.

"우리가 돈을 저축해 놓을 걸 그랬어."

① Nosotros ahorraremos dinero para nuestra mamá.

② Nosotros habremos ahorrado dinero para nuestra mamá.

③ Nosotros ahorraríamos dinero para nuestra mamá.

④ Nosotros habríamos ahorrado dinero para nuestra mamá.

3 다음 문장을 보고 추측할 수 있는 내용으로 알맞은 것을 고르세요.

El año pasado yo habría dejado de fumar.

① 나는 담배를 끊었다.

② 나는 담배를 끊으려고 했지만 끊지 못했다.

③ 나는 담배를 끊을 것이다.

④ 나는 담배를 끊고 있다.

Parte 9

명령법

Unidad 32 긍정 명령
Imperativo afirmativo

 Track 033

A Ya es muy tarde. Acuéstate ya.
이제 너무 늦었어. 이제 자야지.

B Sí, mamá. Apaga la luz, por favor.
네, 엄마. 불 좀 꺼주세요.

1 긍정 명령형의 용법

명령법(modo imperativo)은 화자가 청자에게 무언가를 시키는 것을 의미합니다. 직접적으로 '~해라(tú, vosotros)'나 '~하세요(usted, ustedes)'처럼 명령, 부탁, 충고, 초대, 허가를 의미하거나 '우리 ~하자(nosotros)'처럼 청유를 의미할 수 있습니다.

2 긍정 명령형의 형태

	-ar **hablar** 말하다	-er **comer** 먹다	-ir **vivir** 살다
tú	habl**a**	com**e**	viv**e**
vosotros	habl**ad**	com**ed**	viv**id**
usted	habl**e**	com**a**	viv**a**
ustedes	habl**en**	com**an**	viv**an**
nosotros	habl**emos**	com**amos**	viv**amos**

(1) 긍정 명령 규칙형

　① tú (2인칭 단수) 명령형: 직설법 3인칭 단수 현재형과 동일한 형태

　　Habla más alto. 너 좀 더 크게 얘기해.　　**Come** más. 너 좀 더 먹어.

　② vosotros (2인칭 복수) 명령형: 동사 원형의 맨 끝 r를 d로 바꾼 형태

　　Comed cuanto queráis. 너희들 원하는 만큼 먹어라.　　**Vivid** felices. 너희들 행복하게 살아라.

　③ usted/ustedes (3인칭) 명령형: 직설법 1인칭 현재형에서 끝모음 -o를 -ar동사는 -e/en으로 -er, -ir 동사는 -a/an으로 바꾼 형태로 접속법 현재형 형태와 같습니다. 접속법 현재형 P.141 참조

　　Pase. 들어오세요.　　**Siéntese**. 앉으세요.

　　Diviértanse. 여러분 즐기세요.　　**Tomen** asiento, por favor. 여러분 자리에 앉으세요.

　④ nosotros (1인칭 복수) 명령형: 접속법 현재형 형태와 같습니다. 접속법 현재형 P.141 참조

　　Hablemos del asunto ahora. 그 안건에 대해 우리 지금 얘기해 봅시다.

(2) 철자에 주의해야 할 긍정 명령형

	c → qu	g → gu	z → c
	buscar 찾다	**pagar** 지불하다	**comenzar** 시작하다
tú	busca	paga	comienza
vosotros	buscad	pagad	comenzad
usted	bus**que**	pa**gue**	comien**ce**
ustedes	bus**quen**	pa**guen**	comien**cen**
nosotros	bus**quemos**	pa**guemos**	comen**cemos**

(3) 긍정 명령 불규칙형

	dar 주다	**decir** 언급하다	**estar** 있다	**hacer** 하다	**ir** 가다
tú	da	**di**	está	**haz**	**ve**
vosotros	dad	decid	estad	haced	id
usted	**dé**	diga	**esté**	haga	**vaya**
ustedes	**den**	digan	**estén**	hagan	**vayan**
nosotros	**demos**	digamos	**estemos**	hagamos	**vayamos**

	poner 놓다	**saber** 알다	**salir** 나가다	**ser** 이다	**tener** 가지다	**venir** 오다
tú	**pon**	sabe	**sal**	**sé**	**ten**	**ven**
vosotros	poned	sabed	salid	sed	tened	venid
usted	ponga	**sepa**	salga	**sea**	tenga	venga
ustedes	pongan	**sepan**	salgan	**sean**	tengan	vengan
nosotros	pongamos	**sepamos**	salgamos	**seamos**	tengamos	vengamos

3 긍정 명령형 어순

(1) 목적격 대명사(재귀/간접/직접)는 긍정 명령형 동사 뒤에 결합하여 씁니다. 긍정 명령 뒤에 목적격 대명사를 붙이면서 원래 동사의 강세 자리가 변하는 경우는 원래 강세 위치에 강세 표시를 해 주어야 합니다.

① 재귀 동사를 긍정 명령형으로 만들면 재귀 대명사를 동사 뒤에 바로 붙여 씁니다. 재귀 대명사가 직접 목적격 대명사와 함께 긍정 명령형 동사 뒤에 쓰이면 '재귀 대명사 + 직접 목적격 대명사' 순서로 쓰입니다.

Levántate ya. 너 이제 일어나라.   Póntela. 너 그거 입어라.

② 간접 목적격 대명사와 직접 목적격 대명사가 긍정 명령형 동사 뒤에 쓰이면 '간접 목적격 대명사 + 직접 목적격 대명사' 순서로 붙여서 씁니다.

Díselo. 너 그(녀)에게 그것을 말해.   Hazlo. 네가 그것을 해라.

(2) 재귀 동사의 vosotros 긍정 명령형에서 -d 탈락 현상이 일어납니다. 재귀 동사의 vosotros에 대한 긍정 명령형에서 -d가 탈락하는 현상은 명령형을 과거 분사 복수형과 구분하기 위해서입니다. 만약 levantados, acostados라고 d를 탈락시키지 않으면 -ado로 어미가 활용된 과거 분사형의 복수형으로 오인될 수 있기 때문입니다.

Levantaos. 너희들 일어나.   Acostaos. 너희들 자러 가.

> **⚠ 주의 ¡Ojo!**
> irse의 경우 발음상의 이유로 vosotros 긍정 명령형에서 d를 탈락시키지 않습니다.
> 예) **Idos** 너희들은 가라.

(3) Nosotros 긍정 명령형 뒤에 nos/se가 올 때 명령형 -emos와 -amos의 끝자음 -s를 탈락시킵니다.

Callemos + **nos** → Callémonos. (-s 탈락)
우리 조용히 하자.

Digamos + **se** + lo/a → Digámoselo. (-s 탈락)
그에게 그것을 얘기해주자.

> **⚠ 주의 ¡Ojo!**
> 다른 대명사가 올 때는 -s를 탈락시키지 않습니다.
> 예) Llevemos + **los** → Llev**émoslos** al cine. 그들을 영화관에 데리고 가자.

참고 Algo más...

- 동사 원형을 사용하여 명령의 의미로 쓸 수 있습니다.
  예) No **fumar** aquí. 여기서 담배 피우면 안 됩니다.   A **dormir**. 이제 자러 가야지.   Ni **hablar**. 말도 마세요.

- 중남미 국가에서는 2인칭 복수형(vosotros)을 쓰지 않습니다. 따라서 중남미권 국가에서는 '너희들'에 대한 명령을 할 때 3인칭 복수형(ustedes) 명령형을 사용합니다.
  예) Niños, **acuéstense** ahora. 얘들아, 이제 잠자리에 들어야지.

연습문제 Ejercicios

1 보기와 같이 다음 상황에 맞는 tú 긍정 명령형을 쓰세요.

　　보기　Felipe no compra ropa. ➡ Felipe, <u>compra</u> ropa.

(1) Ramón no tiene paciencia. ➡ Ramón, _____ paciencia.

(2) Sara no se levanta temprano. ➡ Sara, _____ ahora.

(3) Rafael nunca hace los deberes. ➡ Rafael, _____ los deberes.

(4) Leticia no dice la verdad. ➡ Leticia, _____ la verdad.

2 다음은 '인생을 행복하게 사는 법'에 대한 충고입니다. 주어진 동사를 usted 긍정 명령형으로 바꿔 문장을 완성하세요.

(1) _____ (tomar) el sol todos los días.

(2) _____ (apagar) el televisor.

(3) _____ (conocer) la verdad sobre sí mismo.

(4) _____ (expresar) gratitud.

3 다음 문장에서 인칭에 따른 명령형이 잘못 쓰인 것을 찾아 알맞게 고치세요.

① Tú: Sale de aquí.

② Vosotros: Levantaos ahora.

③ Ustedes: Tengan un buen viaje.

④ Nosotros: Vayamos al cine.

➡ _____

4 다음 ustedes 긍정 명령형의 명사구를 대명사로 바꾸어 쓴 문장을 고르세요.

　　　　　　　　　Den un consejo a Juan.

① Se lo den.　　② Dénlelo.　　③ Dénselo.　　④ Le lo den.

Unidad 32

Unidad 33 부정 명령
Imperativo negativo

A   No hables tan alto.
    너 너무 크게 얘기하지 마.

B   De acuerdo.
    알았어.

1 부정 명령형의 용법

No와 함께 쓰는 부정 명령형은 '~하지 마라 / ~하지 마세요 / ~하지 맙시다'와 같은 의미의 금지, 요청, 명령, 청유를 나타낼 때 씁니다.

2 부정 명령형의 형태

부정 명령형은 'No + 접속법 현재형' 형태를 씁니다.

(1) 부정 명령 규칙형

	hablar 말하다	comer 먹다	vivir 살다
tú	No hables	No comas	No vivas
vosotros	No habléis	No comáis	No viváis
usted	No hable	No coma	No viva
ustedes	No hablen	No coman	No vivan
nosotros	No hablemos	No comamos	No vivamos

접속법 현재형 P. 141 참조

① -ar 동사: 직설법 1인칭 단수 현재형에서 끝모음 -o를 -e로 바꾸고 각 인칭에 맞게 어미 변화

¡No me **molestes**! ¡Déjame en paz! 너 나를 괴롭히지 마. 나를 평안히 내버려 둬.

No **pintéis** la pared. Pintad en el papel. 너희들 벽에 그림 그리지 마. 종이에 그려.

② -er/-ir 동사: 직설법 1인칭 단수 현재형에서 끝모음 -o를 -a로 바꾸고 각 인칭에 맞게 어미 변화

No **beban** demasiado. Beban menos.
당신들은 너무 많이 마시지 마세요. 조금 덜 마셔요.

¡No **conduzcas** tan deprisa! ¡Conduce despacio!
너 그렇게 급하게 운전하지 마. 천천히 운전해.

> ✅ **Tip**
> 명령형을 강조하여 말할 때, 감탄 부호(¡ !)
> 을 앞뒤에 찍어 표현할 수 있습니다.

(2) 철자 변화에 유의해야 할 부정 명령형

	c ➡ qu	g ➡ gu	z ➡ c
	buscar 찾다	**pagar** 지불하다	**comenzar** 시작하다
tú	No bus**ques**	No pa**gues**	No comien**ces**
vosotros	No bus**quéis**	No pa**guéis**	No comen**céis**
usted	No bus**que**	No pa**gue**	No comien**ce**
ustedes	No bus**quen**	No pa**guen**	No comien**cen**
nosotros	No bus**quemos**	No pa**guemos**	No comen**cemos**

No **busquéis** un príncipe azul. 너희들은 백마 탄 왕자를 찾지 마라.

No **pagues** la cuenta. La pago yo. 네가 계산하지 마. 내가 그걸 계산할게.

(3) 부정 명령 불규칙형

	dar 주다	**estar** 있다	**ir** 가다	**ser** 이다
tú	No **des**	No **estés**	No **vayas**	No **seas**
vosotros	No **deis**	No **estéis**	No **vayáis**	No **seáis**
usted	No **dé**	No **esté**	No **vaya**	No **sea**
ustedes	No **den**	No **estén**	No **vayan**	No **sean**
nosotros	No **demos**	No **estemos**	No **vayamos**	No **seamos**

No **seas** tonto. 너 바보같이 굴지 마.   No **estéis** estresados. 너희들 스트레스 받지 마.

3 부정 명령형의 어순

긍정 명령에서 목적격 대명사는 긍정 명령형 동사 뒤에 바로 붙여 썼지만, 부정 명령형은 'No + (재귀/간접/직접) 목적격 대명사 + 동사' 순서로 목적격 대명사를 동사 앞으로 보내고 띄어쓰기를 합니다.

No te levantes tarde. Levántate temprano. 너 늦게 일어나지 마. 일찍 일어나.

No se lo digas a tus padres. 네 부모님께는 그것을 말씀드리지 마.

Unidad 33

연습문제 Ejercicios

1 다음 긍정 명령형을 부정 명령형으로 바꾼 문장 중 <u>틀린</u> 문장을 고르세요.

① Vete. ➡ No te vayas.

② Sé egoísta. ➡ No seas egoísta.

③ Conduzca rápido. ➡ No conduzca rápido.

④ Tocad eso. ➡ No tocéis eso.

2 다음 tú에 대한 부정 명령형의 명사구를 대명사로 바꾸어 쓴 문장 중 바른 것을 고르세요.

No pongas <u>esa caja</u> en el salón.

① No se pongas en el salón.

② No lo pongas en el salón.

③ No la pongas en el salón.

④ No le pongas en el salón.

3 보기와 같이 각 상황에 쓸 수 있는 usted/ustedes 부정 명령형을 완성하세요.

보기 Los estudiantes suelen llegar tarde a clase.
➡ No <u>lleguen</u> tarde a clase.

(1) Sr. Rodríguez va a colgar el teléfono.

➡ ¡No _____(colgar) el teléfono, Sr. Rodríguez!

(2) Los invitados quieren irse sin cenar.

➡ No _____(irse) sin cenar.

(3) Un paciente se preocupa mucho.

➡ No _____(preocuparse). Piense positivo.

(4) Este paciente bebe demasiado y fuma mucho.

➡ No _____(beber) demasiado ni _____(fumar) para la salud.

Parte 10

접속법

Unidad 34 ★ 접속법
Subjuntivo

 Track 035

A   Mamá, me voy de viaje a Hongkong.
엄마, 홍콩 여행 잘 다녀올게요.

B   Espero que tengas un buen viaje.
즐거운 여행되기 바란다.

문법 Gramática

스페인어에는 직설법, 명령법, 접속법이 있습니다. 명령법은 상대방에게 부탁, 명령, 허락을 할 때 사용합니다. 직설법은 말하는 사람이나 주어가 확실하다고 믿는 객관적인 사실을 표현할 때 사용한다면, 접속법은 말하는 사람이나 주어가 불확실하거나 주관적 판단을 담고 있을 때 사용합니다.

1 접속법이 쓰이는 구문

접속법은 문장 내에서 종속절에 쓰이며 접속법이 쓰인 종속절은 명사절, 부사절, 관계사절 3가지 경우가 있습니다.

(1) 명사절: 동사 + que + 접속법

　　Yo quiero que te **vayas**. 나는 네가 가 버렸으면 좋겠다.

(2) 부사절: 접속사 + 접속법

　　Te ayudaré cuando **vuelva** a casa. 내가 집에 돌아올 때 너를 도와줄게.

(3) 관계사절: (선행사) + 관계사 + 접속법

　　Necesito una secretaria que **hable** español. 나는 스페인어를 할 수 있는 비서가 한 명 필요하다.

2 접속법의 형태

접속법 현재, 접속법 불완료 과거, 접속법 현재 완료, 접속법 과거 완료의 4가지 형태가 있습니다.

(1) 접속법 현재 (presente de subjuntivo)

시간상 현재나 미래의 불확실성, 가상의 것, 혹은 주관적인 판단을 나타낼 때 사용합니다.

① 접속법 현재 규칙형

직설법 현재 1인칭 단수형 끝모음 -o를 -ar로 끝나는 동사는 -e로 -er/-ir로 끝나는 동사는 -a로 변화시켜 만듭니다. 부정 명령형 변화형과 같습니다. 부정 명령형 변화형 P.136 참조

	-ar entrar 들어가다	-er comer 먹다	-ir abrir 열다
yo	entre	coma	abra
tú	entres	comas	abras
él/ella/usted	entre	coma	abra
nosotros	entremos	comamos	abramos
vosotros	entréis	comáis	abráis
ellos/ellas/ustedes	entren	coman	abran

Ellos me dejan que **entre** en su oficina. 그들은 내가 그들의 사무실에 들어가는 것을 허락한다.

Te aconsejo que no **comas** demasiado. 나는 너에게 지나치게 먹지 말라고 조언한다.

Te mando que **abras** la puerta ahora mismo. 나는 너에게 지금 당장 문을 열라고 명령한다.

직설법 현재형 1인칭이 불규칙인 동사는 다음과 같이 변화합니다.

tener 가지다	**tenga**, tengas, tenga, tengamos, tengáis, tengan
ver 보다	**vea**, veas, vea, veamos, veáis, vean
hacer 하다	**haga**, hagas, haga, hagamos, hagáis, hagan
decir 말하다	**diga**, digas, diga, digamos, digáis, digan
conocer 알다	**conozca**, conozcas, conozca, conozcamos, conozcáis, conozcan
servir 봉사하다	**sirva**, sirvas, sirva, sirvamos, sirváis, sirvan
seguir 계속하다	**siga**, sigas, siga, sigamos, sigáis, sigan
pedir 요청하다	**pida**, pidas, pida, pidamos, pidáis, pidan
caber 들어가다	**quepa**, quepas, quepa, quepamos, quepáis, quepan

El médico recomienda a sus pacientes que **hagan** ejercicio.
의사 선생님은 그의 환자들에게 운동하라고 조언한다.

Cuando **tengas** tiempo, llámame. 너 시간 있을 때 나에게 전화해.

Nos pide que **sigamos** la instrucción. 그는 우리에게 지침을 따라 줄 것을 요청한다.

② 발음상의 이유로 접속법 현재형에서 철자가 달라지는 동사

	z ➙ c empezar 시작하다	g ➙ j elegir 선택하다	c ➙ qu buscar 찾다	g ➙ gu llegar 도착하다
yo	empiece	elija	busque	llegue
tú	empieces	elijas	busques	llegues
él/ella/usted	empiece	elija	busque	llegue
nosotros	empecemos	elijamos	busquemos	lleguemos
vosotros	empecéis	elijáis	busquéis	lleguéis
ellos/ellas/ustedes	empiecen	elijan	busquen	lleguen

Te sugiero que **busques** otro trabajo. 나는 너에게 다른 일을 찾아보라고 제안한다.

Es muy probable que **empecemos** el proyecto en junio. 우리가 프로젝트를 6월에 시작할 가능성이 높다.

③ 접속법 현재 nosotros, vosotros 형태만 다른 동사

	e ➙ ie/e pensar 생각하다	e ➙ ie/i sentir 느끼다	o ➙ ue/o contar 계산하다	o/u ➙ ue/u dormir 자다
yo	piense	sienta	cuente	duerma
tú	pienses	sientas	cuentes	duermas
él/ella/usted	piense	sienta	cuente	duerma
nosotros	pensemos	sintamos	contemos	durmamos
vosotros	penséis	sintáis	contéis	durmáis
ellos/ellas/ustedes	piensen	sientan	cuenten	duerman

Es mejor que **pensemos** en las ventajas de esta opción. 이 옵션의 장점을 생각해 보는 것이 더 좋다.

Nos dicen que **durmamos** ocho horas diariamente. 그들은 우리에게 매일 8시간씩 자라고 한다.

④ 접속법 현재 불규칙형

	ser 이다	estar 있다	ir 가다	dar 주다	saber 알다	haber (조동사)
yo	sea	esté	vaya	dé	sepa	haya
tú	seas	estés	vayas	des	sepas	hayas
él/ella/usted	sea	esté	vaya	dé	sepa	haya
nosotros	seamos	estemos	vayamos	demos	sepamos	hayamos
vosotros	seáis	estéis	vayáis	deis	sepáis	hayáis
ellos/ellas/ustedes	sean	estén	vayan	den	sepan	hayan

Esperamos que el presidente **dé** un discurso esta tarde.
우리는 오늘 오후에 대통령이 연설을 할 것을 기대하고 있다.

No creo que no **haya** guerras en el futuro. 나는 미래에 전쟁이 없을 거라고 생각하지 않는다.

(2) 접속법 불완료 과거 (pretérito imperfecto de subjuntivo)

시간상 과거에 일어난 일에 대한 불확실성을 표현하거나 과거 사실에 대한 주관적 판단을 나타낼 때 사용합니다. 또는 가능성이 희박한 미래나 현재에 반대되는 가정을 표현할 때 사용합니다.

직설법 완료 과거 3인칭 복수 어간에 -ra 또는 -se를 붙여 만듭니다. 완료 과거형 변화형 P. 101 참조

	-ar entrar 들어가다	-er comer 먹다	-ir abrir 열다
yo	entrara	comiera	abriera
tú	entraras	comieras	abrieras
él/ella/usted	entrara	comiera	abriera
nosotros	entráramos	comiéramos	abriéramos
vosotros	entrarais	comierais	abrierais
ellos/ellas/ustedes	entraran	comieran	abrieran

Juan nos permitió que nosotros **entráramos** en su casa. 후안은 우리가 그의 집에 들어가는 것을 허락했다.

La profesora me pidió que **abriera** la puerta. 선생님은 나에게 문을 열어 달라고 부탁하셨다.

Ayer me molestó mucho que Susana **hablara** así. 나는 어제 수사나가 나에게 그런 식으로 말하는 것이 거슬렸어.

직설법 완료 과거가 불규칙형일 때 그 어간을 그대로 가져와서 접속법 과거형을 만듭니다.

tener 가지다	tuviera, tuvieras, tuviera, tuviéramos, tuvierais, tuvieran
venir 오다	viniera, vinieras, viniera, viniéramos, vinierais, vinieran
hacer 하다	hiciera, hicieras, hiciera, hiciéramos, hicierais, hicieran
ser 이다, ir 가다	fuera, fueras, fuera, fuéramos, fuerais, fueran
estar 있다	estuviera, estuvieras, estuviera, estuviéramos, estuvierais, estuvieran
querer 좋아하다	quisiera, quisieras, quisiera, quisiéramos, quisierais, quisieran
poder 할 수 있다	pudiera, pudieras, pudiera, pudiéramos, pudierais, pudieran
poner 놓다	pusiera, pusieras, pusiera, pusiéramos, pusierais, pusieran

Sería imposible que yo **tuviera** vacaciones este verano. 나는 이번 여름에 휴가를 얻는 게 불가능할지도 몰라.

Si yo **fuera** tú, compraría una casa con jardín. 내가 너라면 정원이 있는 집을 살 텐데.

Le pidieron a Carlos que **devolviera** el libro lo antes posible.
그들이 카를로스에게 가능한 한 빨리 책을 반납하라고 요청했다.

접속법 불완료 과거 어미를 -se를 붙여 변화시킬 수도 있지만 -ra보다 덜 쓰입니다.

예 entrar: entrase, entrases, entrase, entrásemos, entraseis, entrasen
comer: comiese, comieses, comiese, comiésemos, comieseis, comiesen
abrir: abriese, abrieses, abriese, abriésemos, abrieseis, abriesen

(3) 접속법 현재 완료 (pretérito perfecto de subjuntivo)

방금 일어난 일에 대해 불확실성과 주관적인 판단을 나타낼 때 사용합니다.

	haber 접속법 현재		과거 분사
yo	haya		
tú	hayas		
él/ella/usted	haya	+	-ado
nosotros	hayamos		-ido
vosotros	hayáis		
ellos/ellas/ustedes	hayan		

과거 분사 변화형 P. 93 참조

✅ **Tip**
접속법 현재 완료형은 스페인에서는 쓰지만 중남미 국가에서는 거의 쓰지 않습니다.

Me alegro mucho de que tú lo **hayas terminado** ahora. 나는 네가 그걸 지금 끝내 주어서 정말 기쁘다.

Me preocupa que mis hijos no **hayan llegado** a casa todavía.
나는 우리 자녀들이 아직 집에 도착하지 않아서 걱정이다.

Es posible que nosotros nos **hayamos equivocado**. 우리가 착각했을 수도 있다.

(4) 접속법 과거 완료 (pretérito pluscuamperfecto de subjuntivo)

과거에 일어난 사실에 대한 반대되는 가정을 표현할 때나 과거 어떤 시점보다 더 과거에 일어난 일에 대한 불확실성을 표현할 때 씁니다.

	haber 접속법 과거		과거 분사
yo	hubiera		
tú	hubieras		
él/ella/usted	hubiera	+	-ado
nosotros	hubiéramos		-ido
vosotros	hubierais		
ellos/ellas/ustedes	hubieran		

과거 분사 변화형 P. 93 참조

Si yo **hubiera tenido** más dinero, habría comprado una casa más grande.
내가 돈이 더 많았다면 더 큰 집을 샀을 텐데.

No pudimos creer que **hubiera nevado** tanto anoche.
우리는 어젯밤에 그렇게 눈이 많이 왔다는 사실을 믿을 수가 없었다.

¡Ojalá no lo **hubieran despedido** el año pasado!
작년에 그들이 그를 해고하지 않았다면 좋았을걸.

연습문제 Ejercicios

1 다음 문장 중 접속법 형태가 잘못 쓰인 문장을 찾아 맞게 고치세요.

① No creo que Juan sepa la verdad.

② Me molesta que mis amigos lleguen tarde a la cita.

③ Es bueno que hagas ejercicio todos los días.

④ Dudo que Clara venga a clase a tiempo.

➜ _____

2 다음 주어진 동사를 접속법 현재형으로 바꿔 문장을 완성하세요.

(1) Javier me pide que yo _____ (ayudar) a sus amigos.

(2) ¿Hay una película que no _____ (ser) violenta?

(3) No estoy seguro de que _____ (haber) clase hoy.

(4) Es recomendable que nosotros _____ (dormir) aquí.

3 다음 주어진 동사를 접속법 과거형으로 바꿔 문장을 완성하세요.

(1) Sería mejor que tú no _____ (comer) tanto.

(2) Si tú _____ (tener) tiempo, quedaríamos para charlar.

(3) Parecía imposible que Juan _____ (vivir) sin su novia.

(4) Yo quería que ellos _____ (irse).

4 다음 문장 중 접속법 형태가 잘못 쓰인 문장을 찾아 맞게 고치세요.

① ¡Ojalá ella viniera a verme!

② Dudo que Marta ha dicho una mentira esta mañana.

③ El profesor mandó que nosotros saliéramos.

④ Si yo hubiera llegado a tiempo, no habría perdido el autobús.

➜ _____

Unidad 34

Unidad 35 ★ 명사절에 쓰인 접속법
Subjuntivo en las oraciones sustantivas

Track 036

A Estoy harto de trabajar tanto.
나는 계속 일만 하는데 질렸어.

B Te recomiendo que te vayas de viaje unos días para descansar.
난 네가 좀 쉬게 며칠 여행을 떠나는 걸 추천해.

문법 Gramática

종속절이 명사절인 경우 주절의 주어 A는 종속절의 주어 B와 다르고 A는 B에 대해 명령, 감정, 판단, 불확신, 의심, 추측 등을 나타낼 때 종속절에 접속법을 씁니다.

1 소망/명령/충고/허락/금지 + que + 접속법: A는 B가 ~하기 바란다

주로 간접적인 명령을 나타내며, 소망, 충고, 허락, 금지 등의 의미로 확장될 수 있습니다. 이때, 직설법 주절 동사가 '확실성'이 있다면 접속법 종속절 동사는 '불확실성'을 나타냅니다. 즉, A가 명령, 소망, 충고, 금지하여도 종속절 주어인 B가 따를지는 모르며 가능성이 낮다는 것을 접속법을 통해 표현합니다.

소망	명령	충고	허락	금지
esperar 기대하다 querer 원하다 necesitar 필요로 하다	ordenar 명령하다 mandar 명령하다 pedir 요청하다	aconsejar 충고하다 recomendar 추천하다 sugerir 제안하다	permitir 허락하다 dejar 내버려두다	prohibir 금지하다 impedir 금지하다

Quiero que te <u>vayas</u>. 나는 네가 가 버리길 바란다.

Nuestros padres <u>no dejan</u> que <u>salgamos</u> de noche. 우리 부모님들은 우리가 밤에 나가는 것을 허락하지 않으신다.

146

2 감정 동사 + que + 접속법: A는 B가 ~해서 (마음이)~하다

감정 동사는 종속절의 사실에 대해 주관적인 감정을 표현하기 때문에 종속절에 접속법을 씁니다. 동사 종류에 따라 쓸 수 있는 문형이 달라 주의해야 합니다.

주격 대명사 + 동사 + que	간·목 + 동사 3인칭 단수 + que	직·목 + 동사 3인칭 단수 + que / 주격 대명사 + se + 동사 + 전치사 que
sentir 유감이다 temer 무서워하다	gustar 좋아하게 하다 molestar 성가시게 하다 importar 중요하다 extrañar 이상하다	sorprender 놀라게 하다 - sorprenderse de 놀라다 preocupar 걱정시키다 - preocuparse por 걱정하다 entristecer 슬프게 하다 - entristecerse de 슬퍼하다 alegrar 기쁘게 하다 - alegrarse de 기뻐하다

Yo temo que me **pongan** las inyecciones. 나는 (그들이) 나에게 주사를 놓는 것이 무서워.

Me importa que **vayas** de viaje con nosotros. 네가 우리와 여행을 가는 것이 나에겐 중요해.

Me sorprende que **digas** eso. 네가 그런 말을 하는 것이 나를 놀라게 한다.

= Yo me sorprendo de que **digas** eso. 나는 네가 그런 말을 하는 것에 대해 놀란다.

3 판단 동사 + que + 접속법: (A는) B가 ~하는 것이 ~하다고 생각한다

판단 동사는 주로 비인칭 구문이지만 화자의 주관적인 판단을 담고 있다고 보아 종속절에 접속법을 씁니다.

es normal / lógico 정상이다/논리적이다	es necesario / preferible ~이/가 필요하다/선호되다
es bueno / mejor ~이/가 좋다/더 좋다	es justo / injusto 정당한/부당한 일이다
es sorprendente 놀랄 일이다	es una tontería / una locura 바보같은/미친 짓이다
es un fastidio 피곤한 짓이다	es una pena / una lástima 안타까운 일이다
está bien / mal 좋다/나쁘다	me parece justo / increíble 정당하다/믿기지 않다

Es bueno que **bebas** mucha agua. 너는 물을 많이 마시는 것이 좋겠다.

Es una tontería que **hagas** eso. 네가 그런 일 하는 건 바보 같은 짓이다.

Es una pena que nos **separemos**. 우리가 헤어진다는 것이 아쉽다.

Me parece increíble que 25,000 niños **mueran** en el mundo cada día.
나는 매일 세계에서 2만 5천 명의 어린이가 사망한다는 것이 믿기지 않는다.

Algo más...

형태상 접속법 현재는 부정 명령형에서 No만 제외한 형태로 매우 유사합니다.
의미상 명사절에 쓴 접속법은 화자가 청자뿐만 아니라 제3자에게 무엇을 하도록 바라는 점이 있을 때 'A는 B가 ~해 주면 좋겠어.'라고 명령을 간접적으로 부드럽게 할 때 쓰이므로 명령형이 완화되어 나타낸 형태라고 보아도 무방합니다. 이처럼 접속법 형태는 '불확실성, 낮은 실현 가능성'을 나타내기 때문에 상대방에게 강요가 아니라 권유하는 것처럼 들립니다.

예) **No hables** alto. 크게 말하지 마. (부정 명령)
　　Quiero que no **hables** alto. 난 네가 크게 말하지 않았으면 좋겠어. (접속법)

4 No + 생각/확신 동사 + que + 접속법: A는 B가 ~하다고 생각/확신하지 않는다

creer 생각하다	**pensar** 생각하다	**imaginar** 상상하다
suponer 가정하다	**parecer** ~인 것 같다	**es evidente** ~이/가 분명하다
es verdad 사실이다	**estar seguro de** 확신하다	

<u>No creo que</u> Juan **llegue** a tiempo mañana. 나는 후안이 내일 제시간에 올 거라고 생각하지 않는다.

Yo <u>no estoy seguro de que</u> ellos **ganen** el partido mañana. 나는 그들이 내일 경기에서 이길 거라고 확신하진 않는다.

> ⚠️ **주의 ¡Ojo!**
>
> 위 동사들이 no가 없이 긍정문으로 쓰이면 que 종속절에 직설법을 씁니다.
> 예) Creo que Juan **llega** a tiempo mañana.
> 나는 후안이 내일 제시간에 올 거라고 생각한다.

5 의심 동사 + que + 접속법: A는 B가 ~하다는 것을 의심한다

dudar 의심하다	**es dudoso** 의심스럽다	**negar** 부인하다

Rafael duda que sus amigos lo **ayuden**. 라파엘은 그의 친구들이 그를 도울 거라는 것을 의심한다.

6 추측 동사 + que + 접속법: (A는) B가 ~하는 것이 (불)가능하다고 추측한다

~일 수도 있다, ~이/가 가능하다	~일 수가 없다, ~이/가 불가능하다
puede ser	no puede ser
es posible	es imposible
es probable	es improbable
	no es posible

<u>Es posible que</u> **nos casemos** el próximo año. 우리는 내년에 결혼할 가능성이 있다.

<u>Puede ser que</u> ellos **cambien** de idea dentro de poco. 그들이 금방 생각을 바꿀 수도 있다.

Algo más...

추측의 부사는 종류에 따라 직설법만 쓰는 a lo mejor가 있는 반면, quizás, tal vez, probablemente, posiblemente 등의 부사는 의심이 많이 갈 때 접속법을 쓰고 의심이 적게 갈 때는 직설법을 쓸 수 있습니다.

예) A ¿Vas a comprar esta bicicleta? 너 이 자전거 살 거니?
　　B **A lo mejor** la compro. 아마 그걸 살 것 같아.

　　A ¿Dónde estará Antonio ahora? 안토니오가 어디에 있을까?
　　B **Quizás / Tal vez** esté en su casa. 자기 집에 있을 거야. (가능성이 낮은 추측: 접속법)
　　　Quizás / Tal vez está en su casa. 자기 집에 있을 거야. (가능성이 높은 추측: 직설법)

연습문제 Ejercicios

1 다음은 의사 선생님이 하시는 충고입니다. 괄호 안의 동사를 접속법 현재형으로 바꿔 쓰세요.

(1) El doctor me recomienda que _____ (yo, guardar) la cama por una semana.

(2) El doctor les prohíbe que _____ (ellos, beber) alcohol.

(3) El doctor nos aconseja que _____ (nosotros, dormir) ocho horas diariamente.

(4) El doctor os sugiere que _____ (vosotros, empezar) a hacer ejercicio.

2 다음은 각 상황에 처한 사람들과 그들에 대한 감정, 판단 표현입니다. 보기 와 같이 주어진 동사를 접속법 현재형으로 바꿔 문장을 완성하세요.

> 보기 Ramón se acuesta demasiado tarde.
> → Les preocupa a sus padres que él <u>se acueste</u> (acostarse) demasiado tarde.

(1) Sara miente a veces.
→ Les entristece a sus padres que ella _____ (mentir).

(2) Leticia se casa el próximo mes.
→ Les sorprende a sus amigos que ella _____ (casarse) tan pronto.

(3) Alicia está gorda y quiere adelgazar.
→ Será mejor que _____ (ella, comer) menos.

(4) Miguel va a dejar de estudiar para trabajar.
→ Es preferible que _____ (acabar, él) su estudio primero.

3 주어진 동사들을 알맞은 형태로 바꿔 편지를 완성하세요.

> Querido Pedro:
>
> ¡Cuánto tiempo sin verte! Te echo de menos. Tengo una sorpresa.
>
> Es muy probable que yo (1)_____ (ir) a verte este verano.
>
> Sin embargo, no creo que (2)_____ (yo, quedarse) mucho tiempo allí.
>
> Puede ser que (3)_____ (yo, tener) que volver aquí pronto por mi trabajo.
>
> Espero que (4)_____ (nosotros, verse) dentro de muy poco.
>
> Un beso,
>
> Daniela

Unidad 35

Unidad 36

Ojalá 소망 구문에 쓰인 접속법
Subjuntivo en las oraciones desiderativas

Track 037

A　¡Ojalá que me toque la lotería!
복권에 당첨되길!

B　¡Ojalá que te tocara!
제발 당신이 복권에 당첨됐으면 좋겠다!

 Gramática

1 소망 구문

간절한 소망을 표현할 때 감탄문 ¡Ojalá!와 ¡Quién! (의미상의 주어가 yo일 때만)을 쓸 수 있습니다.

(1) ¡Ojalá (que) + 접속법 현재/접속법 현재 완료/접속법 불완료 과거/접속법 과거 완료!
　　동사의 시제에 따라 의미 차이가 있습니다.

접속법 현재	¡Ojalá me **toque** la lotería mañana! 내일 내가 복권에 당첨되었으면! (미래 높은 가능성)
접속법 현재 완료	¡Ojalá me **haya tocado** la lotería esta mañana! 오늘 아침 복권에 내가 당첨되었길! (가까운 과거 결과 모를 때)
접속법 불완료 과거	¡Ojalá me **tocara** la lotería mañana! 내일 제발 내가 복권에 당첨되었으면! (미래 낮은 가능성) ¡Ojalá me **tocara** la lotería ayer! 어제 내가 복권에 당첨되었길! (과거 결과 모를 때)
접속법 과거 완료	¡Ojalá me **hubiera tocado** la lotería ayer! 어제 내가 복권에 당첨되었어야 했는데! (안 됐다) (과거 결과 알 때)

(2) ¡Quién + 접속법 불완료 과거/접속법 과거 완료!

'yo' 나의 소망을 가리키기 때문에 그 소망은 화자의 현재 처지와 반대되는 소망이며, 따라서 접속법 현재는 쓰지 않고 현재의 낮은 가능성을 나타내는 접속법 불완료 과거만을 씁니다. 이미 일어난 일에 반대되는 후회를 할 때는 접속법 과거 완료를 씁니다.

접속법 불완료 과거	¡Quién **hablara** bien español! 내가 스페인어를 잘한다면!
접속법 과거 완료	¡Quién **hubiera conseguido** ese trabajo! 내가 그 일을 잡았었어야 했는데!

2 접속법의 시제 일치

접속법은 종속절에 쓰이므로 주절의 동사 시제에 따라 시제 일치를 해야 합니다.

(1) 접속법 현재: 주절 동사가 직설법 미래 또는 현재형일 때 종속절에 접속법 현재형을 씁니다.

Será posible que Juan **vaya** a la fiesta mañana. 후안이 내일 파티에 가는 것은 가능할 거야.
직설법 단순 미래   접속법 현재

Yo quiero que Juan **vaya** a la fiesta mañana. 나는 후안이 내일 파티에 가기를 원한다.
직설법 현재   접속법 현재

Ahora yo necesito un intérprete que **hable** español y coreano.
       직설법 현재   접속법 현재
지금 나는 스페인어와 한국어를 하는 통역사가 필요하다.

(2) 접속법 불완료 과거

① 주절 동사가 직설법 완료 과거/불완료 과거 또는 가정 미래일 때 종속절에 시제 일치를 위해 접속법 불완료 과거형을 씁니다.

Fue posible que Juan **fuera** a la fiesta ayer. 후안이 어제 파티에 가는 것이 가능했다.
직설법 완료 과거   접속법 불완료 과거

Yo quería que Juan **fuera** a la fiesta ayer. 나는 후안이 어제 파티에 가기를 바랐다.
직설법 불완료 과거   접속법 불완료 과거

Aquel momento yo necesitaba un intérprete que **hablara** español y coreano.
            직설법 불완료 과거   접속법 불완료 과거
그 당시 나는 스페인어와 한국어를 하는 통역사가 필요했다.

Me gustaría que Juan **fuera** a la fiesta mañana. 나는 후안이 내일 파티에 가면 좋겠다.
직설법 가정 미래   접속법 불완료 과거

② 종속절 시제가 한 시제 앞선 시제일 경우: 주절 시제가 현재형이지만 종속절에서 말하는 사건이 이미 과거에 일어난 일일 때 종속절에 접속법 불완료 과거형을 쓸 수 있습니다.

Es posible que Juan **fuera** a la fiesta ayer. 후안이 어제 파티에 갔었을 수도 있다.
직설법 현재 　　　접속법 불완료 과거

No creo que **tuviéramos** suerte aquel día. 나는 그날 우리에게 행운이 있었다고는 생각지 않는다.
　직설법 현재　접속법 불완료 과거

(3) 접속법 현재 완료

스페인에서는 방금 일어난 일에 현재 완료형을 쓰므로, 방금 일어난 일에 대한 소망/추측/감정/판단 등을 표현할 때 종속절에 접속법 현재 완료형을 쓸 수 있습니다. 그러나 중남미에서는 이 경우 접속법 불완료 과거형을 쓰므로 접속법 현재 완료 형태는 거의 쓰지 않습니다.

Es posible que Juan **haya ido** a la fiesta esta mañana. 후안이 오늘 아침 파티에 갔을 수도 있다.
직설법 현재　　　접속법 현재 완료

Me alegro de que **hayas venido** aquí. 나는 네가 여기 와 주어서 너무 기쁘다.
　직설법 현재　　접속법 현재 완료

Pueden salir quienes **hayan terminado**. 끝내신 분은 나가셔도 됩니다.
직설법 현재　　　　접속법 현재 완료

(4) 접속법 과거 완료

주절 시제가 직설법 완료 과거/불완료 과거이고 종속절의 시제가 더 이전에 일어난 경우 접속법 과거 완료를 씁니다.

Él me hizo escribir una lista de cosas que siempre **hubiera querido** hacer.
　　직설법 완료 과거　　　　　　　　　　　　接속법 과거 완료
그는 내가 항상 하고 싶었던 것들의 목록을 나에게 적게 했다.

Mis abuelos estaban encantados de que nosotros los **hubiéramos visitado**.
　　　　직설법 불완료 과거　　　　　　　　　　　接속법 과거 완료
우리 조부모님들은 우리가 당신들을 방문했다는 사실에 흡족해하셨다.

연습문제 Ejercicios

1 다음 주어진 동사를 접속법 불완료 과거형으로 바꿔 문장을 완성하세요.

(1) Yo quería que tú me _____(decir) la verdad.

(2) Fue justo que _____(nosotros, ayudar) a nuestros vecinos.

(3) Los estudiantes no estaban seguros de que _____(haber) clase aquel día.

(4) Yo no creía que Manuel _____(estar) con Daniela.

(5) El profesor les mandó a los estudiantes que _____(ellos, entregar) la tarea hasta el jueves.

2 다음 상황에서 할 수 있는 간절한 소망이나 후회를 연결하세요.

(1) Tengo mucho sueño. •　　　•　ⓐ ¡Quién supiera las respuestas!

(2) Tengo la tarea no terminada. •　　　•　ⓑ ¡Quién fuera rico!

(3) El examen es muy difícil. •　　　•　ⓒ ¡Ojalá pudiera dormir una siesta!

(4) Me gustaría comprar una nueva casa. •　　　•　ⓓ ¡Quién hubiera acabado la tarea ayer!

3 다음 주어진 동사를 알맞은 접속법 형태로 바꿔 문장을 완성하세요.

(1) Temo que mañana _____(llover).

(2) El camarero nos recomendó que _____(nosotros, probar) paella.

(3) Yo preferiría que _____(tú, leer) esta carta.

(4) Juan no contestaba. Pero yo dudaba que _____(él, salir).

(5) Era probable que _____(subir) el precio de los alimentos.

Unidad 36　153

Unidad 37. 부사절에 쓰인 접속법
Subjuntivo en las oraciones adverbiales

Track 038

A ¡Cuídate!, hijo.
조심해, 아들!

B Te llamaré tan pronto como llegue allí.
거기 도착하자마자 전화할게요.

문법 Gramática

목적, 양보, 조건의 부사절은 주로 주절의 주어와 종속절의 주어가 다를 때 종속절에 접속법을 씁니다. 반면 시간의 부사절은 주어의 동일 여부와 상관없이 주로 미래를 나타낼 때 접속법을 씁니다.

1 목적 구문(Oraciones finales): ~하기 위하여, ~하지 않기 위하여

(1) para que, a fin de que, con (el) objeto de que, con (la) intención de que: ~하기 위하여

Te llamé ayer **para que** me **reservaras** una entrada. 내가 어제 네가 내 입장권 좀 예약해 달라고 전화한 거야.

(2) no sea que: ~하지 않기 위하여

Vamos a salir ya, **no sea que perdamos** el autobús. 우리 버스 놓치지 않으려면 이제 나가자.

> **Tip**
> 주절의 주어가 종속절의 주어와 같을 때는 'para / a fin de / con el objeto de + 동사 원형'으로 표현하고 절을 쓰지 않습니다.
> 예 Yo hago ejercicio **para estar** en forma. 나는 몸매를 유지하기 위해 운동을 한다.

2 양보 구문(Oraciones concesivas): ~에도 불구하고

(1) aunque : ~에도 불구하고

주절의 주어와 종속절의 주어의 동일 여부에 상관없이 가정 상황이나 사실로 믿고 싶지 않은 상황을 전제할 때 접속법을 씁니다.

Lo haré aunque no le guste a mi padre. 아빠가 안 좋아하시는데도 불구하고 난 그걸 할 거야.

(2) a pesar de que, pese a que: ~에도 불구하고

Pese a que leyeras todos los libros de la biblioteca, te faltaría aún.
네가 만일 도서관의 모든 책을 다 읽는다 하더라도 너에게 여전히 부족할거야.

(3) Por + más/형용사/부사 + que + 접속법: 아무리 ~한다고 할지라도

Por listos que sean ellos, no me engañarán. 그들이 아무리 영리하다고 해도 나를 속일 수는 없을 거야.

Por más que trate de olvidarte, te recuerdo más. 내가 너를 잊으려 하면 할수록 네가 더 생각나네.

> ✅ **Tip**
>
> a pesar de / pese a는 주절의 주어가 종속절의 주어와 같을 때 전치사구로 쓸 수 있습니다. 이때는 뒤에 동사 원형이 옵니다.
>
> 예) **A pesar de trabajar** mucho, ganamos poco.
> 우리는 일을 많이 하는데도 불구하고 조금 번다.
>
> **Pese a** ser pequeños, ellos hacen su trabajo muy concentrados.
> 그들은 어린데도 불구하고 매우 집중해서 그들의 일을 한다.

3 조건 구문(Oraciones condicionales): ~한다는 조건 하에

(1) como: ~한다면

Como corras rápido, te caerás.
너는 빨리 달린다면 넘어질 거야.

> ❗ **주의 ¡Ojo!**
>
> 조건의 접속사 중 como는 문두에 쓰고 의미는 si와 유사하지만 꼭 접속법을 씁니다.
>
> si 가정 구문 P. 158 참조 ▶

(2) con tal de que, con la condición de que, en caso de que: ~한다는 조건 하에

Voy al cine contigo con tal de que me acompañes a casa después de la película.
나는 네가 영화 끝나고 나를 데려다준다는 조건으로 너랑 영화관에 갈게.

(3) a menos que, a no ser que: ~하지 않는다면

A menos que te cueste, salgamos a las seis de la mañana.
네가 힘들어하지 않는다면 아침 6시에 우리 떠나자.

> ✅ **Tip**
>
> 주절의 주어가 종속절의 주어와 같을 때는 con la condición de / en caso de + 동사 원형으로 표현하고 절을 쓰지 않습니다.
>
> Yo acepté ese trabajo **con la condición de** trabajar media jornada.
> 나는 반타임만 일하는 조건으로 그 일을 승낙했다.

4 시간 구문(Oraciones temporales)

시간의 부사절이 미래를 나타낼 때는 종속절에 접속법을 씁니다.

(1) cuando, en cuanto: ~할 때

　　Cuando **tengas** tiempo, llámame.
　　너 시간 있을 때 나에게 전화해 줘. (미래)

　　Te enviaré un mensaje en cuanto yo **termine** el trabajo.
　　내가 일이 끝나면, 너에게 메시지를 보낼게. (미래)

　　Cuando mi hijo **tiene** tiempo, siempre me llama.
　　내 아들은 시간 있을 때마다 나에게 전화한다. (현재 습관)

　　Cuando yo **tenía** 11 años, viajé a Japón.
　　나는 열한 살 때 일본을 여행했다. (과거)

(2) tan pronto como, apenas: ~하자마자

　　Me lo comunicarán tan pronto como **salga** el resultado.
　　결과가 나오자마자 그들은 나에게 그것을 알려 줄 것이다.

　　Te visitaré apenas yo **tenga** vacaciones. 내가 휴가를 얻자마자 너를 방문할게.

(3) antes de que (~전에), después de que (~후에), hasta que (~까지)

　　Hazlo ya antes de que **sea** demasiado tarde.
　　너무 늦어지기 전에 이제 그것을 해.

　　Recogeré los platos después de que **se vayan** los invitados.
　　나는 손님들이 가고 난 후에 접시들을 치울 거야.

　　Protestaremos hasta que nos **den** el permiso.
　　그들이 우리에게 그 허가를 내줄 때까지 우리는 항의할 것이다.

> **주의 ¡Ojo!**
>
> 시간의 접속사 중 antes de que는 미래뿐만 아니라 다른 시제일 때도 항상 접속법을 씁니다.
> Mañana voy a preparar el informe antes de que **vuelva** el jefe. (미래)
> 내일 나는 사장님이 돌아오시기 전에 보고서를 끝낼 것이다.
> Normalmente yo preparo el informe antes de que el jefe me lo **pida**. (현재 습관)
> 보통 나는 사장님이 나에게 보고서를 요청하시기 전에 보고서를 끝낸다.
> Ayer preparé el informe antes de que el jefe me lo **pidiera**. (과거)
> 어제 나는 사장님이 나에게 보고서를 요청하시기 전에 보고서를 끝냈다.

연습문제 Ejercicios

1 다음 각 문장에 알맞은 동사 형태를 괄호 안에서 고르세요.

(1) Cuando yo (soy / sea) mayor, seré arquitecto.

(2) Normalmente Carlos no vuelve a casa hasta que (termina / termine) todo el trabajo.

(3) Cuando (oigo / oiga) la música de IL DIVO, siempre tengo que parar y escuchar.

(4) Anoche volví sobre las diez antes de que mis padres no (se acosten / se acostaran).

2 다음 문장에 접속사가 잘못 쓰인 문장을 알맞게 고치세요.

① Pasaré por tu casa tan pronto como yo salga del trabajo.

② Podrán salir por las ventanas en caso de que ocurra un incendio.

③ Volved a casa temprano para que el papá no se enfade.

④ Si vayas conmigo, te pago la entrada.

➔ _____

3 다음 우리말 해석에 맞게 빈칸에 들어갈 알맞은 동사 형태를 고르세요.

Yo dije que aunque me _____ (ellos, ofrecer) un millón de dólares, no iba a aceptar ese trabajo.

나는 그들이 나에게 백만 달러를 준다고 해도 그 일을 받아들이지 않을 거라고 말했다.

① ofrezcan　　② ofrecen　　③ ofrecieran　　④ ofrecerán

4 다음 주어진 동사를 알맞은 접속법 형태로 바꿔 문장을 완성하세요.

(1) Quiero irme antes de que _____ (llegar) Miguel.

(2) Nosotros vamos al campo todos los sábados, a menos que _____ (estar) ocupados.

(3) Cecilia cerró bien la ventana para que no la _____ (ver) los vecinos.

(4) Sus padres la dejarían casarse con tal de que ella _____ (terminar) su estudio.

Unidad 38 — Si 가정 구문에 쓰인 접속법
Subjuntivo en las oraciones condicionales con "si"

A Me alegro de que hayamos llegado a tiempo.
나는 우리가 제시간에 도착해서 기뻐.

B Si nosotros hubiéramos perdido el tren, habríamos llegado tarde.
우리가 기차를 놓쳤더라면 늦게 도착했을 거야.

1 si 가정 구문

'만약 ~한다면/ ~했더라면'하는 표현인 si 가정 구문에서 가능성이 높을 때는 직설법을 사용하지만 가능성이 낮은 경우 접속법을 사용할 수 있습니다.

(1) 현재에 가능성이 높은 가정

si + 직설법 현재,	단순 미래/현재형/명령형
종속절	주절

Si yo **saco** buenas notas, **conseguiré** la beca el próximo semestre.
내가 좋은 성적을 받는다면, 다음 학기에 장학금을 탈 거야.

Si tú **friegas** los platos, yo **limpio** la habitación.
네가 설거지를 한다면 난 방을 청소할게.

Si **quieres** hablar bien español, **practica** con un nativo.
네가 스페인어를 잘 말하고 싶다면, 원어민과 연습해라.

(2) 현재 상황에 대한 반대되는 가정

> **si + 접속법 과거, 가정 미래/가정 미래 완료**
> 　　종속절　　　　　　주절

Si yo **tuviera** mucho dinero, **iría** de viaje al extranjero. 내가 돈이 많다면, 외국으로 여행을 떠날 텐데.
Si yo **fuera** tú, **habría ido** a la fiesta ayer. 내가 너라면, 어제 파티에 갔을 텐데.

(3) 과거 상황에 대한 반대되는 가정

> **si + 접속법 과거 완료, 가정 미래/가정 미래 완료**
> 　　종속절　　　　　　　주절

Si yo lo **hubiera sabido**, habría esperado. 내가 그걸 알았더라면 기다렸을 텐데.
(사실: Yo no lo sabía y no esperé. 나는 그걸 몰랐고 기다리지 않았다.)

Si yo **hubiera sacado** mejores notas, **conseguiría** la beca este semestre.
내가 더 좋은 성적을 받았더라면, 이번 학기에 장학금을 탈 텐데.

> **❗ 주의 ¡Ojo!**
> (2)와 (3)의 경우처럼 사실과 반대되는 가정을 할 때 접속법을 쓰되 원래 시간대보다 한 시제 앞선 시제를 써서 비현실성을 강조합니다. 따라서 주절의 동사는 직설법 중 가능성이 낮음을 표현하는 가정 미래 또는 가능성이 전혀 없음을 표현하는 가정 미래 완료를 씁니다.

2 como si 구문

'마치 ~인 것처럼' 이란 표현은 'como si + 접속법'을 사용하여 표현합니다.

(1) 현재 상황에 대한 가정: como si + 접속법 과거

　　Ella habla muy bien español **como si fuera** nativa. 그녀는 스페인어를 마치 원어민처럼 잘한다.

(2) 과거 상황에 대해 가정: como si + 접속법 과거 완료

　　Daniel nos miraba **como si** no nos **hubiera visto** nunca.
　　다니엘은 마치 우리를 전에 결코 본 적이 없는 것처럼 우리를 쳐다보았다.

Algo más...

'~인양'이라고 표현할 때, 'como que + 직설법'을 사용할 수 있습니다.
Cuando Pedro nos ve, hace **como que** no nos **conoce**.
(Pedro nos conoce, pero se porta como si no nos conociera.)
페드로는 우리를 볼 때, 우리를 모르는양 행동한다. (페드로는 우리를 알지만, 마치 우리를 모르는 듯 행동한다.)

연습문제 Ejercicios

1 다음 밑줄 친 부분에 알맞은 형태를 고르세요.

　　Ella está nerviosa _____ tuviera una entrevista.

　　① como que　　② si　　③ como si　　④ para que

2 다음 문장들을 보기 와 같이 가능성이 높은 가정을 가능성이 낮은 가정으로 바꾸세요.

> 보기　Iremos a la playa hoy si podemos.
> → Iríamos a la playa hoy si pudiéramos.

(1) Cabrán tres sillas aquí si sacamos esa mesa.
　→ Cabrían tres sillas aquí si _____ esa mesa.

(2) Diré la verdad si la sé.
　→ Diría la verdad si la _____ .

(3) Se opondrán a nuestros planes si no les pedimos permiso.
　→ Se opondrían a nuestros planes si no les _____ permiso.

(4) No me gustará bañarme si hay muchos chicos en el agua.
　→ No me gustaría bañarme si _____ muchos chicos en el agua.

3 Joaquín이 어제 여자 친구와의 약속에서 일어난 일을 서술합니다. 일어난 사실에 반대되는 가정을 쓰세요.

상황	반대 가정
(1) Ayer yo me levanté muy tarde.	Si yo no _____ muy tarde ayer, no habría llegado tarde a la cita con mi novia.
(2) Ayer perdí mi móvil en el autobús.	Si no _____ mi móvil, la habría llamado.
(3) Me peleé con mi novia.	Si no _____ con mi novia, habría ido al cine con ella.
(4) Volví pronto a casa.	Si no _____ pronto a casa, no habría descubierto el incendio.

Parte 11

- 간접 화법
- 수동 구문
- 무인칭의 se와 상호의 se

Unidad 39 ★ 간접 화법
Estilo indirecto

Track **040**

A ¿Qué te dijo tu novio?
네 남자 친구가 뭐라고 하니?

B Me dijo que iría a México como estudiante de intercambio este verano.
올여름에 교환 학생으로 멕시코에 갈 거라고 해.

문법 Gramática

다른 사람의 말을 옮겨 전달하는 것을 간접 화법이라고 합니다. 간접 화법으로 말할 때 주절의 주어에 맞추어 종속절의 인칭을 바꾸어야 합니다. 또한 주절 동사가 현재인 경우, 종속절은 인칭만을 고려하여 바뀌고 시제가 변함이 없지만, 과거일 경우 종속절의 시제는 한 시제 앞선 시제로 바꾸어야 합니다.

1 평서문 직접 화법 → 간접 화법

직접 화법의 평서문이 간접 화법이 될 때 주절동사 decir 뒤에 que를 써서 '~라고 말한다'를 표현합니다.

평서문	간접 화법
"Te **quiero** mucho." "난 너를 사랑해." (현재)	Dice que me **quiere** mucho. 그는 나를 많이 사랑한다고 말한다. (현재)
"**Visitaré** a mi abuela el sabábo." "난 토요일에 할머니를 방문할 거야." (단순 미래)	Dice que **visitará** a su abuela el sábado. 그는 토요일에 할머니를 뵈러 갈 거라고 말한다. (단순 미래)
"**Fui** a Perú el verano pasado." "작년 여름에 나는 페루에 갔어." (완료 과거)	Dice que **fue** a Perú el verano pasado. 그는 작년 여름에 페루에 갔었다고 말한다. (완료 과거)

"Te **quiero** mucho." "난 너를 사랑해." (현재)	Dijo que me **quería** mucho. 그는 나를 많이 사랑한다고 말했다. (불완료 과거)
"**Visitaré** a mi abuela el sabábo." "난 토요일에 할머니를 방문할 거야." (단순 미래)	Dijo que **visitaría** a su abuela el sábado. 그는 토요일에 할머니를 뵈러 갈 거라고 했다. (가정 미래)
"**Fui** a Perú el verano pasado." "작년 여름에 나는 페루에 갔어." (완료 과거)	Dijo que **había ido** a Perú el verano pasado. 그는 작년 여름에 페루에 갔었다고 말했다. (과거 완료)

> **⚠ 주의 ¡Ojo!**
>
> dijo que 뒤에 종속절의 내용을 생생하게 표현할 경우 시제 일치를 하지 않고 현재형이나 미래형이 나오는 것도 가능합니다.
>
> 예) El pronóstico del tiempo dijo que **lloverá** mañana.
> 일기예보는 내일 비가 올 거라고 했다.

2 의문문 직접 화법 → 간접 화법

의문사가 없는 일반 의문문은 간접 화법으로 표현할 때 'pregunta/preguntó si (~인지 아닌지 물어보다/물어봤다)'로 쓰며, 의문사가 있는 의문문은 'pregunta/preguntó + 의문사'로 나타냅니다.

의문문	간접 화법
"¿**Eres** japonés?" "너는 일본 사람이니?" (현재)	Me preguntó si yo **era** japonés. 그는 내가 일본 사람이냐고 나에게 물었다. (불완료 과거)
"¿**Has estado** alguna vez en África?" "너는 아프리카에 간 적 있니?" (현재 완료)	Me preguntó si **había estado** alguna vez en África. 그는 내가 아프리카에 간 적 있는지 물었다. (과거 완료)
"¿Qué película **prefieres**?" "어떤 영화를 선호하니?" (현재)	Me preguntó qué película **prefería** yo. 그는 내가 어떤 영화를 선호하는지 물었다. (불완료 과거)

3 명령문 직접 화법 → 간접 화법 (접속법)

직접 화법의 명령형을 간접 화법으로 표현할 때 dice/dijo는 '~하라고 말한다/말했다'의 뜻이므로 명령, 요구, 희망의 의미를 담고 있으므로 que 이하 종속절에 접속법을 써야 합니다.

명령문	간접 화법
"**Ten** cuidado." "너 조심해." "No lo **toques**." "너 그거 만지지 마."	Me dice que yo **tenga** cuidado. 그는 나에게 조심하라고 말한다. (접속법 현재) Me dice que yo no lo **toque**. 그는 나에게 그걸 만지지 말라고 말한다. (접속법 현재) Me dijo que yo **tuviera** cuidado. 그는 나에게 조심하라고 말했다. (접속법 과거) Me dijo que yo no lo **tocara**. 그는 나에게 그걸 만지지 말라고 말했다. (접속법 과거)

연습문제 Ejercicios

1 다음 직접 화법을 간접 화법으로 바꾼 문장에서 밑줄 친 부분에 알맞은 단어를 고르세요.

"Me duele la cabeza."
→ Andrés dijo que _____ dolía la cabeza.

① te　　　　② le　　　　③ se　　　　④ lo

2 다음 사람들이 하는 말을 간접 화법으로 옮긴 문장 중 틀린 것을 찾아 맞게 고치세요.

① "Vamos a casarnos el próximo mes."
→ Óscar y Laura dicen que van a casarse el próximo mes.

② "¿Dónde está el Museo Central?"
→ Un turista me preguntó dónde estaba el Museo Central.

③ "Iré de vacaciones a España en verano."
→ Elisa dijo que iría de vacaciones a España en verano.

④ "¿Has visitado alguna vez Argentina?"
→ Un señor me preguntó si yo he visitado alguna vez Argentina.

_____

3 다음 명령문을 접속법을 이용한 간접 화법 구문으로 바꾸세요.

(1) Mis amigos: "Diviértete."
→ Mis amigos me dicen que yo _____.

(2) Mis padres: "Elige bien a tus amigos."
→ Mis padres me dicen que yo _____ bien a mis amigos.

(3) Mi esposa: "No seas impaciente."
→ Mi esposa me dice que yo no _____ impaciente.

(4) Mi jefe: "Viaje a otros países."
→ Ayer mi jefe me dijo que yo _____ a otros países.

Unidad 40 ★ 수동 구문
Construcciones pasivas

A ¿Cuántas veces se repiten las preguntas?
질문이 몇 번 반복되죠?

B Se repiten dos veces.
두 번씩 반복됩니다.

문법 Gramática

1 ser 동사 수동 구문(Voz pasiva)

> 주어 + ser + 과거 분사 + por + 행위자

ser 동사의 수동 구문에서 과거 분사형은 주어의 성·수에 일치시킵니다.

Los incas construyeron este camino. 잉카 사람들이 이 길을 건설했다.

→ Este camino **fue construido** por los incas. 이 길은 잉카 사람들에 의해 건설되었다.

Un director francés filmó esta película. 한 프랑스 감독이 이 영화를 찍었다.

→ Esta película **fue filmada** por un director francés. 이 영화는 한 프랑스 감독에 의해 찍혔다.

> ✅ **Tip**
> 'por + 행위자' 부분이 중요하지 않을 때는 문맥에 따라 생략할 수 있습니다.
> 예 La boda **será celebrada** este domingo **(por la gente)**.
> 결혼식은 이번 일요일에 있을 것이다.

2 수동의 se를 쓴 수동 구문

> 주어 + se + 동사

수동의 se는 특정 행위자가 없을 때 주로 사용합니다.
se 수동 구문의 주어는 동사 뒤에 도치되어 쓰이는 경향이 있습니다.

(1) 주어는 주로 동사 뒤에 쓰고 동사는 주어와 수 일치합니다.

　　La tortilla española se hace con patatas, huevos y cebollas. 스페인 토르티야는 감자, 계란, 양파로 만들어집니다.
　　　　　주어　　　　　동사

　　Se alquila casa amueblada. 가구 완비된 집을 세놓습니다.
　　　동사　　　주어

　　Se pueden visitar muchos lugares turísticos en Sevilla. 세비야에서는 많은 관광지가 방문될 수 있습니다.
　　　　동사　　　　　　　　주어

　　Se compran entradas en aquella taquilla. 입장권은 저 매표소에서 팝니다.
　　　동사　　　　주어

(2) se + 간접 목적격 대명사 + 동사: se 수동 구문에 간접 목적 대명사를 넣으면 '～에게 ～이/가 일어나다'의 뜻으로 누구에게 이 일이 일어나는지 명시할 때 씁니다. 이 때 'a + (고유)명사/전치격 대명사'를 문장 앞이나 뒤에 써서 간접 목적 대명사가 가리키는 대상을 명확히 표현하거나 강조할 수 있습니다.

　　Se me terminan las vacaciones. 나에게 휴가가 다 지나가네.

　　A Juan se le ofreció un buen trabajo. 후안에게 좋은 일이 주어졌어.

　　A nosotros se nos quemó la casa. 우리 집이 타 버렸다.

　　A los niños se les acaban las galletas en poco tiempo. 아이들에게 과자가 금방 다 떨어진다.

참고 Algo más...

간접 목적격 대명사가 포함된 se 수동 구문은 고의성 없는 실수를 표현할 수도 있습니다.
이 때 의미상의 주어는 간접 목적격 대명사가 됩니다.

예 **Se me ha roto** el vaso. 내가 컵을 (실수로) 깨트렸어.
　　Se me olvidó traer el paraguas. 내가 우산 가져오는 것을 깜빡했어.
　　Se te cayó el vaso. 네가 실수로 컵을 떨어뜨렸구나.
　　Se le estropeó la computadora a Alejandro. 알레한드로 컴퓨터가 고장났네.
　　Se me perdieron las llaves anoche. 어젯밤에 내가 열쇠를 잃어버렸어.

연습문제 Ejercicios

1 다음 각 능동 문장을 보기 와 같이 ser 동사를 쓴 수동 구문으로 바꾸세요.

> 보기　Cervantes escribió *Don Quijote*.
> → *Don Quijote* fue escrito por Cervantes.

(1) Colón descubrió América.
　→ América _____ por Colón.

(2) Picasso pintó El Guernica.
　→ El Guernica _____ por Picasso.

(3) Mi abuelo construyó esta casa hace setenta años.
　→ Esta casa _____ por mi abuelo hace setenta años.

(4) La policía detuvo a los manifestantes.
　→ Los manifestantes _____ por la policía.

2 수동의 se를 활용하여 각 장소들에서 이루어지는 일들을 적어 보세요.

(1) En la farmacia _____ (venderse) medicamentos.

(2) En el bar _____ (servirse) tapas y cerveza.

(3) En la zapatería _____ (venderse) zapatos.

(4) En el cajero automático _____ (sacarse) dinero.

3 다음 우리말 해석에 맞게 빈칸에 들어갈 알맞은 표현을 고르세요.

_____ cortó un dedo ayer.
나는 어제 실수로 손가락 하나를 베었다.

① Me lo　　② Se me　　③ Me se　　④ Lo se

Unidad 40　167

Unidad 41

무인칭의 se와 상호의 se
Se impersonal y se recíproco

🎧 Track **042**

A **Nos vemos** mañana en la reunión.
내일 회의에서 다시 봅시다.

B Sí, **nos vemos** mañana.
네, 내일 봐요.

 **Gramática**

1 무인칭의 se (se impersonal)

무인칭 주어 se는 특정 개인이 아닌 불특정한 일반 사람들을 의미합니다. 따라서 무인칭 se 구문에서 동사는 항상 3인칭 단수형을 씁니다.

En Corea **se respeta** mucho a los ancianos. 한국에서는 사람들이 노인들을 공경한다.

Se dice que la gasolina va a subir de precio. 휘발유 가격이 오를 것이라고 사람들은 말한다.

No **se puede** sacar fotos en el museo. 박물관에서는 사진을 찍을 수 없습니다.

> ❗ **주의 ¡Ojo!**
>
> 무인칭의 se는 수동의 se와 의미가 유사합니다. 차이점은 수동 구문에서 동사 앞이나 뒤에 명사가 하나 이상 나오면 주어가 복수이므로 동사도 복수로 써야 하지만, 무인칭 구문에서는 동사가 항상 3인칭 단수형을 쓰는 점이 다릅니다.
>
> 예) En España **se hablan** castellano, catalán, gallego y eusquera.
>   　　　　　　수동의 se
> 스페인에서는 스페인어(까스떼야노), 까딸란어, 가예고어, 에우스께라어가 사용됩니다.
>
> 　　En España **se habla** castellano, catalán, gallego y eusquera.
> 　　　　　　　무인칭의 se
> 스페인에서 사람들은 스페인어(까스떼야노), 까딸란어, 가예고어, 에우스께라어를 사용합니다.

2 상호의 se (se recíproco)

주어가 1인칭 복수이거나 3인칭 복수일 때 '서로서로'의 의미로 쓸 수 있습니다. 상호의 se 대명사 뒤에 unos a otros / el uno con el otro / mutuamente 등을 넣어 '서로서로'의 의미를 명확히 할 수 있습니다.

Los buenos amigos **se conocen** bien, **se respetan**, **se ayudan** mutuamente y **se recuerdan** siempre.
좋은 친구들은 서로를 잘 알고, 서로 존중하며, 서로 돕고, 서로를 항상 기억한다.

Nosotros **nos saludamos** con la mano cuando **nos vemos**.
우리는 서로 만났을 때 악수한다.

Nos echábamos la culpa unos a otros.
우리는 서로서로 잘못을 탓하곤 했다.

Inés y Juana **se entienden** bien la una con la otra.
이네스와 후아나는 서로가 서로를 잘 이해한다.

Después de un gol, los jugadores **se abrazan** los unos a los otros.
골이 터지면, 선수들은 서로서로 껴안는다.

Estos países **se apoyan** mutuamente.
이 나라들은 서로서로 지지한다.

그 밖의 무인칭 구문

1. 3인칭 복수형을 사용한 무인칭
   주어가 특정한 인물을 언급하는 것이 아니라 불특정 다수를 의미합니다. 이때 주어는 항상 생략하고, 동사만 항상 3인칭 복수형을 씁니다.

   예) En Corea **respetan** mucho a los ancianos.
   한국에서는 사람들이 노인들을 공경한다.
   Dicen que la gasolina va a subir de precio.
   휘발유 가격이 오를 것이라고 사람들은 말한다.

2. uno를 주어로 쓴 무인칭 구문
   uno를 주어로 사용하고 동사는 3인칭 단수형을 써서 '누구나'란 표현으로 일반 주어를 표현할 수도 있습니다.

   예) En este país **uno** no puede decir lo que piensa.
   이 나라에서는 누구나 생각하는 바를 말할 수가 없다.
   Si **uno** es alérgico a las nueces, debe evitar comerlas.
   누구라도 호두 알레르기가 있는 사람은 호두 먹는 것을 피해야 한다.

연습문제 Ejercicios

1 다음 표지판이 뜻하는 것을 무인칭 주어 se를 써서 나타낸 문장과 연결하세요.

(1) •   (2) •   (3) •   (4) •

ⓐ No se puede tirar basura.
ⓑ No se puede fumar.
ⓒ No se puede pasar.
ⓓ No se puede pasar con mascotas.

2 다음 문장 중 se의 용법이 다른 것을 고르세요.

① En España se cena muy tarde.
② Se dice que la salud es lo más importante.
③ Carlos se levanta muy tarde.
④ Los domingos no se trabaja.

3 다음 문장을 보기와 같이 상호의 se를 써서 완성하세요.

> 보기   Víctor besa a su novia. Su novia besa a Víctor también.
> → Víctor y su novia <u>se besan</u>.

(1) Yo quiero a mi marido y mi marido me quiere mucho también.
→ Mi marido y yo _____ mucho.

(2) Mi padre respeta a mi madre y mi madre respeta a mi padre mucho.
→ Mis padres _____.

(3) Yo comprendo a mi mejor amigo Alberto y él me comprende también.
→ Alberto y yo _____.

(4) Inés conoce a Julio y Julio conoce muy bien a Inés.
→ Inés y Julio _____ bien.

Parte 12

관계사

Unidad 42 ★ 관계 대명사
Pronombres relativos

Track 043

A ¿Dónde está la leche que compraste ayer?
네가 어제 산 우유는 어디에 있지?

B Está en la nevera.
냉장고 안에 있어.

문법 Gramática

1 관계 대명사의 종류

관계 대명사는 que, quien, cual, cuyo가 있습니다. quien은 선행사의 수에 따라 단·복수형으로 쓰고, cual은 항상 정관사를 동반하며 선행사의 성·수에 맞춰 씁니다. cuyo는 소유 관계 대명사로 뒤에 오는 명사의 성·수에 일치시킵니다.

종류	형태
que	que
quien	quien / quienes
cual	el cual / la cual / los cuales / las cuales
cuyo	cuyo / cuya / cuyos / cuyas + 명사

2 관계 대명사의 용법

관계 대명사는 관계사 앞의 선행사인 명사를 의미적으로 한정하는 한정적 용법으로 사용할 수도 있고, 관계사절 앞에 콤마(,)를 찍어 관계사 앞에 있는 명사를 부가적으로 설명하는 설명적 용법으로 사용할 수도 있습니다.

(1) **que**: 선행사가 사람 혹은 사물 일 때 모두 쓸 수 있으며, 선행사가 관계절 바로 앞에 올 때 씁니다.

① 선행사가 관계절의 주어일 때

El libro está encima de la mesa. **El libro** es mío. 탁자 위에 책이 있다. 그 책은 내 것이다.

➡ El libro **que** está encima de la mesa es mío.
　　선행사

② 선행사가 관계절의 목적어일 때

Javier es un **amigo** mío. Yo conocí a ese **amigo** en Perú.
하비에르는 내 친구이다. 나는 페루에서 그 친구를 알게 되었다.

➡ Javier es un amigo **que** conocí en Perú. 하비에르는 내가 페루에서 알게 된 친구이다.
　　　　　　선행사

③ 선행사가 관계절 전치사구의 목적어일 때: 전치사 + (정관사) + que

정관사는 선행사에 성·수 일치하여 쓰지만 관계사가 다른 접속사와 헷갈리지 않을 경우 관사는 생략할 수 있습니다.

Esa es la chica **de (la) que** te hablé. 그 사람이 내가 너에게 얘기했던 그 소녀다.

La casa **en (la) que** vivo tiene tres pisos. 내가 살고 있는 집은 3층 건물이다.

④ **el/la/los/las que**: 선행사가 이미 언급되었거나 상황에서 추측이 가능한 경우 선행사의 명사를 생략하고 정관사만 쓸 수 있습니다.

Estas son **las que** me telefonearon. 이들이 나에게 전화한 사람들이다.

A ¿Cuál es tu casa? 네 집이 어느 것이니?

B **La que** tiene el tejado azul. 파란 지붕이 있는 거야.

(2) **quien**: 사람을 나타내는 선행사가 이미 포함된 관계 대명사입니다. quien은 el/la que로 바꿀 수 있고, quienes는 los/las que로 바꾸어 쓸 수 있습니다. 따라서 한정적 용법으로 쓸 때, 앞에 나오는 명사가 주어일 경우는 quien을 쓰지 않고 que를 씁니다. quien은 전치사의 목적어를 나타낼 때만 쓸 수 있습니다.

① 선행사가 주어일 때, quien을 쓰지 않고 que만 씁니다.

Siempre llegan tarde los alumnos **que** tienen clases en otro edificio. (○)
다른 건물에서 수업 있는 학생들이 항상 늦게 도착한다.

* Siempre llegan tarde los alumnos **quienes** tienen clases en otro edificio. (×)

> **❗ 주의 ¡Ojo!**
>
> 설명적 용법으로 쓸 때는 선행사가 주어인 경우에 quien도 사용 가능합니다.
> 설명적 용법일 땐 관계사 앞에 콤마(,)를 삽입하여 씁니다. 선행사가 소유사를 포함하고 있거나 고유 명사일 때는 관계사는 설명적 용법만 가능합니다.
>
> 예 Mi tío, **quien** es profesor, va a viajar a Perú. 나의 삼촌은 선생님이신데 페루로 여행 가실 거다.
> 　Siempre llegaban tarde Antonio y Jaime, **quienes** tenían clases en otro edificio.
> 　다른 건물에서 수업이 있었던 안토니오와 하이메는 항상 늦게 오곤 했다.

② 선행사가 관계절의 직접 목적어이거나 간접 목적어일 때, 전치사 a를 quien 앞에 넣습니다.

El profesor **a quien** trajimos en el coche es inglés. 우리가 차로 모셔 온 선생님은 영국 사람입니다.
선행사 (관계절의 직접 목적어)

Ustedes son las personas **a quienes** se dirige la carta. 이 편지를 받을 사람들은 여러분입니다.
선행사 (관계절의 간접 목적어)

③ 전치사를 동반할 때 '전치사 + quien'으로 쓰고 정관사는 함께 쓰지 않습니다.

Aquel actor es el hombre **con quien** yo me casaría.
저 배우가 내가 결혼했으면 하는 남자이다.

El chico **de quien** te hablé ayer es ése.
내가 어제 너한테 얘기했던 아이가 저 아이야.

Voy a visitar a mis abuelos **por quienes** siento gran respeto.
나는 내가 큰 존경심을 느끼는 조부모님을 찾아뵐 거야.

④ quien은 선행사 없이 단독으로 쓰일 수 있습니다. 이 때, quien을 el/la que로, quienes를 los/las que로 바꿔쓸 수 있습니다.

Quien anda mal, mal acaba. 악하게 사는 사람은 결말이 좋지 않다.
= **El que**

Quienes esperaban turno mostraban su cansancio. 긴 줄에서 차례를 기다리고 있던 사람들이 지루한 기색을 보였다.
= **Los que**

(3) 정관사 + cual

선행사가 관계 대명사와 떨어져 있는 경우 쓰며 선행사를 표시하는 정관사 생략이 불가능합니다. 한정적 용법도 가능하나 주로 앞에 콤마(,)를 찍어 설명적 용법으로 씁니다.

① 선행사가 관계절의 주어나 목적어일 때

Hay una foto de mis nietos, **la cual** fue tomada en Suiza.
선행사 (관계절의 주어)
내 손자들의 사진이 있는데 그것은 스위스에서 찍은 것이다.

Pedro tiene una casa con jardín y piscina, **la cual** heredó.
선행사 (관계절의 목적어)
페드로는 정원과 수영장이 있는 집이 한 채 있는데 그것은 상속받은 것이다.

② 전치사를 동반할 때

'전치사 + 정관사 + cual'로 쓰고 한정적 용법과 설명적 용법 모두 가능합니다.

Abrimos la ventana **desde la cual** vemos el valle. 우리는 계곡이 보이는 창문을 연다.
선행사

Construyeron una carretera para Chunchen, **por la cual** se tarda mucho menos.
선행사
춘천 가는 고속도로를 건설했는데 그 도로를 통하면 시간이 훨씬 덜 걸린다.

(4) cuyo + 명사

cuyo는 소유 관계사로 앞에 오는 명사와 뒤에 오는 명사를 '소유자 + cuyo + 소유물' 관계로 연결합니다. cuyo는 뒤에 오는 명사의 성·수에 일치하여 변화합니다.

① 명사 + cuyo + 명사

Conozco a una chica **cuya madre** es japonesa. 나는 한 소녀를 아는데 그녀의 엄마가 일본 사람이시다.

Estas son flores tropicales **cuyo perfume** es muy penetrante.
이것들이 열대 꽃들인데 그 향기는 매우 깊게 (코에) 스며든다.

② 명사 + 전치사 + cuyo + 명사

cuyo 앞과 뒤에 오는 명사가 소유 관계이면서 'cuyo + 명사'가 뒤에 이어지는 문장의 전치사구 역할을 할 때, '명사 + 전치사 + cuyo + 명사' 구조로 씁니다.

Tengo una casa **en cuyo salón** hay muchos cuadros. 나는 집이 한 채 있는데 그 집 거실엔 많은 액자가 있다.

Este viernes los expertos van a tener debates, **de cuyos resultados** informará el gobierno.
이번 금요일에 전문가들이 토론을 할 거고, 그 결과에 대해서 정부가 발표할 것이다.

3 lo que와 lo cual의 비교

(1) 공통점: 둘 다 선행사가 앞 문장 전체인 경우 사용할 수 있습니다.

Mi perro no quiere comer, **lo que** significa que no está bien.
= **lo cual**
우리 개가 먹지 않으려고 하는데 그것은 상태가 안 좋다는 것을 의미한다.

Todo el mundo sabe que comer sanamente es muy importante, **por lo cual** compraremos productos orgánicos.   = **por lo que**
모두가 건강한 식생활이 중요한 것을 안다, 그렇기 때문에 우리는 유기농 제품을 살 것이다.

(2) 차이점: 선행사 없이 '~하는 것'이라는 의미로 쓸 때는 lo que만 사용됩니다. (중성어 lo P. 77 참조)

Lo que quiero es el amor. 내가 원하는 것은 사랑이다.

Lo que me gusta hacer los domingos es salir al campo a merendar.
내가 일요일에 가장 하기 좋아하는 것은 피크닉하러 들로 나가는 것이다.

No puedo decirte **lo que** ocurrió ayer. 나는 어제 일어난 일을 너에게 말할 수 없다.

> ✅ **Tip**
>
> 앞 문장 전체를 가리키는 lo cual은 전치사와 함께 써서 이유나 조건, 목적 등의 의미를 더하여 뒷 문장을 연결할 수 있습니다.
>
> 예) Aquí los animales se mantienen limpios, **con lo cual**, mejoran las condiciones sanitarias.
> 여기 동물들은 깨끗이 유지되고 있습니다. 이로 인하여 보건 상태가 개선됩니다.
>
> Recomendamos una revisión de todos los puestos, **para lo cual** proponemos un congelamiento en el número de puestos.
> 우리는 모든 직급을 검토하기를 추천합니다. 이를 위하여 일자리 동결을 제안합니다.

연습문제 Ejercicios

1 다음 관계 대명사를 사용한 문장 중 틀린 문장을 골라 맞게 고치세요.

① La casa que está cerca del puente es de Julio.

② Tengo una amiga quien vive en México.

③ Estas son las deportistas coreanas cuya fama es mundial.

④ Estela compró el ordenador con el que escribió el libro.

➜ _____

2 다음 각 문장에 알맞은 관계 대명사에 표시하세요.

(1) Rompí la carta (que / cual) escribió mi novio.

(2) Ayer conocí a los chicos con (quien / quienes) trabaja Alberto.

(3) Pablo es el pintor (cuyo / cuyos) cuadros se exhiben en la Galería Moderna.

(4) Miguel vende su casa (que / en la que) vivió durante treinta años.

3 다음 중 빈칸에 lo cual을 쓸 수 없는 문장을 고르세요.

① Mis vecinos hacen mucho ruido, _____ me molesta.

② Tengo que encontrar un trabajo, _____ es urgente.

③ Dime _____ quieres hacer para las próximas vacaciones.

④ Tengo que ahorrar dinero para comprar una casa, _____ me importa.

4 다음 문장의 빈칸에 알맞은 관계 대명사를 보기에서 골라 넣으세요. (1번씩만 사용 가능)

| 보기 | que | quien | cuyo | cual |

(1) En el tren Pedro conoció a una mujer _____ hijo era músico.

(2) Visitó un museo _____ diseñó un arquitecto famoso.

(3) Pedro fue a una discoteca. La chica con _____ bailó allí era rubia.

(4) Él no tenía coche, lo _____ le fastidió.

Unidad 43 관계 부사
Adverbios relativos

A ¿Cómo era la casa donde vivías antes?
네가 전에 살던 집은 어땠니?

B Era una casa de dos pisos.
2층집이었어.

1 관계 부사(Adverbios relativos)의 형태

관계 부사는 cuando, donde, cuanto, como가 있습니다. 관계 부사는 관계 대명사와 달리 선행사를 꼭 쓰지 않아도 되고 형태도 변하지 않습니다.

종류	의미
cuando	시간
donde	장소
cuanto	양
como	방법

Fue el invierno pasado **cuando** conocí a mi novio. 내가 내 남자 친구를 만난 것은 지난겨울이었다.

El pueblo **donde** nació el presidente es muy pequeño. 대통령이 태어난 마을은 매우 작다.

Anoche bebí **cuanto** pude. 나는 어젯밤 술을 마실 수 있는 양만큼 다 마셨다.

La película no es **como** me la imaginé. 그 영화는 내가 상상했던 것과 같지 않다.

2 관계 부사의 용법

(1) **cuando**: '~한 때는'이라는 뜻으로 시간을 나타내며, 선행사가 있을 경우 'en + (정관사) + que'로 바꾸어 쓸 수 있습니다.

Recordaré para siempre la noche **cuando** nos conocimos. 나는 우리가 처음 만났던 그날 밤을 영원히 기억할거야.
　　　　　　　　　　　　　=**en la que**

En 2017, **cuando** yo vivía en México, hubo un terremoto.
2017년, 그때 나는 멕시코에서 살고 있었는데, 지진이 일어났다.

(2) **donde**: '~한 곳은'이라는 의미로 장소를 나타내며 선행사가 있을 경우 'en + (정관사) + que'로 바꾸어 쓸 수 있습니다.

El banco **donde** nos sentábamos, ya no está allí. 우리가 앉았던 그 벤치는 이제 거기 없다.
　　　=**en el que**

Mire usted por **donde** camina. 당신이 어디로 걷고 있는지 잘 보세요.

(3) **cuanto**: 양이나 정도를 나타내며 (todo) lo que로 바꾸어 쓸 수 있습니다.

Se gasta en lotería **cuanto** gana. 사람들이 버는 모든 것을 복권에 쓰고 있습니다.
　　　　　　　　=**todo lo que**

Juan trabaja **cuanto** puede. 후안은 할 수 있는 만큼 최대로 일하고 있습니다.
　　　　　=**todo lo que**

(4) **como**: '~하는 방법은'이란 의미로 방법을 나타내며 de la manera que, del modo que 등으로 바꾸어 쓸 수 있습니다.

Hazlo **como** debemos hacerlo. 우리가 해야 하는 대로 너도 그것을 해.
　=**del modo que**

Mi padre se comportaba **como** hablaba. 나의 아버지는 말씀하시는 대로 행동하셨다.
　　　　　=**de la misma manera que**

> ✅ **Tip**
> Ser + 현재 분사 + como : ~ 하는 것이 ~하는 방법이다
> 예) **Es comiendo** menos **como** se adelgaza.
> 덜 먹는 것이 날씬해지는 방법이다.

연습문제 Ejercicios

1 다음 관계 부사가 잘못 쓰인 문장을 골라 맞게 고치세요.

① Moriré donde nací.

② Limpia el cristal como te dije.

③ Corrí cuanto pude pero no gané.

④ Vamos a cuando nos mandan.

➡ _____

2 다음 문장의 밑줄친 부분을 대체할 수 있는 것을 고르세요.

Yo lo haré como tú me has ordenado.

① de la manera que ② en el que

③ que ④ todo lo que

3 다음의 각 문장의 빈칸에 알맞은 관계 부사를 보기 에서 골라 알맞게 바꿔 넣으세요.

| 보기 | donde | cuando | cuanto | como |

(1) 나는 내 주머니에 있는 모든 돈을 너에게 줄게.

➡ Te doy _____ tengo en el bolsillo.

(2) 나는 이 배우의 표현하는 방식이 마음에 들어.

➡ Me gusta _____ se expresa este actor.

(3) 이 집이 내가 태어난 집이야.

➡ Esta es la casa _____ nací.

(4) 우리가 서로 알게 된 때는 지난여름이었지.

➡ Fue el verano pasado _____ nos conocimos.

Unidad 43   179

Unidad 44

접속법이 쓰인 관계절
Subjuntivo en las oraciones relativas

Track **045**

A ¿Qué tipo de sofá quieres comprar?
  어떤 소파를 원해?

B No sé, pero quiero un sofá que sea cómodo.
  잘 모르겠어요. 하지만 편한 소파를 원해요.

문법 Gramática

관계 대명사나 관계 부사 뒤에 접속법을 쓸 수 있습니다. 관계절의 내용이 화자의 단언하지 않은 태도, 즉, 불확실성, 불특정성을 나타낼 때 접속법을 씁니다.

1 **불특정 선행사 + 관계 대명사(que) + 접속법**

확실히 알고 있는 사람이나 사물을 관계사 구문으로 묘사할 때는 직설법을 쓰지만, 범주 내 불특정의 사람이나 사물을 가리키는 경우는 접속법을 씁니다.

특정인	Busco a la secretaria que **habla** bien español. 스페인어를 잘하는 (기존의) 비서를 나는 찾고 있다.
불특정인	Busco una secretaria que **hable** bien español. 스페인어를 잘하는 (새로운) 비서를 나는 찾고 있다. No hay una persona que te **entienda**. 너를 이해하는 사람이 없다.

2 Quien + 접속법

Quien은 선행사 없이 단독으로 '~하는 사람은'이란 뜻으로 사용됩니다. 이때 불특정인을 가리킬 때 접속법을 씁니다.

Quien **sepa** la respuesta, levante la mano. 답을 아시는 분은 손을 드세요.

Quienes **hayan terminado**, pueden salir. 끝나신 분들은 누구나 나가실 수 있습니다.

3 Lo que + 접속법

Lo que는 '~하는 것'이란 의미로 사용되며, 이때 불특정한 것을 가리킬 경우 접속법을 씁니다.

A ¿Te pongo café o té? 너한테 커피 줄까? 아니면 홍차를 줄까?

B Dame lo que **sea**. 나에게 아무거나 줘.

4 부정사 + que + 접속법

부정사가 que 관계절의 선행사일 때, 불특정의 사람이나 사물을 가리킬 경우 접속법을 씁니다.

A ¿Hay alguien que **sepa** la respuesta?
답을 알고 있는 분 계십니까?

B No hay nadie que **sepa** la respuesta.
답을 아는 사람이 아무도 없어요.

No publique nada que **sea** ofensivo en nuestro sitio de Internet.
우리의 웹페이지에 공격적인 것은 아무것도 쓰지 마세요.

> **❗ 주의 ¡Ojo!**
>
> 부정사의 부정형은 관계절에 항상 접속법을 쓰지만 부정사 긍정형은 특정인 혹은 특정 물건을 나타낼 때 관계절에 직설법을 쓸 수도 있습니다.
>
> 예) Hay alguien que **sabe** curar el SIDA.
> AIDS를 고칠 수 있는 사람이 있습니다.
>
> Tomo algo que **es** mejor que aspirinas.
> 나는 아스피린보다 더 좋은 어떤 걸 먹는다.

5 관계 부사 + 접속법

관계 부사가 가르키는 시간, 장소, 방법과 양이 정해진 것이 아닐 경우 접속법을 씁니다.

A ¿Cuándo nos vamos de viaje? 우리 언제 여행갈까?

B Iremos **cuando quieras**. 네가 원하는 아무 때나.

A ¿Dónde dormiremos? 우리 어디서 자지?

B Me da lo mismo. **Donde** tú **digas**.
난 상관없어. 네가 말하는 아무 곳이나.

A ¿Cómo lo hago? 제가 이걸 어떻게 할까요?

B Hazlo **como** te **apetezca**. 네가 내키는 대로 해.

A Por fin, tenemos vacaciones. 드디어 우리 휴가구나.

B Disfruta **cuanto puedas**. 네가 할 수 있는 최대로 즐기렴.

> **✅ Tip**
>
> 같은 동사를 접속법으로 관계사 앞 뒤에 써서 '아무리 ~할지라도'라는 양보 구문을 표현할 수 있습니다.
>
> 예) **Diga** lo que **diga**, no le escuches.
> 그 사람이 무슨 말을 하든 너는 그의 말을 듣지 마.
>
> **Fueras** donde **fueras**, te seguiría.
> 네가 어디를 가든지 나는 너를 쫓아갈 거야.

연습문제 Ejercicios

1 다음 문장 중 문법적으로 맞지 <u>않은</u> 것을 골라 고치세요.

① La ciudad en la que vivo ahora no es muy grande.

② Quiero vivir en una sociedad donde no haya violencia.

③ Yo conozco a un hombre que se parezca a mi profesor de inglés.

④ Busco un piso que tenga tres dormitorios.

➡ _____

2 다음 각 문장에 직설법과 접속법 동사 중 알맞은 형태를 선택하세요.

(1) Me gustaría encontrar un trabajo que no me (quitaba / quitara) mucho tiempo.

(2) Encontraron a un traductor que (podía / pudiera) hablar alemán.

(3) No hay ningún político aquí que (es / sea) honesto.

(4) Deseaba comprar un coche que (duró / durara) veinte años.

3 다음 해석에 맞게 주어진 동사를 알맞은 형태로 바꿔 문장을 완성하세요.

(1) 네가 가능할 때 우리 집으로 와.

➡ Ven a mi casa cuando _____ (poder).

(2) 누가 전화하든 나는 집에 없는 거다.

➡ _____ (Llamar) quien _____ (llamar), no estoy en casa.

(3) 나는 아무도 나를 모르는 곳으로 갈 거야.

➡ Me voy a donde no me _____ (ellos, conocer).

(4) 넌 네가 원하는 만큼 마실 수 있다.

➡ Puedes beber cuanto _____ (querer).

182

Parte 13

전치사와 접속사

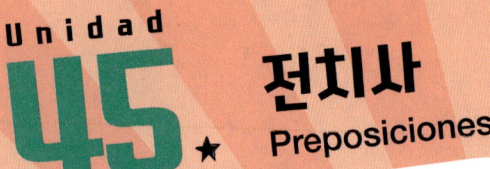

Unidad 45 ★ 전치사
Preposiciones

Track 046

A ¿Para cuándo es la tarea?
과제가 언제까지지?

B Para esta mañana. Por eso anoche trabajé en casa por tres horas.
오늘 아침까지야. 그래서 어젯밤 집에서 3시간 동안 숙제했어.

문법 Gramática

1 전치사

전치사는 명사, 대명사, 동사 원형 등의 앞에 쓰여 전치사구를 만들고, 문장내의 다른 구성 성분들과 함께 문장의 의미를 더 풍부하게 해주는 역할을 합니다. 스페인어 전치사는 한 단어로 된 전치사들도 있고, '부사 + 전치사', '전치사 + 명사 + 전치사'와 같이 2~3개의 단어를 붙여 쓰는 합성 전치사도 있습니다.

전치사	의미	예
a	(시간) ~시에, (장소) ~에, (간·목) ~에게, 사람이 직·목일 때	Me levanto **a** las siete. 나는 7시에 일어난다. El hospital está **a** tres kilómetros de aquí. 병원은 여기서 3km 떨어진 곳에 있다.
durante	~하는 동안	Trabajé en un bar **durante** las vacaciones. 나는 방학 동안 한 바에서 일했다.
ante	~앞에, ~을/를 직면하여	Todos somos iguales **ante** la ley. 우리 모두는 법 앞에서 평등하다. **Ante** una situación tan difícil, hay que ser prudentes. 이렇게 어려운 상황에 직면할 때는 신중해야 한다.

bajo	~아래에, ~하에	La violencia tuvo lugar **bajo** la dictadura. 독재 체제 아래 폭력이 자행되었다.
desde	~(으)로부터	Hoy tengo clases **desde** las nueve hasta las cinco. 나는 오늘 9시부터 5시까지 수업이 있다.
hasta	~까지	**Hasta** llegar a la igualdad aún nos queda mucho. 평등에 이르기까지 아직 우리에겐 갈 길이 멀다.
con	~와/과 함께	¿Puedo pagar **con** tarjeta de crédito? 신용 카드로 결제해도 될까요?
sin	~없이	Dame una botella de cerveza **sin** alcohol. 무알코올 맥주 한 병 주세요.
contra	~에 반하여/ 대항하여	Hubo una manifestación **contra** la discriminación racial. 인종 차별에 반대하는 시위가 있었다.
según	~에 의하면	**Según** tú, ¿quién es el mejor jugador? 너에 의하면, 누가 최고의 선수이니?
como	~처럼, ~로서	Mario trabajó **como** profesor varios años. 마리오는 여러 해 동안 교사로 일했다.
hacia	~쪽으로, (시간)~경에	El transporte **hacia** el aeropuerto está incluido. 공항으로 가는 교통편이 포함되어 있다.
de	~의, ~에 대하여	Me gustan las camisetas **de** algodón. 나는 면 티셔츠를 좋아한다. Hablemos **de** los derechos humanos. 우리 인권에 대해 얘기해 봅시다.
sobre	~위에, ~에 대하여, (시간)~경에	Tengo un libro **sobre** los artes marciales. 나는 무술에 대한 책이 한 권 있다. Llegaremos allí **sobre** las diez. 우리는 거기 10시경에 도착할 거야.
mediante	~을/를 통하여	Este estudio se realizará **mediante** la encuesta. 이 연구는 설문을 통해 이루어질 것이다.
tras	~의 뒤에, ~을/를 쫓아	**Tras** una breve discusión, llegamos a un acuerdo. 짧은 논쟁 끝에 우리는 합의에 도달했다.

2 por와 para

(1) por

① 이유 (~때문에)

Por ti lloro. 나는 너 때문에 운다.

Estoy nervioso **por** el examen. 나는 시험 때문에 긴장하고 있다.

② 장소 주변 (~주변으로)

Me gusta pasear **por** el parque. 나는 공원 주변을 산책하는 것을 좋아한다.

③ 시간의 길이 (~동안), 빈도 (~당)

Ayer estudié **por** dos horas. 어제 두 시간 공부했다.

Voy al gimnasio tres veces **por** semana. 나는 주당 3번 체육관에 간다.

④ 가격 (~(얼마)에), 교환 (~(으)로)

　　Compré este vestido **por** cuarenta euros. 나는 이 원피스를 40유로에 샀어.

　　Quiero cambiar mi coche **por** tu moto. 내 차를 네 오토바이로 바꾸고 싶어.

⑤ 교통수단 (~을/를 타고)

　　Antonio llegó a Grecia **por** barco. 안토니오는 그리스에 배를 타고 도착했다.

　　Vamos a la isla Jeju **por** avión. 우리는 비행기를 타고 제주도에 간다.

⑥ 수단 (~을/를 이용하여)

　　Te lo mando **por** fax. 너에게 그것을 팩스로 보낼게.

　　Nos puede contactar **por** correo electrónico. 당신은 이메일로 우리와 연락할 수 있습니다.

⑦ 결여 (~이/가 부족하여, ~을/를 찾아서)

　　Voy **por** tabaco. 담배 사러 간다.

　　Voy al colegio **por** el niño. 나는 아이를 데리러 학교에 간다.

⑧ 수동태 (~에 의하여)

　　Este puente fue construido **por** los romanos. 이 다리는 로마 사람들에 의해 건설되었다.

　　La teoría de la relatividad fue propuesta **por** Einstein. 상대성 이론은 아인슈타인에 의해 제안되었다.

(2) Para

① 목적 (~하기 위하여, ~을/를 위해)

　　Comemos **para** vivir. 살기 위해 먹는다.

　　Este regalo es **para** ti. 이 선물은 너를 위한 것이다.

② 목적지 (~을/를 향하여)

　　Este tren sale **para** Busan. 이 기차는 부산행이다.

　　Yo salgo mañana **para** Los Ángeles. 내일 나는 로스앤젤레스로 떠난다.

③ 기한 (~까지)

　　El informe es **para** el viernes. 그 보고서는 기한이 금요일까지다.

　　¿**Para** cuándo tenemos que terminarlo? 언제까지 우리가 그것을 끝내야 하나요?

④ 의견 (~에게는)

　　Para mí, su defecto es su impuntualidad. 내 의견으로는 그의 결점은 시간을 잘 지키지 않는 것이다.

　　Para nosotros, él sería la persona ideal. 우리 의견으로는 그가 이상적인 사람일 것 같다.

⑤ 비교 (~에 비하여)

　　Para ser extranjera Luisa habla coreano muy bien. 외국인인 것에 비하여 루이사는 한국어를 매우 잘한다.

　　Miguel está muy alto **para** su edad. 미겔은 그의 나이에 비하여 키가 매우 큰 편이다.

⑥ 수용 규모 (~이/가 들어가는)

    Es un estadio **para** dos mil personas. 2천 명이 들어가는 경기장이다.

    El aula tiene capacidad **para** cuarenta estudiantes. 이 강의실은 학생 40명을 수용할 수 있다.

3 위치의 합성 전치사

일반적으로 위치는 '~에'라는 뜻의 장소의 전치사는 en을 씁니다. 그러나 장소를 표현하는 다양한 전치사구를 써서 보다 다양하게 표현이 가능합니다.

전치사	의미	예
encima de / sobre	위에	Yo puse la llave **encima de** la mesa. 나는 열쇠를 탁자 위에 놔두었다.
debajo de	아래에	El niño se escondió **debajo de** la cama. 그 소년은 침대 아래에 숨었다.
delante de	앞에	Te voy a esperar **delante de** la puerta. 나는 너를 문 앞에서 기다릴게.
detrás de	뒤에	Dejé mi paraguas **detrás de** la puerta. 나는 문 뒤에 내 우산을 놔뒀다.
a la izquierda de	왼쪽에	Hay una heladería **a la izquierda** de la librería. 서점 왼쪽에 아이스크림 가게가 하나 있다.
a la derecha de	오른쪽에	Mi padre está **a la derecha de** mi madre en la foto. 사진 속에 우리 아빠는 엄마 오른쪽에 계신다.
dentro de	안에	**Dentro de** mi corazón estás viviendo. 내 심장 속에 너는 살고 있다.
fuera de	밖에	Gracias a la ayuda de mis abuelos, mi madre puede trabajar **fuera de** la casa. 우리 조부모님 덕택으로 우리 엄마는 밖에서 일할 수 있다.
cerca de	가까이에	La parada de autobús está **cerca de** mi casa. 버스 정류장이 우리 집에서 가깝다.
lejos de	멀리에	Mi casa no está tan **lejos de** aquí. 우리 집은 여기서 그리 멀지 않다.
al lado de / junto a	옆에	Hay un parque **al lado de** mi casa. 우리 집 옆에 공원이 하나 있다.
enfrente de	맞은편에	Nos vemos **enfrente de** la biblioteca. 도서관 맞은 편에서 우리 만나자.
entre A y B	사이에	Hay una cafetería **entre** el hospital **y** la farmacia. 병원과 약국 사이에 카페가 하나 있다.
al final de	~의 끝에	El servicio está **al final de** este pasillo. 화장실은 이 복도 끝에 있습니다.

> ❗ **주의 ¡Ojo!**
>
> 위치의 전치사구 뒤에서 de 이하를 생략하고 부사구처럼 쓸 수도 있습니다.
> - La escuela está **a la izquierda**. 학교는 왼쪽에 있다.
> - Mi casa está muy **lejos**. 우리 집은 너무 멀어.
> - Mi perro Chorro siempre está **a mi lado**. 우리 개 초로는 항상 내 곁에 있다.

연습문제 Ejercicios

1 다음 각 문장의 해석에 맞게 por 또는 para를 넣어 문장을 완성하세요.

(1) Elena está alegre _____ su nuevo empleo.
엘레나는 자신의 새로운 직장으로 인해 기쁘다.

(2) El avión sale _____ Lóndres en dos horas.
비행기는 2시간 후 런던으로 출발합니다.

(3) _____ ser jóvenes, Miguel y Rocío son muy responsables.
젊은 데 비하여, 미겔과 로시오는 매우 책임감 있다.

(4) Julio compró su bicicleta _____ ciento veinte euros.
훌리오는 자신의 자전거를 120유로에 샀다.

2 사과가 어디에 있나요? 그림을 보고 알맞은 위치의 전치사구를 넣으세요.

(1) Está _____ de la silla.

(2) Está _____ el vaso _____ el reloj.

(3) Está _____ de la mesa.

(4) Está _____ de la nevera.

3 다음 문장 중 전치사의 쓰임이 바르지 않은 것을 골라 알맞게 고치세요.

① Yo no podré vivir sin ti.
② Por las noticias, hubo un incendio en el bosque cerca de mi casa.
③ Hasta el siglo XVI, los aztecas dominaron lo que hoy es México.
④ Voy a trabajar en una cafetería durante las vacaciones.

→ _____

Unidad 46 ★ 접속사
Conjunciones

A ¿Puedes casarte conmigo?
너 나랑 결혼해 줄래?

B Sí, me caso contigo porque no puedo vivir sin ti.
그래, 너랑 결혼할게. 난 네가 없이 살 수 없거든.

문법 Gramática

스페인어의 접속사는 시간, 목적, 조건, 양보, 이유, 결과 등의 의미가 있는 부사절을 구성할 수 있습니다. 이 중 이유 구문과 결과 구문은 주로 직설법을 쓰고, 목적, 조건 구문은 접속법만 쓰며, 시간과 양보 구문은 직설법과 접속법을 모두 사용할 수 있습니다. 부사절에 쓰인 접속법 P. 154 참조

1 이유 구문(Oraciones causales)

아래는 이유를 나타내는 접속사들입니다. '~이니까/때문에'라는 의미를 갖습니다.

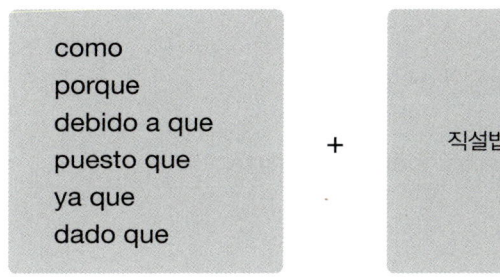

como
porque
debido a que
puesto que
ya que
dado que

+ 직설법

(1) '이유'는 이미 알려진 사실을 말하는 것이므로 직설법을 씁니다. porque / debido a que / ya que / puesto que / dado que와 같은 접속사가 이끄는 이유의 부사절은 주절의 앞과 뒤에 모두 쓸 수 있지만 주로 주절 뒤에 씁니다.

No escucho esa música **porque** me pone muy triste.
난 그 음악을 듣지 않아요. 왜냐하면 나를 슬프게 하니까.

(2) 이유 접속사 como는 '아시다시피 ~이니까'의 의미로 항상 문두에 씁니다.

Como Ramón sale temprano mañana, tiene que acostarse ya.
라몬은 내일 일찍 나가야 하니까 이제 잠자리에 들어야 한다.

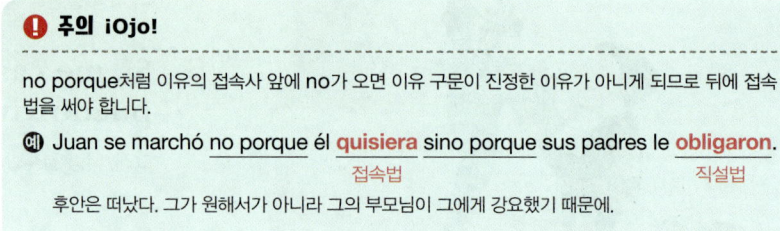

> ⚠️ 주의 ¡Ojo!
>
> no porque처럼 이유의 접속사 앞에 no가 오면 이유 구문이 진정한 이유가 아니게 되므로 뒤에 접속법을 써야 합니다.
>
> 예) Juan se marchó no porque él <u>quisiera</u> sino porque sus padres le <u>obligaron</u>.
>   접속법   직설법
> 후안은 떠났다. 그가 원해서가 아니라 그의 부모님이 그에게 강요했기 때문에.

2 결과 구문 (Oraciones consecutivas)

아래는 결과를 나타내는 접속사들입니다. '그러므로'라고 해석합니다.

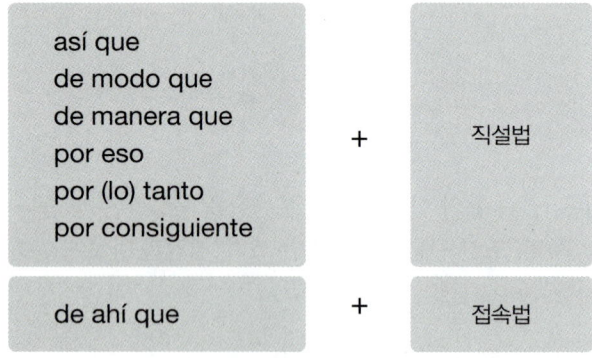

| así que |
| de modo que |
| de manera que | + 직설법
| por eso |
| por (lo) tanto |
| por consiguiente |

| de ahí que | + 접속법

(1) '결과'를 의미하는 접속사는 이미 알려진 결과를 말하는 것이므로 직설법을 씁니다.

No tenía tiempo ayer, **así que** no pude ir.
어제 나는 시간이 없어서 가지 못했다.

Todavía Julio no está bien, **de modo que** sigue en el hospital.
아직 훌리오는 상태가 안 좋다. 그래서 병원에 계속 있다.

Llegué tardísimo, **por consiguiente** me perdí casi todo el concierto.
너무 늦게 도착했다. 그래서 거의 콘서트 전부를 놓쳤다.

(2) 결과의 접속사 중 유일하게 de ahí que는 뒤에 접속법을 씁니다.

Me da lástima, **de ahí que** no se lo diga.
내가 슬퍼지니까 당신에게 그걸 말하지 않을래요.

3 시간 구문 (Oraciones temporales)

(1) cuando, en cuanto, tan pronto como, apenas, después de que, hasta que와 같은 시간 구문이 미래를 나타낼 때는 접속법을 쓰고, 현재나 과거를 나타낼 때는 직설법을 씁니다.

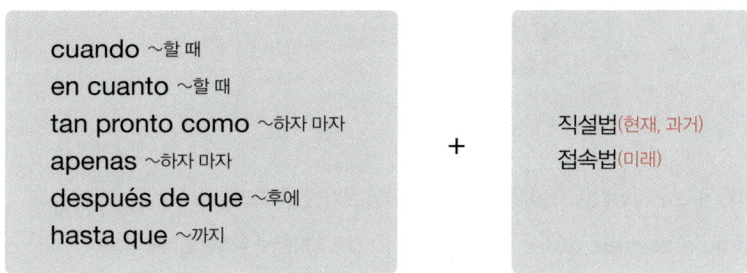

Cuando veas a Fernando, dale recuerdos. 너 페르난도 볼 때 안부를 전해 줘.
Andrés, espera hasta que llegue Sofía. 안드레스, 소피아가 올 때까지 기다려.
Ayer esperé a Sofía hasta que llegó ella. 나는 어제 소피아가 올 때까지 그녀를 기다렸다.

(2) 특정 과거 시점 이래를 나타내는 desde que와 동시 상황을 나타내는 mientras (que), 그리고 반복된 경우를 나타내는 siempre que / cada vez que 뒤에는 항상 직설법을 씁니다.

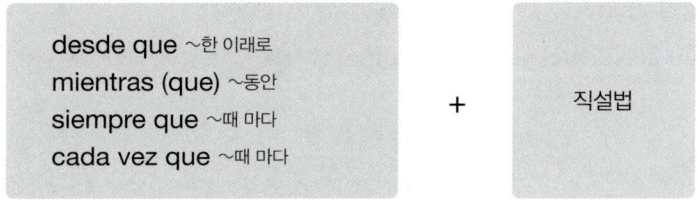

Julio está feliz desde que conoció a Elena. 훌리오는 엘레나를 알게 된 이후 행복하다.
Yo friego los platos mientras tú planchas la ropa. 네가 다림질하는 동안 난 설거지를 할게.
Cenamos en este restaurante siempre que visitamos Sevilla. 우리가 세비야에 올 때마다 이 식당에서 저녁을 먹는다.

(3) antes de que 뒤에는 항상 접속법을 씁니다.

Compra el libro antes de que se agote. 다 팔리기 전에 그 책을 사라.
Preparé la cena antes de que llegaran los invitados. 손님들이 도착하기 전에 나는 저녁을 준비했다.

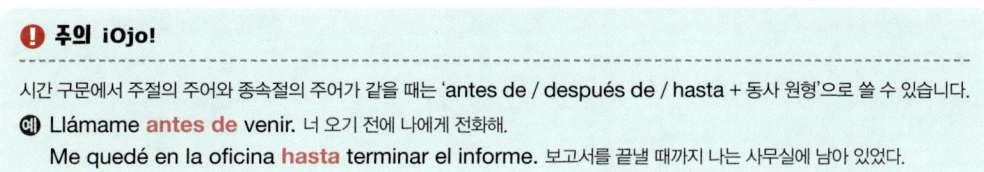

🔴 주의 ¡Ojo!

시간 구문에서 주절의 주어와 종속절의 주어가 같을 때는 'antes de / después de / hasta + 동사 원형'으로 쓸 수 있습니다.
예) Llámame antes de venir. 너 오기 전에 나에게 전화해.
Me quedé en la oficina hasta terminar el informe. 보고서를 끝낼 때까지 나는 사무실에 남아 있었다.

4 양보 구문 (Oraciones concesivas)

양보 접속사에는 다음과 같은 것들이 있으며 '~에도 불구하고'로 해석합니다.

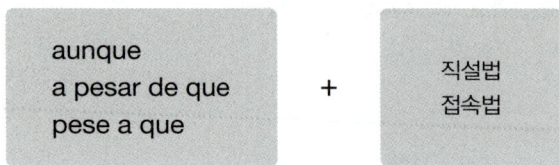

(1) 양보의 접속사 뒤에 직설법을 쓰면 새로운 사실을 알려 주는 뉘앙스가 있습니다.

   Asistiré a la conferencia **aunque** no sé nada. 비록 아는 것은 없지만 난 학회에 참석할 거야.

   Aunque hizo muy mal tiempo, nos lo pasamos muy bien. 날씨가 비록 매우 나빴지만, 우리는 재미있게 잘 보냈다.

(2) 양보의 접속사 뒤의 접속법은 가능성이 희박한 가정일 때 사용합니다.

   Aunque me dieran mucho dinero, no viviría en una ciudad grande.
   나에게 많은 돈을 준다할지라도 나는 대도시에서 살지 않을 거야.

(3) 또한 이미 알려진 정보이지만 화자가 인정하고 싶지 않음을 나타낼 때도 접속법을 사용합니다.

   Aunque Juan sea rico, no lo parece. 후안이 부자라 할지라도 그렇게 보이지 않아.

   A pesar de que tuviera un accidente, no tuve la culpa. 내가 비록 사고는 났지만 잘못은 없어.

> ❗ 주의 ¡Ojo!
> 양보 구문에서 주절의 주어와 종속절의 주어가 같을 때는 'a pesar de / pese a + 동사 원형'으로 쓸 수도 있습니다.
> 예 David es el más fuerte **a pesar de** ser el más pequeño.
> 다비드는 제일 어린데도 불구하고 가장 힘에 세었다.

5 목적 구문 (Oraciones finales)

아래는 목적을 나타내는 접속사입니다. 목적 접속사 뒤에서는 항상 접속법을 사용합니다.

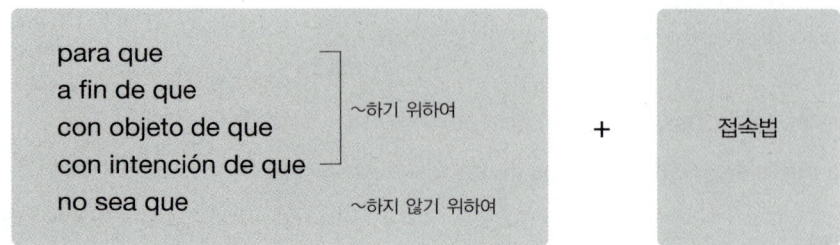

Cierra bien la ventana **para que** no entre el aire. 바람이 들어오지 않게 창문을 잘 닫아.

Esperé al profesor **con intención de que** me explicara el problema.
나는 나에게 그 문제를 설명하시게 교수님을 기다렸다.

No aparques el coche aquí **no sea que** te pongan la multa. 벌금을 물리지 않도록 차를 여기 주차하지 마.

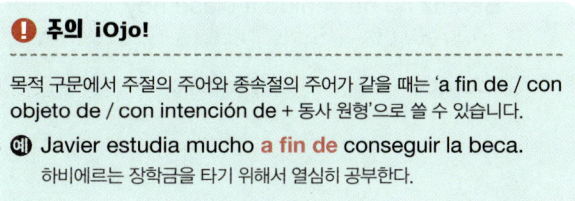

6 조건 구문 (Oraciones condicionales)

아래는 조건을 나타내는 접속사들입니다. 조건 접속사 뒤에서는 항상 접속법을 사용합니다.

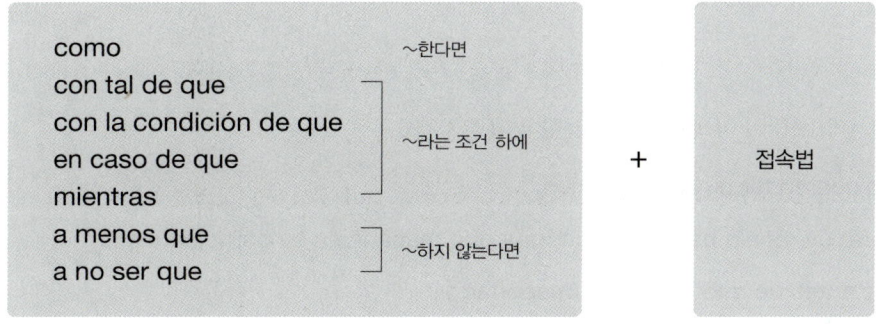

Como tardes demasiado, me marcho. 네가 너무 지체된다면 나는 지금 갈 거다.

Te apoyaré **con tal de que** tengas razón. 나는 네가 옳다는 조건 하에서 너를 지지할 거야.

Lo hicimos **siempre que** ellos nos ayudaran. 그들이 우리를 도와준다는 조건 하에 그것을 했다.

Puedes verme todas las tardes, **a menos que** esté ocupado. 내가 바쁘지만 않다면 매일 오후 너는 나를 볼 수 있어.

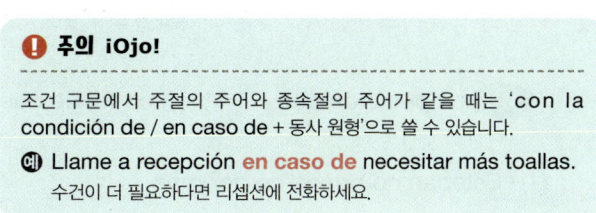

Unidad 46 193

연습문제 Ejercicios

1 다음 문장의 빈칸에 쓸 수 <u>없는</u> 접속사를 고르세요.

> Beatriz no ha venido a clase hoy _____ está enferma.

① porque ② como ③ ya que ④ puesto que

2 다음 문장의 빈칸에 알맞은 접속사를 고르세요.

> Me escondí detrás del árbol _____ no me viera nadie.

① así que ② aunque ③ para que ④ porque

3 다음 문장 중 접속사의 쓰임이 <u>어색한</u> 것을 골라 알맞게 고치세요.

① Llámame en cuanto termines el examen.
② Voy a comprar un regalo para mi papá para que mañana es su cumpleaños.
③ Me desperté antes de que sonara el despertador.
④ El avión es carísimo, por lo tanto, nosotros vamos en tren.

→ _____

4 다음의 각 문장의 빈칸에 알맞은 접속사를 보기 에서 찾아 넣으세요.

> 보기   a pesar de que   con tal de que   desde que   ya que

(1) Esteban no puede comer más _____ está muy lleno.
(2) Mario y Susana viven en este barrio _____ se casaron.
(3) _____ trabajes mucho, no te subirán el sueldo.
(4) Iré contigo _____ vengas a recogerme.

Parte 14

- 비교급과 최상급
- 부사

우등/열등 비교급
Comparativos de superioridad e inferioridad

Track 048

A Juan es más alto que Antonio.
후안이 안토니오보다 키가 더 커.

B Sí, Antonio es menos alto que Juan.
맞아. 안토니오가 후안보다 덜 크지.

 Gramática

스페인어에서는 '더 ~하다'라는 뜻의 más를 사용하여 우등 비교급을 표현하고 '덜 ~하다'하는 뜻의 menos를 사용하여 열등 비교급을 나타냅니다. 이때 más와 menos 뒤에는 명사, 형용사, 부사를 넣고 que 뒤에는 비교 대상을 씁니다. 하지만 동사의 정도를 비교할 때는 동사 뒤에 más que와 menos que를 붙여 쓰고 비교 대상을 que 뒤에 씁니다.

1 우등 비교 규칙형: ~보다 더

más + 형용사 + que	El avión es **más** rápido **que** el tren. 비행기가 기차보다 빠르다.
más + 부사 + que	La profesora Kim habla **más** claramente **que** el profesor Park. 김 선생님이 박 선생님보다 더 정확하게 말씀하신다.
más + 명사 + que	Mi hermano tiene **más** amigos **que** yo. 내 동생은 나보다 친구가 더 많다.
동사 + más que	Juan gana **más que** Antonio. 후안이 안토니오보다 돈을 더 번다.

196

2 열등 비교 규칙형: ~보다 덜

menos + 형용사 + que	El tren es **menos** rápido **que** el avión. 기차가 비행기보다 덜 빠르다.
menos + 부사 + que	El profesor Park habla **menos** claramente que la profesora Kim. 박 선생님이 김 선생님보다 덜 정확하게 말씀하신다.
menos + 명사 + que	Yo tengo **menos** amigos **que** mi hermano. 나는 내 동생보다 친구가 더 적다.
동사 + menos que	Antonio gana **menos que** Juan. 안토니오는 후안보다 돈을 덜 번다.

3 우등 비교급 불규칙형

(1) bueno나 bien의 경우 más bueno나 más bien이라고 하지 않고 mejor를 씁니다. 마찬가지로 malo나 mal의 경우 peor를 씁니다.

원급	비교급
bueno 좋은 / bien 잘	mejor 더 좋은 / 더 잘
malo 나쁜 / mal 나쁘게	peor 더 나쁜 / 더 나쁘게

Vivir en el campo es **mejor que** vivir en la ciudad. 시골에 사는 것이 도시에 사는 것보다 낫다.

(2) grande의 경우 '크기가 더 큰'이라고 할 때는 más grande를 쓰고, '나이가 더 많은'이라고 할 때는 mayor를 씁니다. pequeño는 '크기가 더 작은'이라고 할 때는 más pequeño를 쓰고, '나이가 더 적은'이라고 할 때는 menor를 씁니다.

원급	비교급
grande 큰	mayor 나이가 더 많은 / más grande 크기가 더 큰
pequeño 작은	menor 나이가 더 적은 / más pequeño 크기가 더 작은

Mi padre es **mayor que** mi madre. 우리 아빠는 엄마보다 나이가 많으시다.

Mi hermano menor es **más grande que** yo. 내 남동생은 나보다 덩치가 크다.

4 가격 및 나이 표현

가격을 나타낼 땐 'más / menos de + 숫자'를 쓰고, 나이를 표현할 때는 'mayor / menor de + 나이'를 써서 '~세 이상/이하'라고 표현합니다.

Este ordenador cuesta **más de** un millón de wones. 이 컴퓨터는 가격이 100만 원 이상 나갑니다.

Esta película está prohibida para **menores de** 19 años. 이 영화는 19세 미만 미성년자 관람 금지 영화입니다.

Algo más...

mucho를 우등 비교와 열등 비교 앞에 써서 '훨씬 더/덜 ~하다'고 강조할 수 있습니다.
예 Ella es **mucho más** guapa **que** su madre. 그녀는 그녀의 엄마보다 훨씬 더 예쁘다.

연습문제 Ejercicios

1 다음 상황에서 쓸 수 있는 비교급 표현을 잘못 쓴 것을 찾아 바르게 고치세요.

① La manzana es más cara que el plátano.
➡ _____

② Raúl es mayor que Vanesa.
➡ _____

③ La motocicleta corre más rápido que el coche.
➡ _____

④ David tiene más libros que Gloria.
➡ _____

2 다음 문장들의 빈칸에 공통적으로 들어갈 단어를 고르세요.

Estos asientos son para mayores _____ 65 años.
Lo compré por menos _____ treinta euros en una tienda.

① que　　　② con　　　③ de　　　④ como

3 다음 각 문장 빈칸에 알맞은 단어를 보기에서 찾아 넣으세요.

| 보기 | más | mejor | peor | menor |

(1) Tú duermes 8 horas. Yo duermo 5 horas. Tú duermes _____ que yo.

(2) Antonio saca siempre A+. Juan saca normalmente B. Antonio es _____ que Juan.

(3) Mi mejor amiga Marta tiene un año menos que yo. Es _____ que yo.

(4) Santiago se comporta muy mal en clase. Pero Javier se comporta mucho _____ que él. Es muy travieso.

Unidad 48 동등 비교급
Comparativos de igualdad

 Track 049

A Marisa es tan alta como Julia.
마리사는 훌리아만큼 키가 크다.

B Sí, pero Marisa no es tan gorda como Julia.
그래, 하지만 마리사는 훌리아처럼 뚱뚱하지는 않아.

1 동등 비교: ~ 만큼 ~한

스페인어에서는 '~만큼 ~하다'라는 뜻의 동등 비교는 tan(to)~ como~를 사용하여 표현합니다.

tan + 형용사/부사 + como	Marisa es **tan** simpática **como** Julia. 마리사는 훌리아만큼 친절하다.
tanto + 명사 + como	Marisa tiene **tantos** libros **como** Julia. 마리사는 훌리아만큼 많은 책이 있다.
동사 + tanto como	Te quiero **tanto como** tus padres. 나는 너를 네 부모님만큼 사랑한다.

> ❗ 주의 ¡Ojo!
>
> 명사 동등 비교에서 셀 수 있는 명사를 비교할 때는 '복수형 tantos/as + 명사 복수형'을 써야 합니다. 반면 셀 수 없는 명사를 비교할 때는 '단수형 tanto/a + 명사 단수형'을 씁니다.
>
> 예) Yo tengo **tantos** amigos **como** tú. 나는 너만큼 많은 친구들이 있다.
> Yo tengo **tantas** mascotas **como** tú. 나는 너만큼 많은 애완동물들이 있다.
> Yo tengo **tanto** dinero **como** tú. 나는 너만큼 많은 돈이 있다.
> Yo no tengo **tanta** experiencia **como** tú. 나는 너만큼의 경험이 없다.

2 정도 비교: ~한/했던 만큼 ~하다

정도를 비교할 때는 como 뒤에 절이 올 수 있습니다.

tan ~ como + 동사	A ¿Te presentaron a la novia de Marco? 너한테 그들이 마르코의 여자 친구를 소개해 줬니? B Sí, pero no es **tan** guapa **como** me dijiste. 응, 하지만 네가 나한테 얘기한 만큼 그렇게 예쁘지는 않던데.

- tan(to)~ que~ : 너무 ~해서 ~하다
  - 예) Estoy **tan** nerviosa **que** no puedo decir ni una palabra. 나는 너무 긴장해서 한마디도 말할 수가 없다.
    Yo tengo **tanto** trabajo **que** no puedo salir esta noche. 나는 일이 너무 많아서 오늘 밤 나가서 놀 수 없다.
    El señor Kim habla español **tan** bien **que** parece nativo. 김 선생님은 스페인어를 너무 잘하셔서 원어민 같다.
    Cecilia estudia **tanto que** se va a enfermar. 세실리아는 너무 열심히 공부해서 병이 날 지경이다.

- tanto A como B: A뿐만 아니라 B도
  - 예) Nuestra página de web se ofrece **tanto** en coreano **como** en inglés.
    우리 홈페이지는 한국어뿐만 아니라 영어로도 제공된다.

- A ~ 정관사 + mismo + (명사) + que B: A는 B와 ~면에서 똑같다
  - 예) Mi padre tiene **la misma** edad **que** mi madre. 우리 아빠는 엄마와 동갑이시다.
    Yo tengo **el mismo** carácter **que** mi madre. 나는 우리 엄마와 똑같은 성격을 가지고 있다.
    Yo cometía **los mismos** errores **que** tú. 나는 너와 똑같은 실수를 하곤 했다.
    El boleto del metro cuesta **lo mismo que** el del autobús. 지하철 표는 버스표와 가격이 같다.

- A + 동사 + igual que + B: A는 B와 똑같다
  Igual은 형용사나 부사로 사용될 수 있습니다.
  - 예) La mujer es **igual que** el hombre y merece respeto. 여자도 남자와 똑같다. 존중 받아야 한다. (형용사)
    Mi mamá piensa **igual que** yo. 우리 엄마는 나와 생각이 같으시다. (부사)

- Cuanto más / menos + 직설법/접속법, más / menos + 직설법/접속법: ~하면 할수록 더/덜 ~하다
  - 예) **Cuanto más** la conozco, **más** la aprecio. 그녀를 더 알면 알수록 그녀를 더 존경하게 된다. (직설법)
    Cuanta más paciencia tengas, **menos** problemas tendrás.
    네가 인내심을 가지면 가질수록 문제를 덜 가지게 될 거야. (접속법)

연습문제 Ejercicios

1 다음 각 문장 빈칸에 쓸 수 있는 동등 비교급 표현을 보기 에서 찾아 쓰세요.

| 보기 | tan | tanto | tantos | tantas |

(1) En la discoteca hay _____ chicos como chicas.
(2) Soledad es _____ inteligente como su mamá.
(3) Alicia sabe _____ como Pedro.
(4) Alfonso tiene _____ ideas como Carlos.

2 다음 문장의 해석에 맞게 빈칸에 들어갈 알맞은 단어를 고르세요.

La película no es tan buena _____ pensaba.
영화는 내가 생각했던 것만큼 그렇게 좋지는 않다.

① como ② que ③ de ④ más

3 다음 문장 중 잘못 쓰인 문장을 찾아 바르게 고치세요.

① Mario es tan simpático como su hermano.
② No tengo tan paciencia como mi madre.
③ Tengo tantos problemas como mis amigos.
④ Daniela está tan divertida que grita mucho.

→ _____

4 다음 문장의 뒷부분에 이어질 수 있는 표현을 고르세요.

Estoy tan preocupado que _____.

① me divierto en la fiesta
② no puedo dormir
③ veo mi programa favorito en la televisión
④ voy a viajar a un país extranjero

Unidad 49 — 최상급
Superlativos

Track **050**

A Felipe mide más de dos metros. Es el jugador más alto.
펠리페는 키가 2m 넘는데. 가장 키 큰 선수야.

B Sí, es verdad. Es altísimo.
그래 맞아. 엄청 크지.

 **Gramática**

1 최상급

(1) 비교급 앞에 정관사/소유사 + (명사)를 써서 최상급을 표현합니다. 이 때 이미 언급된 명사를 생략할 수 있습니다.

> 정관사/소유사 + (명사) + más / menos + 형용사 + de / en

Andrés es **el** estudiante **más** destacado **en** la clase.
안드레스는 반에서 가장 두드러지는 학생이다.

Laura y Pilar son **las** alumnas **menos** perezosas **de** la clase.
라우라와 필라르는 교실에서 가장 덜 게으른 학생들이다.

Este actor es **el más** atractivo **de** todos.
이 배우가 모든 배우들 중 가장 매력적인 배우이다.

Quiero pasar ese día con **mis** seres **más** queridos.
나는 그날은 내가 가장 사랑하는 사람들과 보내고 싶어.

(2) 우등 비교급이 불규칙인 bueno와 malo의 최상급에서는 비교급 mejor와 peor가 명사 앞에 쓰입니다. 이때 역시 명사의 지시 대상이 명확하면 그 명사는 생략할 수 있습니다.

원급	최상급
bueno 좋은	정관사/소유사 + mejor + (명사) + (de / en / entre): 최고의
malo 나쁜	정관사/소유사 + peor + (명사) + (de / en / entre): 최악의

Esta es **la mejor** solución entre todas. 이것이 모든 해결책 중 최상의 해결책이다.

Estos vestidos son **los peores** que tengo. 이것들은 내가 가진 최악의 원피스들이다.

En esta ciudad se encuentran **mis mejores** recuerdos de la infancia.
이 도시에 내 어린 시절의 가장 좋은 추억들이 있다.

(3) 나이의 더 많음과 적음을 나타내는 mayor / menor의 경우 명사 뒤에 써서 최상급의 의미보다 일반화된 형용사처럼 사용합니다.

La gente **mayor** duerme menos. 어르신들은 잠을 덜 주무신다.

¿Qué ventajas tiene ser el hermano **mayor**? 형제들 중 맏형이 되는 것이 무슨 장점이 있을까?

Los hijos **menores** son más sociables. 막내들이 더 사교적이다.

2 -ísimo 형태의 최상급

형용사 어미에 -ísimo를 붙여 최상급을 표현할 수 있습니다. 'muy muy + 형용사 (매우 매우 ~하다)'와 같은 의미로 절대최상급에 해당합니다.

(1) 형용사/명사의 성·수에 일치하여 -ísimo, -ísima, -ísimos, -ísimas의 4가지 형태가 있습니다.

Ella es **guapísima**. 그녀는 매우 예쁘다.
　　=**muy muy guapa**

Estos estudiantes son **inteligentísimos**. 이 학생들은 매우 똑똑하다.
　　　　=**muy muy inteligentes**

Muchísimas gracias. 대단히 감사합니다.

(2) -co, -go, -z로 끝나는 형용사는 -ísimo를 붙일 때 발음상으로 이유로 철자가 바뀝니다.

-co → -quísimo	-go → -guísimo	-z → císimo
cómico → comi**quísimo**	largo → lar**guísimo**	feliz → feli**císimo**

Esa película es **comiquísima**. 그 영화는 매우 웃긴다.

Este río es **larguísimo**. 이 강은 매우 길다.

Estoy **felicísima** porque he logrado mi meta. 나는 내 목표를 달성했기 때문에 너무 행복하다.

연습문제 Ejercicios

1 다음 농구 선수들(jugadores de baloncesto)의 정보를 보고 각 문장 밑줄 친 부분에 알맞은 선수의 이름을 쓰세요.

Nombre	Rodolfo	Jorge	Felipe
Edad	31	23	28
Altura	196cm	205cm	209cm
Peso	84kg	111kg	106kg
Ranking	2	3	1

> 보기 Felipe es el (jugador) más alto.

(1) _____ es el más pesado.

(2) _____ es el mayor.

(3) _____ es el menor.

(4) _____ es el mejor.

2 다음 최상급을 쓴 문장 중 틀린 문장을 찾아 알맞게 고치세요.

① El señor Martínez es la persona menos simpática en nuestra empresa. No saluda a nadie.

② La física es la más difícil clase en este semestre. No entiendo nada.

③ El arroz frito es el plato más fácil de preparar. La receta es muy simple.

④ Carlos recibió la nota más alta en el examen de inglés. Está muy contento.

→ _____

3 다음의 문장을 읽고 보기 와 같이 형용사를 -ísimo 형태의 최상급으로 바꾸세요.

> 보기 Juan es el estudiante más inteligente en la clase. Es inteligentísimo.

(1) Alejandro es el chico más gracioso en nuestra clase. Es _____.

(2) Este es el puente más largo del mundo. Es _____.

(3) Ana y Carmen son las chicas más bellas en la escuela. Son _____.

(4) Estela está muy muy feliz. Está _____.

Unidad 50 부사
Adverbios

 Track 051

A ¿Te ayudo a hacer los deberes?
너 숙제하는 거 도와줄까?

B No, gracias. Puedo hacerlos yo perfectamente.
고맙지만 괜찮아. 나는 그것을 완벽하게 할 수 있어.

부사는 동사, 형용사, 다른 부사를 수식할 수 있으며 형태는 변하지 않습니다.

1 형용사에 -mente를 붙여 만든 부사

형용사 파생 부사로 '형용사 여성형 + -mente'로 만듭니다.

Finalmente termina este programa. 마침내 이 프로그램이 끝났다.

Juan habla **lenta y cuidadosamente**. 후안은 천천히 그리고 조심스럽게 말한다.

2 장소, 시간, 방법, 양의 부사

(1) 장소 부사

aquí 여기	ahí 거기	allí 저기	encima 위에	debajo 아래에
arriba 위쪽으로	abajo 아래쪽으로	atrás 뒤쪽으로	dentro 안에	fuera 밖에
adelante 앞쪽으로	afuera 바깥쪽으로	adentro 안쪽으로	cerca 가까이에	lejos 멀리에

Pon los platos **allí** dentro. 접시들을 저기 안에 넣어 둘래?

Arriba vive un vecino muy antipático. 위층에 매우 불친절한 이웃이 살고 있다.

(2) 시간 부사

ahora 지금	entonces 당시	hoy 오늘	ayer 어제	mañana 내일
antes 전에	después 후에	temprano 일찍	pronto 일찍/곧	tarde 늦게
todavía 아직	aún 아직	ya 이미	siempre 항상	

Normalmente me levanto **temprano**, a las seis. 보통 나는 일찍 6시에 일어납니다.

Hemos llegado **pronto**. El concierto no ha empezado **todavía**.
우리가 일찍 도착했어. 콘서트는 아직 시작하지 않았어.

No lleguéis **tarde** a clase. 너희들 수업에 늦게 도착하지 마.

(3) 방법 부사

| así 그렇게 | tal 그런 | bien 잘 | mal 나쁘게 | deprisa 빨리 | despacio 천천히 |

Hazlo **así**. Es más eficaz. 그걸 이렇게 해봐. 더 효과적이야.

Tuve que cambiar algunas contraseñas y **tal**. 나는 비밀번호 몇 개를 바꾸는 그런 걸 해야 했다.

(4) 양의 부사

| tanto/tan 그렇게 많이/그렇게 | mucho 많이 | muy 매우 | poco 적게 | bastante 상당히 |
| demasiado 지나치게 | más 더 | menos 덜 | medio 절반 | apenas 거의 ~않는 |

Ernesto fuma **demasiado**. 에르네스토는 담배를 지나치게 많이 피운다.

Este vestido me queda **demasiado** grande. 이 원피스는 나에게 너무 크다.

Miguel **apenas** come. 미겔은 거의 안 먹는다.

참고 Algo más...

1. -mente로 끝나는 부사 중 일부는 'con + 명사'로 바꿀 수 있습니다.
   예) tranquila**mente** = **con** tranquilidad 조용히
   generosa**menete** = **con** generosidad 관대하게
   cuidadosa**mente** = **con** cuidado 조심스럽게

2. -mente로 끝나는 부사를 2개 이상 연결할 경우 맨 마지막 형용사에만 -mente를 붙입니다.
   mente는 '마음'이라는 뜻의 라틴어 여성 명사에서 파생하여 부사 접미사가 되었으므로 마치 여러 개의 형용사가 명사를 수식하는 형태를 보존하고 있기 때문입니다.
   예) clara y cortésmente 명확하고 예의 있게

3. 일부 형용사는 -mente를 붙이지 않고 형용사 형태 그대로 부사처럼 사용할 수 있습니다.
   alto (소리를) 크게   bajo (소리를) 낮게   claro 명료하게
   directo 바로   duro 열심히   fatal 나쁘게   rápido 빠르게
   예) Alberto corre muy **rápido**. 알베르토는 매우 빠르게 달린다.

3 빈도의 부사

(1) 빈도 부사

Susana me manda un mensaje **de vez en cuando**. 수사나는 가끔 나에게 메시지를 보낸다.

Yo ceno en casa **pocas veces**. 나는 집에서 거의 저녁을 먹지 않는다.

(2) 횟수: ~당, ~번

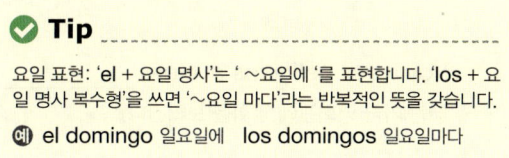

Mis amigos y yo nos reunimos una vez **al mes**. 내 친구들과 나는 한 달에 한 번 만난다.
= **por mes**

Yo hago yoga dos veces **a la semana**. 나는 일주일에 2번 요가를 한다.
= **por semana**

> ✅ **Tip**
>
> 요일 표현: 'el + 요일 명사'는 '~요일에'를 표현합니다. 'los + 요일 명사 복수형'을 쓰면 '~요일 마다'라는 반복적인 뜻을 갖습니다.
>
> 예) el domingo 일요일에   los domingos 일요일마다

4 긍정, 부정, 추측의 부사

긍정 (afirmación)	sí 예	claro 물론	desde luego 당연히
부정 (negación)	no 아니오	nunca/jamás 결코 아니다	tampoco 역시 아니다
추측 (duda)	quizás/tal vez 아마도	acaso 만약의 경우에	

¿Cómo lo sabes? ¿**Acaso** estabas allí? 너 그걸 어떻게 알지? 혹시 거기 있었니?

Jamás me acuesto antes de las doce. 나는 절대 12시 전에 잠자리에 들지 않는다.
= **No** me acuesto **jamás** antes de las doce.

연습문제 Ejercicios

1 다음 문장에서 부사의 쓰임이 어색한 것을 고르세요.

① Yo duermo profundamente.

② El profesor Ahn comparte su tiempo con nosotros generosamente.

③ Clara saluda amablemente a todos sus vecinos.

④ Esta máquina detecta errores rápidamente y precisamente.

2 다음 밑줄 친 부사와 바꾸어 쓸 수 있는 표현을 고르세요.

> Tiene que conducir el coche <u>cuidadosamente</u>.

① de cuidado   ② con cuidado   ③ para cuidado   ④ a cuidado

3 다음 문장의 해석에 맞게 빈칸에 알맞은 부사를 고르세요.

> Voy a ver películas al cine _____
> 나는 가끔 영화관에 영화를 보러간다.

① despacio   ② todavía   ③ a veces   ④ demasiado

4 다음은 Alberto의 매주 일과입니다. 틀린 것을 고르세요.

Lunes	Martes	Miércoles	Jueves	Viernes	Sábado	Domingo
trabajar en la cafetería ir al gimnasio	aprender inglés	ir al gimnasio	aprender inglés	ir al gimnasio	trabajar como voluntario	ir a misa

① Tiene que trabajar en la cafetería los lunes.

② Va al gimnasio dos veces por la semana.

③ Los domingos tiene que ir a misa.

④ Trabaja como voluntario una vez a la semana los sábados.

Parte 15

상황별 표현

Unidad 51 시간 표현
★ Hora

 Track 052

A ¿A qué hora es el concierto?
콘서트가 몇시에 있지?

B Es a las dos en punto.
2시 정각에 있어.

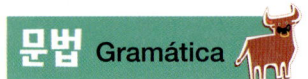 Gramática

1 시간 표현: ser + 여성 정관사 + 시간

(1) 정각일 경우, 시간 뒤에 en punto를 씁니다.

A ¿Qué hora es ahora? 지금 몇 시입니까?
B **Es la una** en punto. 1시 정각입니다.

210

(2) 30분 전일 경우, 시 뒤에 'y + 분'을 씁니다.

　　Son las tres **y diez**. 3시 10분입니다.

　　Es la una **y veinte**. 1시 20분이다.

(3) 15분과 30분은 각각 cuarto(1/4)와 media를 써서 표현합니다.

　　Son las cinco **y cuarto**. 5시 15분입니다.

　　Son las cuatro **y media**. 4시 반입니다.

> **주의 ¡Ojo!**
>
> 비행기나 기차 시간을 정확히 표현할 때는 15:45라고 표시된 시간을 'El vuelo/tren de las quince y cuarenta y cinco 15시 45분 발 비행기/기차'로 읽습니다. 그러나 일상생활에서는 분침이 30분을 넘어가면 menos를 사용합니다.
>
> 예 Son las cuatro **menos** cuarto. 오후 4시 15분 전입니다.

(4) 30분을 넘어가면 menos(빼기)로 읽습니다.

　　Son las **cinco menos veinticinco**. 5시 25분 전입니다. (= 4시 35분)

　　Son las **cuatro menos cuarto**. 4시 15분 전입니다. (= 3시 45분)

(5) ~시에: 시간 표현이 부사구일 때 'a + 여성 정관사 + 시간'을 씁니다.

　A　**¿A qué hora** quedamos mañana? 내일 몇 시에 만날까?

　B　Nos vemos a la salida del metro **a las doce**. 우리 지하철 출구에서 12시에 만나자.

(6) '~시부터 ~시까지': 'desde / hasta + 여성 정관사 + 시간' 또는 'de / a + 시간'으로 쓸 수 있습니다.

　　Tengo la clase de español **desde las** diez **hasta las** doce menos diez.
　　나는 스페인어 수업이 10시부터 11시 50분까지 있다.

　　El museo está abierto **de** nueve **a** cinco. 박물관은 9시부터 5시까지 엽니다.

(7) '~경에': 'sobre / alrededor de / a eso de + 여성 정관사 + 시간'으로 쓸 수 있습니다.

　　Te veo **sobre** las tres en la oficina. 내가 너를 사무실에서 3시경에 볼게.

　　Yo doy un paseo en bicicleta **alrededor de** las cinco. 나는 5시경에 자전거로 한 바퀴 돈다.

(8) 시간대를 표시할 때: 시간 뒤에 de la mañana(오전), de la tarde(오후), de la noche(밤)를 붙입니다.

　　Me levanto a las siete **de la mañana**. 나는 오전 7시에 일어난다.

　　Normalmente me acuesto a las once **de la noche**. 나는 보통 밤 11시에 잠자리에 든다.

(9) '낮 12시'를 mediodía(정오)로, '밤 12시'는 medianoche(자정)으로 표현하는 나라들도 있지만, 주로 많은 스페인어권 나라들은 mediodía는 한낮에(점심 식사 무렵)라는 의미로, medianoche는 '한밤중에'라는 의미로 비교적 넓은 시간대를 말할 때 씁니다.

　　Yo escucho la radio a **medianoche**. 나는 한밤중에 라디오를 듣는다.

　　Es **mediodía**. Tenemos que comer ya. 정오네. 이제 우리 점심 먹어야겠네.

연습문제 Ejercicios

1 몇 시인가요? 다음 시계를 보고 <u>잘못</u> 읽은 것을 골라 알맞게 고치세요.

① Son las seis menos diez.

② Son las once y media.

③ Son las doce en punto.

④ Son las cinco y cuarto.

➜ _____

2 다음 각 질문에 알맞은 대답을 찾아 연결하세요.

(1) ¿A qué hora sale el avión?　　•　　•　ⓐ Tenemos que llegar allí hasta las once.

(2) ¿Desde cuándo está abierto el banco?　　•　　•　ⓑ Sale a las tres y media.

(3) ¿Hasta cuándo tenemos que llegar a la reunión?　　•　　•　ⓒ Está abierto desde las nueve.

(4) ¿Cómo es el horario del gimnasio?　　•　　•　ⓓ Es de nueve a veinte.

(5) ¿A qué hora empieza la clase de español?　　•　　•　ⓔ Empieza a las diez en punto.

Unidad 52

날씨와 심신 상태의 표현
Tiempo y estados físicos y anímicos

Track 053

A   Hoy hace mucho calor.
    오늘 날씨가 너무 덥네.

B   Sí, es verdad. Tengo mucho calor ahora.
    그래, 맞아. 나 지금 너무 더워.

문법 Gramática

1 날씨 표현

날씨를 표현할 때는, 날씨를 나타내는 동사 혹은 hacer, estar, haber 동사의 3인칭 단수 형태를 사용합니다. 날씨는 인칭에 따라 변하는 것이 아니라 객관적 사실이므로 항상 3인칭 단수형으로 표현합니다.

Hace + 명사	Hace (mucho) frío. 날씨가 춥다. Hace (mucho) calor. 날씨가 덥다. Hace (mucho) sol. 해가 난다. Hace (mucho) fresco. 서늘하다. Hace (muy) buen tiempo. 날씨가 좋다. Hace (muy) mal tiempo. 날씨가 나쁘다.
Está + 형용사	Está (muy) nublado/nuboso. 구름 끼다, 날이 흐리다. Está (muy) despejado. 날이 개다.
동사	Llueve (mucho). 비 오다. Nieva (mucho). 눈 오다.
Hay + 명사	Hay (mucha) niebla. 안개 끼다. Hay (mucha) humedad. 습기가 있다.

Unidad 52   213

A ¿Qué tiempo hace hoy? 오늘 날씨가 어때요?

B No **hace sol**. **Está nublado**. 해가 난 날씨가 아니에요. 흐린 날씨입니다.

En Madrid en invierno no **nieva** sino **llueve**.
마드리드는 겨울에 눈이 오지 않고 비가 옵니다.

En Corea en verano **hay humedad**. 한국 여름은 습기가 있습니다.

2 심신의 상태 표현: tener + 명사

Tener + 명사	Tener (mucho) frío. 춥다 Tener (mucho) calor. 덥다. Tener (mucho) sueño. 졸리다. Tener (mucho) miedo. 무섭다. 두렵다. Tener (mucha) fiebre. 열이 나다. Tener (mucha) hambre. 배고프다. Tener (mucha) sed. 목마르다. Tener (mucha) prisa. 바쁘다. Tener (mucha) vergüenza. 부끄럽다.

A ¿Cómo te encuentras? 너 몸 상태가 어떠니?

B **Tengo frío**. **Tengo** mucha **fiebre**. 추워요. 열도 많이 나고요.

Tengo prisa ahora. Hablemos luego. 내가 지금 바쁘니까 나중에 얘기하자.

Los niños **tienen miedo** a la inyección. 아이들은 주사를 무서워한다.

mucho와 muy

① mucho는 명사 또는 동사와 함께 사용합니다.
mucho + 명사: '많은'이라는 뜻으로 명사를 꾸미고 명사의 성·수에 따라 변화합니다.
- 예 Hace **mucho frío**. 날씨가 춥다. (많은 추위가 있다.)
  Tengo **mucha hambre**. 나는 배가 많이 고프다. (나는 많은 배고픔을 가지고 있다.)

동사 + mucho: '많이'라는 뜻이며 동사의 정도를 표현합니다. 형태는 변하지 않습니다.
- 예 Nieva **mucho**. 눈이 많이 온다. Te quiero **mucho**. 나는 너를 많이 사랑한다.

② muy + 형용사/부사: '매우'라는 뜻의 부사로 형용사, 부사의 정도를 표현합니다.
- 예 Hace **muy** buen tiempo. 매우 좋은 날씨이다.
  No estoy **muy** bien. 나는 상태가 매우 좋진 않다.

연습문제 Ejercicios

1 다음 그림을 보고 각 날씨와 어울리는 표현을 연결하세요.

(1) 　(2) 　(3)　(4)

ⓐ Hace frío.　ⓑ Llueve.　ⓒ Nieva.　ⓓ Está nublado.

2 다음 그림을 보고 이 사람의 상태를 가장 잘 표현한 문장을 고르세요.

① Tiene prisa.
② Tiene sueño.
③ Tiene miedo.
④ Tiene hambre.

3 다음 문장에 mucho 혹은 muy 중에 알맞은 형태를 넣으세요.

(1) Yo no tengo _____ amigos.

(2) Soy una persona _____ tímida.

(3) Mi novia me quiere _____.

(4) Isabel habla coreano _____ bien.

Unidad 52　215

Unidad 53 ★ 의무 표현
Obligaciones

Track 054

A **No me encuentro bien estos días. Tengo tos.**
나는 요즘 몸이 안 좋아. 기침이 나네.

B **Tienes que dejar de fumar.**
너는 담배를 끊어야 해.

문법 Gramática

1 tener que / deber + 동사 원형: (특정 주어)가 ~해야 한다

tener que / deber는 인칭에 따른 개인적 의무 표현인데, deber는 tener que보다 더 강한 의무를 나타냅니다. 따라서 일상 회화에서는 tener que의 사용 빈도가 더 높습니다.

Tienes que estudiar mucho.
너 공부 열심히 해야 해.

Debo levantarme temprano.
나는 일찍 일어나야 해.

> ❗ **주의 ¡Ojo!**
>
> deber de 라고 쓰면 '~임에 틀림없다'는 강한 추측의 표현이 됩니다.
> 예) Tú **debes de** estar cansada. 너는 틀림없이 피곤하겠구나.
> Esteban **debe de** estar enfadado conmigo. No me llama.
> 에스테반은 나한테 화가 났음이 틀림없다. 나한테 전화를 안 한다.

2 hay que + 동사 원형: 모든 사람이 ~해야 한다

hay que는 비인칭 구문으로 보편적 의무, 도덕적 의무를 나타낼 때 주로 사용합니다.

No **hay que** fumar aquí. 여기선 아무도 담배 피우면 안 돼요.

Para la salud **hay que** hacer el ejercicio. 건강을 위해서는 누구나 운동을 해야 한다.

연습문제 Ejercicios

1 다음 빈칸에 tener que 동사를 인칭에 맞게 활용하여 의무를 표현하세요.

(1) María tiene un examen mañana. _____ estudiar mucho.

(2) Los ninos están despiertos hasta muy tarde. _____ acostarse ya.

(3) Yo quiero viajar a los Estados Unidos. _____ conseguir el visado.

(4) Mi madre tiene una enfermedad. _____ descansar y comer mucha verdura.

2 다음 빈칸에 공통적으로 들어갈 말을 고르세요.

En el museo no _____ sacar fotos.
En el parque no _____ pisar el césped.
En la biblioteca _____ mantener el silencio.

① debe de   ② hay que
③ tiene que   ④ le gusta

3 다음 문장 중 표현이 <u>어색한</u> 것을 고르세요.

① Papá, debes dejar de fumar.
② Para tener amigos debes de ser amigo primero.
③ Amigo mío, para ser feliz, tienes que ser valiente.
④ Yo tengo que terminar mis deberes hasta las seis.

4 다음 문장의 빈칸에 알맞은 말을 고르세요.

Julia se ha quedado dormida en clase. _____ tener mucho sueño.

① Tiene que   ② Va a
③ Debe de   ④ Hay que

Unidad 54 취미, 기호 표현
Afición y gusto

🎧 Track **055**

A ¿Qué deporte te gusta?
넌 어떤 스포츠를 좋아하니?

B Me gusta mucho el fútbol. Me encanta.
난 축구를 매우 좋아해. 사랑하지.

문법 Gramática

1 gustar 동사: ~을/를 좋아하다

(1) 문장 구조: '간접 목적어(사람) + gusta / gustan + 주어(취미/사람)'
원래 gustar는 '~이/가 ~에게 좋은 감정을 일으키다'라는 뜻의 동사입니다. 문장의 주어는 gustar 동사 뒤에 오는 단어가 됩니다. 이와 같이, 문장의 주어와 동사의 순서가 바뀌는 형태의 동사들을 역구조 동사라합니다. 따라서 gustar 동사를 써서 취미나 기호를 표현할 때는 3인칭 단·복수만 사용하게 됩니다. 그러나 주어가 사람일 경우, 가령 '나는 네가 내 마음에 든다'라는 표현을 할 때는 me gustas tú 라고 gustar 동사 뒤에 오는 주어의 인칭에 맞추어 동사를 변화시켜 쓸 수 있습니다.

> ⚠️ **주의 ¡Ojo!**
> gustar 동사 뒤에 명사가 2개 이상 오거나 복수 명사가 오면 gustan을 써야하지만, 동사가 2개 이상 오더라도 단수형 gusta만 씁니다.
> 예) Me **gusta** esquiar y nadar. (○)
> 나는 스키 타는 것과 수영하는 것을 좋아한다.
> Me gustan esquiar y nadar. (×)

A + 전치격 대명사	간접 목적어	동사	주어
(A mí)	Me		el café
(A ti)	Te	gusta	el fútbol
(A él/ella/usted)	Le		
(A nosotros)	Nos		
(A vosotros)	Os	gustan	los niños
(A ellos/ellas/ustedes)	Les		

218

(2) 'A + 전치격 대명사'를 간접 목적어 앞에 써서 의미를 강조하기도 합니다. 간접 목적어가 le/les로 3인칭일 경우는 'A + 고유 명사/일반 명사'를 써서 의미를 명확히 합니다.

A mí me gusta muchísimo el fútbol. 나는 진짜 많이 축구를 좋아해요.

A mi madre le gusta coser. 우리 엄마는 바느질을 좋아하신다.

(3) 대화에서 상대방의 기호를 듣고 '나의 경우에는'이라고 말할 때 'A mí'를 씁니다. 긍정문에 대한 동의를 나타낼 땐 'A mí, también'이라고 말하고, 부정문에 대한 동의를 나타낼 땐 'A mí, tampoco.'라고 말합니다. 상대방의 기호와 달라서 부정할 경우, 긍정문에 대한 부정은 'A mí, no.'로, 부정문에 대한 부정은 'A mí, sí.'로 대답합니다.

A Me gusta el baloncesto. ¿Y a ti? 난 농구를 좋아해. 너는?

B A mí, **también**. 나도 역시 좋아해. / A mí, **no**. 난 안 좋아하는데.

A No me gusta bailar. ¿Y a ti? 나는 춤추는 것을 좋아하지 않아. 너는?

B A mí, **tampoco**. 나 역시 안 좋아해. / A mí, **sí**. 난 좋아하는데.

(4) mucho, bastante, un poco, poco, nada 등과 같은 정도의 부사를 써서 좋아하는 정도를 말할 수 있습니다.

Me **encanta**. 나는 사랑한다.

Me gusta **mucho**. 나는 매우 좋아한다.

Me gusta **bastante**. 나는 상당히 좋아한다.

Me gusta **un poco**. 나는 조금 좋아한다.

Me gusta **poco**. 나는 거의 좋아하지 않는다.

No me gusta **nada**. 나는 전혀 좋아하지 않는다.

Tip
encantar 동사는 gustar 동사와 같은 역구조 형태로 쓰이며 '~을/를 사랑한다, 매우 좋아한다'를 표현하기 위해 사용합니다.

2 그 밖의 역구조 동사

doler(~이/가 아프다), molestar(~이/가 거슬리다), interesar(~에 흥미가 있다)는 gustar 동사처럼 의미상의 주어가 간접 목적어 형태로 쓰입니다.

(1) 간접 목적어 (사람) + duele / duelen + 주어(신체 부위): (신체 부위)이/가 (사람)에게 고통을 주다

A Me **duele** el estómago. 나는 배가 아프다.

B A mí me **duelen** las piernas. 나는 다리가 아프다.

(2) 간접 목적어 (사람) + molesta / molestan + 주어 (대상): (대상)이 (사람)의 비위를 거슬리게 하다

Me **molesta** el ruido. 나는 소음이 거슬린다.

(3) 간접 목적어 (사람) + interesa / interesan + 주어 (대상): (대상)이 (사람)의 흥미를 끌다

No me **interesa** la historia de España. 나는 스페인 역사에 흥미가 없다.

연습문제 Ejercicios

1 다음 문장 중 문법적으로 <u>틀린</u> 문장을 찾아 바르게 고치세요.

① A mí me encanta escuchar la música.

② ¿Te gustan cantar y bailar?

③ A mi padre le gusta fumar.

④ Me encantan los perros.

→ _____

2 다음 문장에 주어진 동사를 알맞은 형태로 넣으세요.

(1) Me _____ (gustar) beber alcohol y comer pollo frito.

(2) ¿A tí te _____ (interesar) tomar un curso en lengua extranjera?

(3) Me _____ (doler) mucho los dientes.

(4) ¿A usted le _____ (molestar) el ruido en la calle?

3 두 사람의 대화입니다. 괄호 안에 명시된 기호에 따라 보기 와 같이 알맞은 형태를 써서 대답하세요.

| 보기 | A Me gustan los perros. ¿Y a ti? | (Me gustan los perros)
 B A mí, también. |

(1) A Me gustan los gatos. ¿Y a ti?   (No me gustan los gatos)
B _____

(2) A Me gusta el café. ¿Y a ti?   (Me gusta el café)
B _____

(3) A No me gustan los deportes. ¿Y a ti?   (Me gustan los deportes)
B _____

(4) A No me gusta bailar. ¿Y a ti?   (No me gusta bailar)
B _____

Unidad 55 요청, 호의 표현
Petición y favor

Track 056

A ¿Podrías pasarme la sal?
나에게 소금을 좀 건네주겠니?

B Sí, toma. Aquí está.
응, 받아, 여기 있어.

문법 Gramática

1 요청

(1) 요청할 때: '~해 줄래요?'

① 현재형 의문문/명령형: 'por favor'을 붙여 공손하게 부탁할 수 있습니다.

¿Me trae más pan, **por favor**? 저에게 빵 좀 더 갖다주실래요?

Tráigame otra cuchara, **por favor**. 저에게 다른 숟가락 하나 갖다주세요.

② poder + 동사 원형: poder 동사는 요청할 때 쓸 수 있습니다. 직설법 현재/미래, 가정 미래, 접속법 불완료 과거 순으로 공손의 정도가 강해집니다.

현재형/미래형	¿**Puede** / **Podrá** darme un mapa del metro? 저에게 지하철 지도 좀 줄래요?
가정 미래형	¿**Podría** traerme un café? 저에게 커피 한 잔 갖다주실래요?
접속법 불완료 과거	¿**Pudiera** llamarme un taxi? 저에게 택시 좀 불러 주실 수 있을까요?

Unidad 55 221

③ Querer + 명사/동사 원형: '제가 ~을/를 원해요/' '제가 ~하고 싶은데요'의 뜻으로 상대방의 허락을 요구할 때 사용할 수 있습니다. querer 동사도 poder 동사처럼 직설법 현재, 직설법 불완료 과거, 접속법 과거 형태를 써서 공손의 정도를 점점 높게 표현합니다.

직설법 현재	**Quiero** una cerveza. 나는 맥주를 원해요.
직설법 불완료 과거	**Quería** probarme estos zapatos. 나는 이 구두를 신어보고 싶었어요.
접속법 불완료 과거	**Quisiera** acompañarte al cine. 내가 너 극장에 가는데 동행하고 싶은데.

(2) 요청에 대해 대답할 때

① 수락할 때

Sí, claro. 네, 당연하지요. / Por supuesto. 물론입니다. / Desde luego. 당연합니다.
Naturalmente. 당연히요. / Con mucho gusto. 기꺼이요.

② 거절할 때

Perdone, pero eso no es posible. 죄송합니다. 그것은 불가능합니다.
Lo siento, pero en este momento no puede ser. 죄송해요. 지금은 안 되겠습니다.
No, en absoluto. 절대로 안 됩니다.
Que no de ninguna manera. 어떠한 경우도 안 됩니다.

2 호의

(1) 호의를 제의할 때

① yo의 현재형 의문문: '제가 ~해드릴까요?'

¿Le **llevo** la maleta? 당신 가방을 들어드릴까요?
¿En qué **puedo** ayudarle? 제가 당신에게 무엇을 도와드릴까요?

② 소망 구문 접속법: '당신은 제가 ~하기 원하시나요?'

¿Quiere usted que le **ayude** yo? 당신은 제가 당신을 도와주기 원하시나요?
¿Quiere que le **traiga** más cerveza? 당신은 제가 맥주를 더 갖다드리기 원하시나요?

(2) 호의의 제의에 대답할 때

① 수락할 때

Sí, por favor. 네, 부탁합니다. / Bueno. 예 / De acuerdo. 동의합니다. / Vale, gracias. 네, 고마워요.

② 거절할 때

No, gracias. 아니요, 괜찮습니다.

연습문제 Ejercicios

1 다음 각 상황에서 쓸 수 있는 부탁 표현을 찾아 연결하세요.

(1) 　(2) 　(3)

ⓐ ¿Podría traerme otro tenedor?　　ⓑ ¿Podría decirme dónde está el Museo Prado?　　ⓒ ¿Podría darme un asiento con ventana?

2 다음 질문에 이어질 수 있는 대화 내용을 고르세요.

A　Buenos días, señor. ¿En qué puedo servirle?
B　_____.

① Necesito un boleto para Cancún.　　② ¿Para qué hora?
③ ¡Por supuesto! Pase por aquí.　　④ De acuerdo.

3 다음 대화에서 이어질 수 <u>없는</u> 대답을 고르세요.

A　¿Podría probarme estos pantalones?
B　_____.

① Sí, claro.　　② Desde luego.
③ No, gracias.　　④ Naturalmente.

Unidad 55　223

Unidad 56 미래의 계획, 소망 표현
Plan y deseo

Track 057

A ¿Qué piensas hacer este verano?
이번 여름에 너 뭐 할 생각이니?

B Pienso aprender chino.
중국어를 배워 볼 생각이야.

문법 Gramática

1 ir a / querer / pensar + 동사 원형: ~ 할 것이다/~ 하길 원하다/~할 생각이다

미래의 계획이나 소망을 표현할 때 ir a / querer / pensar + 동사 원형'을 써서 표현할 수 있습니다.

Voy a ir al centro comercial este fin de semana. 나는 이번 주말에 쇼핑몰에 갈 거다.
= **Iré** al centro comercial este fin de semana.
　미래형

Quiero comprar una casa cuando gane dinero. 나는 돈을 벌면 집을 한 채 사고 싶다.

Pienso viajar a España este verano. 올여름에 나는 스페인을 여행할 생각이다.

> ❗ 주의 ¡Ojo!
>
> 동작 동사인 경우 현재형만 써도 미래를 표현할 수 있습니다.
>
> 예 **Voy** al centro comercial este fin de semana. 나는 이번 주말에 쇼핑몰에 간다.
> 　　**Salgo** con mis amigos mañana. 나는 내일 친구들과 나가 놀 거다.
> 　　No te preocupes. **Vuelvo** pronto esta noche. 걱정 마. 나 오늘밤 일찍 돌아올 거야.

2 간접 목적어 + gustaría / encantaría + 동사 원형: ~은/는 ~하면 참 좋겠다

gustar나 encantar 동사를 가정 미래형으로 써서 간절한 소망을 나타낼 수 있습니다.

A ¿Qué te **gustaría** aprender? 너는 무엇을 배웠으면 좋겠니?
B Me **gustaría** aprender a tocar la guitarra. 내가 기타 치는 법을 배우면 참 좋을 텐데.

Me **encantaría** ser tu alegría. 나는 너의 기쁨이 되었으면 좋겠어.

3 tener ganas de + 동사 원형: ~하고 싶다

숙어적 표현으로 '~하고 싶어진다'라는 표현을 할 때 씁니다.

Tengo ganas de salir esta noche con mis amigos. 나는 오늘 밤 친구들과 나가서 놀고 싶다.
Tengo muchas **ganas de** verte. 나는 네가 엄청 보고 싶다.

4 간접 목적어 + apetece + 동사 원형/명사: ~이/가 하고 싶다, ~이/가 구미를 당긴다

장기적인 소망보다 '지금 ~이/가 하고 싶다'는 의미로 주로 사용됩니다.

¿**Te apetece** jugar a los juegos de computadora? 너는 컴퓨터 게임이 하고 싶니?
Me apetece mucho (tomar) un café. 나는 커피 한잔이 무척 마시고 싶다.

5 tener + intención / objetivo + de + 동사 원형: ~하자고 하는 의도/목표가 있다

주로 구체적인 의도나 목적을 표현할 때 사용합니다.

Tengo intención de lograr mi meta. 나는 나의 목표를 달성하려는 의도가 있다.
Ellos **tienen objetivo de** investigar el comportamiento del consumidor.
그들은 소비자의 행동을 분석하고자 하는 목표가 있다.

6 소유사 + sueño / propósito + es + 동사 원형: ~의 꿈/목표는 ~이다

주어를 '(누구의) 꿈/목표'와 같은 명사절로 하고 뒤에 'es + 동사 원형'을 써서 장기적인 소망을 나타낼 수 있습니다.

Mi sueño es montar una empresa de muebles. 나의 꿈은 가구 회사를 만드는 것이다.
Su propósito es llegar a ser una persona modesta. 그의 목표는 겸손한 사람이 되는 것이다.

연습문제 Ejercicios

1 다음의 질문에 대한 대답으로 어색한 것을 고르세요.

    A   ¿Qué vas a hacer estas vacaciones?
    B   _____.

    ① Voy a tomar un curso de inglés.
    ② Pienso ir de vacaciones a Italia.
    ③ Estudiaré en la biblioteca.
    ④ Estoy haciendo ejercicio en el gimnasio.

2 다음 문장에서 밑줄 친 부분과 바꿔 쓸 수 있는 표현을 고르세요.

    <u>Viajaré</u> a Perú las próximas vacaciones.

    ① Viajé   ② Voy a viajar   ③ Estoy viajando   ④ He viajado

3 다음 문장 중 문법적으로 틀린 문장을 골라 알맞게 고치세요.

    ① Amanda piensa salir a bailar esta noche.
    ② Mis padres quieren mudarse este verano.
    ③ Me gustaría escribir una novela.
    ④ Enrique va jugar con su perro después de las clases.

    ➡ _____

4 다음 문장의 빈칸에 들어갈 알맞은 형태를 고르세요.

    Tengo ganas de _____ en casa esta noche.

    ① quedarse   ② me quedo   ③ quedarme   ④ quedándose

Unidad 57 의견 나누기
Opiniones

Track 058

A ¿Qué te parece si vamos a la playa?
우리 해변에 간다면 어떨까?

B ¡Estupendo! Me parece muy bien.
환상적이다. 난 너무 좋아.

문법 Gramática

의견을 구할 때와 자신의 의견을 내놓을 때는 parecer(~인 것 같다), opinar(의견을 주다), pensar(생각하다)와 같은 동사들을 주로 씁니다.

1 parecer: ~인 것 같다

parecer 동사는 의미상의 주어가 동사 앞에 간접 목적어로 나옵니다.
'네가 보기에 ~이/가 어떠니?'라는 질문을 할 때는 '¿qué te parece + 명사?'를 씁니다. 이때 parecer 동사는 뒤에 나오는 명사의 수에 일치하여 3인칭 단·복수로 변화합니다.
'네가 보기에 ~한다면 어떨까?'라는 가정에 대한 질문을 할 때는 '¿qué te parece + si ~?'을 씁니다.
'내가 보기엔 ~이/가 ~인 것 같다'로 대답할 때는 'me parece + 형용사/부사'를 써서 나타낼 수 있습니다.

A **¿Qué te parece** Javier? 네가 보기에 하비에르가 어떤 것 같니?
B **Me parece** muy guapo. 내가 보기에 그는 아주 잘생긴 것 같아.

A **¿Qué te parecen** los señores Martínez? 네가 보기에 마르티네스 부부는 어떤 것 같니?
B A mí **me parecen** muy amables. 내가 보기에 매우 친절하신 것 같아.

A ¿**Qué te parece** si invito a Marta?
내가 마르타를 초대한다면 어떨까?

B A mí **me parece** bien.
나는 좋아.

A Vamos al cine esta noche. ¿**Qué te parece**?
오늘 밤에 영화관에 가자. 좋아?

B Sí, **me parece** muy bien.
응, 나는 너무 좋아.

2 opinar / pensar / creer: ~라고 생각하다

'~에 대하여 어떻게 생각하니?'고 질문할 때는 '¿qué opinas / crees / piensas + de / sobre ~?'로 할 수 있습니다. '나는 ~라고 생각해.'라고 의견을 내놓을 때는 'opino / creo / pienso + que 절'을 쓸 수 있습니다.

A ¿Qué **opinas de** la contaminación del medio ambiente?
넌 환경 오염에 대해 어떻게 생각하니?

B **Opino que** debemos ahorrar recursos naturales.
우리는 자연 자원을 아껴야 한다고 생각해.

A ¿Qué **crees sobre** la educación en Corea?
한국의 교육에 대해 어떻게 생각해?

B **Creo que** los estudiantes coreanos deberían tener más tiempo para descansar.
나는 한국 학생들이 쉴 시간을 더 가져야 한다고 생각한다.

A ¿Qué **piensas de** la inteligencia artificial?
너는 인공 지능에 대해 어떻게 생각하니?

B **Pienso que** podrá amenazar a los seres humanos.
인간을 위협할 수도 있다고 생각해.

3 para mí / en mi opinión / a mi parecer: 내 의견으로는

'내 의견으로는'이라고 표현할 때는 para mí, en mi opinión, a mi parecer와 같은 전치사구를 써서 표현할 수 있습니다.

Para mí, este hotel es excelente.
나에게 이 호텔은 훌륭하다.

En mi opinión, debemos poner fin a la violencia contra las mujeres.
내 의견으로는 우리는 여성들에 대한 폭력에 종결점을 찍어야 한다고 생각한다.

A mi parecer, la discriminación racial ocurre en varias situaciones.
내가 보기에 인종 차별은 다양한 상황에서 일어난다.

연습문제 Ejercicios

1 다음 문장들에 공통적으로 들어갈 단어를 고르세요.

El profesor González _____ muy simpático.

Me _____ bien si invitamos a Laura a la fiesta.

① cree   ② parece   ③ piensa   ④ opina

2 다음 문장 중 문법적으로 맞지 <u>않는</u> 문장을 골라 고치세요.

① ¿Qué te parece tu nueva casa?
② ¿Qué opinas de los perros abandonados?
③ ¿Qué te parece los estudiantes de esta clase?
④ ¿Qué te pareció la chica que te presenté ayer?

➡ _____

3 다음 질문에 알맞은 대답을 고르세요.

A ¿Qué piensas del bienestar social en Corea?
B _____.

① Me parece muy agradable. Tiene un jardín muy bonito.
② Pienso que todavía falta mucho en comparación con otros países desarrollados.
③ En mi opinión, los dueños son irresponsables.
④ A mí me parece bastante atractiva.

Unidad 58

충고하기
Consejos

Track **059**

A Este año me gradúo de la universidad. Pero no sé qué hacer.
올해 대학 졸업인데 무엇을 해야 할지 모르겠어.

B Yo que tú, intentaría encontrar un trabajo.
내가 너라면 직장을 구하려고 할 텐데.

스페인어에서 충고는 다양한 구문으로 표현할 수 있습니다. '충고한다'는 뜻의 동사를 써서 표현하거나 '~하는 것이 낫겠다'는 비인칭 구문을 쓸 수 있습니다. 또, 의무를 나타내는 tener que나 deber 동사를 가정 미래형으로 쓰거나 si 가정 구문을 써서 뉘앙스를 부드럽게 하여 표현하는 것도 가능합니다. 마지막으로 ¿Por qué no...?와 같은 의문문을 써서 충고하는 표현을 만들 수도 있습니다.

1 간접 목적어 + aconsejar / recomendar / sugerir + que + 접속법

스페인어에서 충고는 '충고하다, 권유하다, 제안하다'의 의미를 갖는 aconsejar, recomendar, sugerir 동사를 써서 표현할 수도 있습니다. 이 때 que 절의 동사는 접속법을 써야 합니다.

Te **aconsejo que** busques un trabajo. 나는 너에게 일자리를 찾아보라고 충고한다.
Te **recomiendo que** vayas a un país de habla española. 나는 너에게 스페인어권 나라에 가 보길 추천한다.
Te **sugiero que** te pongas la falda negra. 나는 네가 검정 치마를 입을 것을 제안한다.

2 Es mejor / Es preferible / Lo mejor es + que + 접속법

'~하는 것이 더 좋다. ~하기를 추천한다, 가장 좋은 것은 ~이다'의 뜻으로, 비인칭 구문으로 쓸 경우 ser 동사 뒤에는 동사 원형을 씁니다. que 절을 쓰는 경우 동사는 접속법을 써야 합니다.

Es mejor que no vuelvas a hacerlo.
네가 다시는 그것을 되풀이하지 않는 것이 좋다.

Es preferible que conozcas a mi primo.
나는 네가 내 사촌을 만나 보는 것이 좋을 것 같다.

Lo mejor es que escuches a tus hijos con atención.
가장 좋은 것은 네가 자식들의 이야기를 주의 깊게 들어주는 것이다.

3 tendría que / debería + 동사 원형

의무를 나타내는 deber, tener que 동사의 가정 미래형을 써서 충고할 수 있습니다.

Deberías estudiar más. 넌 좀 더 열심히 공부해야 할 것 같다.

Usted **tendría que** hablar con el jefe. 당신은 사장님과 얘기해 보셔야 할 것 같습니다.

4 Yo que tú / Yo, en tu lugar / Si yo fuera tú + 가정 미래형

'내가 너라면, ~할 거야.'라고 상대방의 입장에서 충고할 때는 Yo que tú / Yo, en tu lugar / Si yo fuera tú 등을 가정 미래 시제를 쓴 주절 앞에 덧붙여 표현합니다.

A **Tú, en mi lugar**, ¿cuál comprarías, un ordenador o un portátil?
네가 나라면 어떤 걸 살래? 데스크탑 컴퓨터 아니면 노트북?

B **Yo, en tu lugar**, comparía un portátil.
내가 너라면 노트북을 살 거야.

A Duermo muy mal estos días.
최근에 잠을 잘 못 자.

B **Si yo fuera tú**, daría un paseo antes de dormir.
내가 너라면 자기 전에 산책을 할 거야.

5 ¿Por qué no + 동사?

'~을/를 하는게 어때?'라고 권유할 때 의문문인 '¿Por qué no + 동사?'를 써서 표현할 수 있습니다. 이때 동사는 원형을 쓰거나 혹은 시제 활용이 될 형태를 모두 쓸 수 있습니다. 이 표현은 질문이 아니고 권유나 충고를 하는 표현입니다.

¿Por qué no hacerlo? 그걸 한번 해 봐.
= **¿Por qué no** lo haces?

연습문제 Ejercicios

1 다음 문장의 밑줄 친 부분에 알맞은 것을 고르세요.

Te aconsejo que _____ en metro ya que hay mucho tráfico a esta hora.

① vas
② irás
③ vayas
④ has ido

2 다음 질문에 이어질 수 있는 대화 내용을 고르세요.

A Mañana es el cumpleaños de mi padre. No sé qué regalarle.

B Yo que tú _____.

① ya le he regalado unos guantes.
② le regalaría unos guantes.
③ le regalaré unos guantes.
④ Le había regalado unos guantes.

3 다음 상황에 맞는 충고를 찾아 연결하세요.

(1) Tu hija tiene veinte años. Quiere dejar de estudiar para casarse. •   • ⓐ Te sugiero que encuentres a un amigo nativo de español.

(2) Un amigo tuyo quiere viajar por Europa. Pero no tiene dinero. •   • ⓑ Si yo fuera tú, seguiría estudiando hasta terminar la carrera.

(3) Una amiga tuya lleva tres años estudiando español, pero todavía no lo habla con fluidez. •   • ⓒ Deberías dejar de fumar.

(4) Tu padre no se encuentra bien, pero fuma muchísimo. •   • ⓓ Lo mejor es que trabajes y ahorres dinero para el viaje.

부록

- 추가 문법
- 정답
- 문법 색인

추가 문법

I 형태에 유의해야 할 동사 변화형

1. 현재 분사 불규칙형

caer	떨어지다	cayendo
conseguir	얻다	consiguiendo
construir	건설하다	construyendo
corregir	교정하다	corrigiendo
creer	믿다	creyendo
decir	말하다	diciendo
despedirse	작별 인사하다	despidiéndose
destruir	파괴하다	destruyendo
divertirse	즐기다	divirtiéndose
dormir	잠자다	durmiendo
huir	도망하다	huyendo
ir	가다	yendo
leer	읽다	leyendo

mentir	거짓말하다	mintiendo
morir	죽다	muriendo
oír	듣다	oyendo
pedir	요청하다	pidiendo
poder	~할 수 있다	pudiendo
reír	웃다	riendo
repetir	반복하다	repitiendo
seguir	계속하다	siguiendo
sentir	느끼다	sintiendo
servir	봉사하다	sirviendo
traer	가져오다	trayendo
venir	오다	viniendo
vestir	옷을 입히다	vistiendo

2. 과거 분사 불규칙형

abrir	열다	abierto
cubrir	덮다	cubierto
decir	말하다	dicho
describir	묘사하다	descrito
descubrir	발견하다	descubierto
deshacer	해체하다	deshecho
escribir	쓰다	escrito
freír	튀기다	frito
hacer	하다	hecho

imprimir	인쇄하다	impreso
ir	가다	ido
morir	죽다	muerto
poner	놓다	puesto
resolver	해결하다	resuelto
romper	부수다	roto
satisfacer	만족시키다	satisfecho
ver	보다	visto
volver	돌아오다	vuelto

★ 강세에 유의해야 할 과거 분사형

leer	읽다	leído
poseer	소유하다	poseído
caer	떨어지다	caído
creer	믿다	creído

huir	도망치다	huido
influir	영향을 미치다	influido
construir	건설하다	construido
oír	듣다	oído
reír	웃다	reído

II 유용한 숙어 표현

1. 동사 숙어

(1) 전치사 없이 '동사 원형'을 함께 쓰는 동사

decidir	결정하다	Hemos **decidido** vender la casa. 우리는 집을 팔기로 결정했다.
desear	원하다	María **desea** comprar una casa a sus padres. 마리아는 부모님께 집을 한 채 사 드리길 원한다.
esperar	기대하다	José **espera** aprobar todos los exámenes. 호세는 모든 시험을 통과할 것을 기대한다.
pensar	~하려고 생각하다	Hoy no **pienso** salir. 오늘은 안 나갈 생각이다.
preferir	~을/를 선호하다	**Prefiero** jugar al fútbol a jugar al tenis. 나는 테니스 치는 것보다 축구하기를 선호한다.
querer	~을/를 원하다	**Quiero** ir de viaje este fin de semana. 이번 주말에 여행을 가고 싶어.
saber	~을/를 할 줄 안다	Mi hermana no **sabe** conducir. 내 여동생은 운전할 줄 모른다.
soler	~하곤 한다	Mi abuela **suele** pasear todas las mañanas. 우리 할머니는 아침마다 산책하곤 한다.

(2) '전치사 a + 명사/동사 원형'를 함께 쓰는 동사

acudir a	~에게 가다	Cuando me multaron, **acudí a** un abogado. 나에게 벌금을 물리자 나는 변호사를 찾아갔다.
aprender a	~을/를 배우다	Estoy **aprendiendo a** tocar el violín. 나는 바이올린 켜는 법을 배우고 있다.
ayudar a	~하도록 도와주다	Mi marido me **ayuda a** limpiar la casa. 우리 남편은 내가 집 청소하는 것을 도와준다.
comenzar a	~하기 시작하다	Te **comencé a** querer sin saber si tú me querías. 나는 네가 나를 사랑하는지는 알지 못한 채 너를 사랑하기 시작했다.
empezar a	~하기 시작하다	De repente **empezó a** llover. 갑자기 비가 오기 시작했다.
enseñar a	~하기를 가르치다	Estoy **enseñando** a mi hija **a** leer y escribir. 나는 내 딸에게 읽고 쓰는 것을 가르치고 있다.

inivitar a	~하는 데 초대하다	Un chico colombiano me **invitó a** bailar. 한 콜롬비아 청년이 나에게 춤추자고 했다.
ir a	~에 가다	Ayer **fui a** ver una película. 어제 나는 영화 한 편을 보러 갔다.
llegar a	~을/를 하게 되다	¿**Llegaste a** ver el eclipse? 너는 일식/월식을 결국 보았니?
obligar a	~하기를 강요하다	Mi profesor me **obligó a** contarle lo que había pasado. 우리 선생님은 무슨 일이 있었는지 그에게 말하기를 강요했다.
salir a	~하러 나가다	Yo **salgo a** bailar todos los fines de semana. 나는 주말마다 춤추러 나간다.
subir a	~에 올라가다/ 타다	**Sube al** coche y conduce. 차에 올라 타 그리고 운전해.
venir a	~하러 오다	Yo **vengo a** ofrecer mi corazón. 나는 내 마음을 주려고 왔어.
volver a	~을/를 다시 하다	Si tratas de detenerme, nunca **volverás a** verme. 네가 나를 붙잡아 두려고 한다면 다시는 나를 못 볼 줄 알아.
acercarse a	~에 다가가다	**Me acerqué a** ella para saludarla. 나는 그녀에게 인사하기 위해 다가갔다.
acostumbrarse a	~에 익숙해지다	Ya **me** he **acostumbrado a** levantarme temprano. 이제 나는 일찍 일어나는 것에 익숙해졌다.
atreverse a	감히 ~하다	No **me atrevo a** pedirte otro favor. 내가 너에게 감히 또 다른 부탁을 할 수가 없네.
decidirse a	~하기로 결정하다	Susana **se decidió a** bajar de peso. 수사나는 몸무게를 빼기로 결정했다.
dedicarse a	~에 종사하다	Mi tío **se dedica a** cultivar la tierra. 우리 삼촌은 농사짓는 일을 하신다.
detenerse a	~하려고 멈추다	Laura **se detuvo a** mirarlo. 라우라는 그를 보기 위해 멈추었다.
negarse a	~하기를 거절하다	Sartre **se negó a** recibir el premio Nobel de literatura. 사르트르는 노벨 문학상 받는 것을 거부했다.
oponerse a	~에 반대하다	Nadie puede **oponerse a** un cambio gradual. 아무도 점진적인 변화를 반대할 수는 없을 것이다.
parecerse a	~을/를 닮다	Yo **me perezco a** mi mamá. 나는 엄마를 닮았다.
ponerse a	~하기 시작하다	Ahora hay que **ponerse a** trabajar. 지금 모두 일에 착수해야 한다.

(3) '전치사 con + 명사/동사 원형'을 함께 쓰는 동사

amenazar con	~(으)로 위협하다	El caballero **amenazó** al enemigo **con** su espada. 그 기사는 자신의 칼로 적을 위협했다.
contar con	~을/를 요구하다/ 기대하다	En este trabajo, hay que **contar con** un buen dominio de idiomas. 이 일은 외국어 실력이 뛰어나야 할 것을 요구한다.
soñar con	~하는 꿈꾸다	Julia **sueña con** casarse y tener muchos niños. 훌리아는 결혼하여 아이들을 많이 낳는 것을 꿈꾼다.
casarse con	~와/과 결혼하다	Ella **se casó con** su novio de siempre. 그녀는 오래 사귄 그녀의 남자친구와 결혼했다.
enojarse con	~에게 화나다	No **te enojes con** tus hijos; no saben lo que hacen. 네 아이들에게 화내지 마. 그 애들은 무슨 짓을 하고 있는지 몰라.
quedar con	~와/과 만나기로 약속하다	**He quedado con** mis amigos esta tarde. 난 오늘 오후 친구들을 만나기로 했다.

(4) '전치사 de + 명사/동사 원형'을 쓰는 동사

acabar de	막 ~하다	Cuando **acabes de** comer, lava los platos. 너 밥 다 먹으면 설거지해라.
dejar de	~을/를 그만두다	**Dejé de** fumar hace un año. 나는 1년 전 담배 피우는 것을 그만두었다.
gozar de	~을/를 즐기다/누리다	La anciana **gozaba de** buena salud. 노파는 좋은 건강을 누렸다.
terminar de	~을/를 끝내다	**Terminé de** limpiar el baño. Ahora tengo que limpiar la cocina. 나 화장실 청소 끝냈어. 이제 부엌 청소해야 해.
tratar de	~하려고 하다	Raúl, **trata de** descansar esta semana. 라울, 이번 주는 좀 쉬려고 해 봐.
acordarse de	~을/를 기억하다	¿No **te acuerdas de** mí? 너 나 기억 안 나니?
alegrarse de	~에 대해 기뻐하다	**Me alegro** mucho **de** verte. 너를 봐서 너무 기쁘다.
arrepentirse de	~을/를 후회하다	**Me arrepiento de** varias cosas que hice cuando era joven. 나는 젊었을 때 했던 많은 일을 후회한다.
cansarse de	~하는데 지치다	**Me cansé de** esperarte y me fui. 너를 기다리다 지쳤다 그래서 가 버렸다.
darse cuenta de	~을/를 인지하게 되다	**Me di cuenta del** incendio en la cocina. 부엌에 난 화재를 나는 알게 되었다.

despedirse de	~에게 작별 인사하다	**Despídete de** la abuelita, que ya tenemos que irnos. 너 할머니께 작별 인사 드려라. 이제 우리 가 봐야 하니까.
enamorarse de	~와/과 사랑에 빠지다	Ese actor **se enamoró de** una cantante. 그 배우는 한 가수와 사랑에 빠졌다.
encargarse de	~을/를 책임지고 맡다	Mi padre **se encarga de** limpiar las ventanas. 우리 아빠는 창문 청소를 책임지고 하신다.
enterarse de	~을/를 알게 되다/ 이해하다	**Me enteraré de** la verdad. 나는 진실을 알게 될 것이다.
ocuparse de	~(으)로 바쁘다/ 돌보다	¿Quién **se ocupará de** nosotros cuando seamos ancianos? 우리가 노인이 되면 누가 우리를 돌볼까?
olvidarse de	~을/를 잊다	No **te olvides de** reciclar todas las botellas. 병 분리수거 하는 것을 잊지 마.
quejarse de	~을/를 불평하다	Siempre **te quejas de** todo. 너는 항상 모든 것에 불평하는구나.

(5) '전치사 en + 명사/동사 원형'을 쓰는 동사

confiar en	~을/를 믿다	Yo **confío en** ti. Nunca me mientes. 난 너를 믿어. 나한테 절대 거짓말하지 않지.
consentir en	~에 동의하다	¿Qué haré si mi marido no quiere **consentir en** el divorcio? 남편이 이혼에 동의하지 않는다면 난 어떡하지?
consistir en	~(으)로 구성된다	En estos momentos, mi vida **consiste en** trabajar, dormir, y comer. 요즘 내 삶은 일하고, 자고, 먹는 것으로 구성돼.
insistir en	~을/를 주장하다	Ella **insiste en** trabajar aunque esté enferma. 그녀는 아픈데도 불구하고 일하겠다고 주장한다.
quedar en	~에 동의하다	**Quedamos en** vernos en la oficina para hablar sobre mi contrato. 우리는 내 계약에 대해 말하기 위해 사무실에서 만나기로 했다.
tardar en	~하는 데 시간이 걸리다	Yo **tardé** media hora **en** llegar. 나는 도착하는데 반 시간이 걸렸다.
convertirse en	~(으)로 바뀌다	Trabajó mucho para **convertirse en** el mejor alumno. 그는 최고의 학생으로 바뀌기 위해 많이 노력했다.
empeñarse en	~을/를 고집하다	Juan **se empeñó en** irse a trabajar al extranjero. 후안은 외국에 일하러 나가겠다고 고집을 피웠다.

(6) '전치사 por + 명사/동사 원형'을 쓰는 동사

entusiasmarse por	열광하다	**Me entusiasmé por** Barcelona y decidí quedarme. 나는 바르셀로나에 열광하여 남아 있기로 결정했다.
preocuparse por	걱정하다	No **te preocupes por** ella. 너 그녀 걱정은 하지 마.

(7) 기타 재귀 동사

aburrirse	지루해하다	**Me aburro** muchísimo en la clase de historia. 나는 역사 시간이 많이 지겹다.
asustarse	놀라다	**Nos asustamos** muchísimo con la explosión de la bomba. 우리는 폭탄이 폭발하는 소리에 많이 놀랐다.
cansarse	피곤해지다	**Me canso** mucho de leer sin gafas. 안경 없이 읽으면 쉽게 피로해진다.
divertirse	즐겁게 보내다	Los niños **se divirtieron** en el parque de atracciones. 아이들은 놀이동산에서 즐겁게 보냈다.
dormirse	잠들어버리다	El programa era tan aburrido que **me dormí**. 그 프로그램이 너무 지루해서 나는 잠이 들고 말았다.
enfadarse	화나다	Clara y Óscar **se enfadaron** y ya no salen juntos. 클라라와 오스카는 서로에게 화가 나서 이제 데이트하지 않는다.
entristecerse	슬퍼하다	**Me entristezco** por el hecho de que no te volveré a ver. 너를 내가 다시 볼 수 없다는 사실이 나를 슬프게 한다.
equivocarse	착각하다	Creo que **te equivocas**; mi hija nunca haría tal cosa. 내 생각에 네가 착각한 것 같다. 내 딸이 그런 일을 절대 할 리가 없다.
esforzarse	노력하다	Tendrás que **esforzarte** más si quieres ser médica. 네가 의사가 되고 싶다면 더 노력해야 한다.
hacerse	~하게 되다	Su sueño era **hacerse** dentista. 그의 꿈은 치과 의사가 되는 것이었다.
mudarse	이사하다	**Me he mudado** cuatro veces hasta ahora. 지금까지 나는 이사를 4번 했다.
quedarse	머물다	Nuestros primos **se quedaron** con nosotros durante la Navidad. 우리 사촌들은 크리스마스 때 우리와 함께 지냈다.
resfriarse	감기 걸리다	**Me resfriaba** con frecuencia cuando era pequeña. 나는 어릴 때 감기에 자주 걸리곤 했다.
sorprenderse	놀라다	**Me sorprendí** cuando me propuso matrimonio. 나는 그가 청혼했을 때 놀랐다.

2. 전치사 숙어

a causa de	~ 때문에	Mi papá perdió todo su dinero **a causa de** la crisis económica. 우리 아빠는 경제 위기 때문에 모든 돈을 잃으셨다.
a eso de	~ 경에	Los invitados llegaron **a eso de** las nueve de la noche. 초대된 사람들은 밤 9시경에 도착했다.
a favor de	~에 찬성하여	Muchas personas votaron **a favor de** la ley. 많은 사람들이 그 법에 찬성하는 투표를 했다.
a fin de	~하기 위하여	Expone tus ideas **a fin de** evitar confusiones. 혼선을 없애기 위해서 너의 생각을 표명해라.
a lo largo de	~을/를 따라서	**A lo largo de** su vida, se esforzó por cumplir su palabra. 그는 그의 삶 동안 그의 말을 지키려고 노력했다.
a pesar de	~임에도 불구하고	Llegué a tiempo **a pesar del** tráfico. 교통 체증에도 불구하고 나는 제시간에 도착했다.
a principios de	~ 초순에	Me mudé a Francia **a principios de** mayo. 5월 초에 나는 프랑스로 이사했다.
a mediados de	~ 중순에	El poeta nació **a mediados del** siglo XIX. 그 시인은 19세기 중반에 태어났다.
a finales de	~ 말경에	**A finales de** este mes se celebra el Día mundial sin tabaco. 이달 말에 세계 담배 없는 날을 기념한다.
acerca de	~에 대하여	Leí un libro **acerca de** la Guerra de Corea. 나는 6.25 전쟁에 대한 책을 한 권 읽었다.
además de	~에 덧붙여	**Además de** historia, el profesor Martínez enseña filosofía y teología. 마르티네스 교수님은 역사 이외에 철학과 신학도 가르치신다.
alrededor de	~의 주위에	La Tierra da una vuelta **alrededor del** Sol cada 365 días. 지구는 365일마다 태양 주위를 한 바퀴 돈다.
antes de	~전에	**Antes de** crear la compañía, tienen que conseguir un préstamo. 회사를 설립하기 전에 대출을 받아야 합니다.
debido a	~ 때문에	Se ha cancelado el evento **debido a** la lluvia. 비 때문에 행사가 취소되었습니다.
después de	~후에	**Después de** las elecciones hubo protestas en la calle. 선거 후 거리에는 항의 시위가 있었다.
en contra de	~에 반대하여	Muchas personas votaron **en contra de** la ley. 많은 사람들이 그 법에 반대하는 투표를 했다.
en cuanto a	~에 대해서	Todos estamos de acuerdo **en cuanto a** ese aspecto. 우리 모두는 그 점에 대해서는 동의한다.

en lugar de / en vez de	~ 대신에	¿Por qué no nos echas una mano **en lugar de** quejarte tanto? 너 그렇게 불평하는 대신 우리를 좀 도와주면 어떨까? Esto significa imponer obstáculos **en vez de** soluciones. 이것은 해결책 대신에 장애물을 놓는 것을 의미한다.
gracias a	~ 덕분에	La casa tiene un ambiente acogedor **gracias a** sus muebles cómodos. 그 집은 편안한 가구 덕분에 분위기가 아늑하다.
respecto a	~에 대하여	Me gustaría expresar mi respaldo **respecto a** este informe. 이 보고서에 대한 나의 지지를 표명하고 싶다.
pese a	~임에도 불구하고	**Pese a** todo, considero que estamos ante una gran oportunidad. 이 모든 것에도 불구하고 나는 우리가 정말 좋은 기회 앞에 있다고 생각한다.
por medio de	~을/를 통하여	Los resultados del experimento se analizan **por medio de** técnicas estadísticas. 실험 결과는 통계 처리를 통해 분석된다.

3. 부사 숙어

a mano	손으로, 수기로	Se hacen los sombreros **a mano**. 모자들은 수공예로 만들어진다.
a menudo	자주	Visitamos a nuestra familia en Estados Unidos muy **a menudo**. 우리는 미국에 있는 우리 가족을 자주 방문한다.
a pie	걸어서	Yo vengo a la facultad **a pie**. 나는 학교에 걸어서 온다.
a propósito	일부러, 고의로	Ya sé que no rompieron el jarrón **a propósito**, pero por favor tengan más cuidado. 당신들이 일부러 물동이를 깨지 않았다는 것을 알아요. 하지만 좀 더 조심하세요.
a tiempo	정시에	Sebastián siempre llega **a tiempo**. 세바스티안은 항상 정시에 도착한다.
al contado	현금으로	Yo siempre prefiero pagar **al contado**. 나는 항상 현금으로 지불하는 것을 선호한다.
al contrario	반대로	**Al contrario**, lo pasé muy bien. 반대로 나는 아주 즐겁게 잘 지냈다.
al mismo tiempo / a la vez	동시에	No sé cómo puedes trabajar y escuchar música **al mismo tiempo**. 나는 어떻게 네가 일하면서 동시에 음악을 들을 수 있는지 모르겠다. Todos hablaron **a la vez**. 모든 사람이 한꺼번에 동시에 얘기했다.
ante todo	무엇보다	**Ante todo** no entren en la zona de obras sin un casco. 무엇보다 헬멧 없이 공사장 구역에 들어가지 마세요.

con frecuencia	자주	¿Tomas café **con frecuencia**? 너는 자주 커피를 마시니?
con retraso	지연되어	Llovía mucho y el partido empezó **con retraso**. 비가 많이 와서 경기가 지연되어 시작했다.
de antemano	미리	**De antemano**, les pido disculpas por cualquier molestia. 미리 불편하게 해 드린 점에 대해 양해를 구합니다.
de buena gana	기꺼이	Hicimos el trabajo **de buena gana**. 우리는 기꺼이 그 일을 했다.
de nuevo	다시	Has cocinado una cena deliciosa **de nuevo**, mi amor. 다시 맛있는 저녁을 준비했네요, 내 사랑.
de prisa / deprisa	서둘러	Si hablas tan **deprisa**, no puedo comprenderte. 네가 그렇게 빨리 말하면, 나는 네 말을 이해할 수가 없어.
de pronto	갑자기	Estábamos viendo una película y **de pronto** se fue la luz. 우리는 영화를 보고 있었는데, 갑자기 불이 나갔어.
de regreso	돌아오는 길에	**De regreso** pasaré por tu oficina. 돌아오는 길에 네 사무실에 들를게.
de repente	갑자기	Estaba caminando a la escuela cuando **de repente** comenzó a llover. 갑자기 비가 오기 시작했을 때 그는 학교로 걸어가고 있었다.
de todos modos	어쨌든	No podremos asistir, pero gracias por la invitación **de todos modos**. 우리는 참석할 수 없을 것 같습니다. 하지만 어쨌든 초대에 감사합니다.
de vez en cuando	때때로	Riega las plantas **de vez en cuando** para que no se mueran. 화초가 죽지 않게 가끔 물을 주어라.
de viaje	여행 중	El jefe no viene hoy, está **de viaje**. 사장님 오늘 출근을 안 하신다. 여행 중이시다.
en cambio	반면에	Roberto estaba tranquilo. Cristina, **en cambio**, estaba muy nerviosa. 로베르토는 침착했다. 반면에 크리스티나는 매우 긴장했다.
en seguida / ensegudia	즉시	Tenemos que salir **en seguida** o perderemos el vuelo. 우리는 즉시 나가야 해요. 아니면 비행기를 놓칠 거예요.
no obstante	그럼에도 불구하고	Es un negocio arriesgado, **no obstante**, tengo que intentarlo. 위험이 있는 사업이다. 그럼에도 불구하고 나는 시도해 보아야 한다.
para siempre	영원히	Nada es **para siempre**. 아무것도 영원하지 않다.

poco a poco	조금씩 조금씩	La catedral fue construida **poco a poco** a lo largo de los siglos. 대성당은 몇 세기에 걸쳐 조금씩 조금씩 건축되었다.
por desgracia	불행히도	**Por desgracia**, muchos niños pasan hambre en África. 불행히도 아프리카의 많은 아이들이 배고픔을 겪는다.
por ejemplo	예컨대	Hay muchas playas cerca de aquí, **por ejemplo**, Ixtapa y Acapulco. 이 근처에는 이스타파와 아카풀코 해변 같은 많은 해변이 있다.
por fin	결국	**Por fin** encontré las llaves del coche. Estaban en mi bolsillo. 결국 차 열쇠를 찾았다. 내 호주머니 속에 있었다.
por lo general	일반적으로	**Por lo general**, voy a trabajar a pie. 일반적으로 나는 걸어서 직장에 간다.
por lo menos	적어도	Hemos dormido **por lo menos** doce horas. 우리는 적어도 12시간을 잤다.
por poco	거의	**Por poco** me caí cuando bajé por la escalera. 계단을 내려오다가 거의 넘어질 뻔했다.
por primera vez	처음으로	**Por primera vez** en mi vida, estoy haciendo lo que quiero hacer. 내 인생 처음으로 내가 하고 싶은 일을 하고 있다.
por si acaso	혹시 모르니까	Es buena idea llevar dinero en efectivo para el viaje, **por si acaso**. 여행갈 때 혹시 모르니까 현금을 가져가는 것은 좋은 생각이다.
por suerte	운좋게	**Por suerte**, se escapó de la cárcel. 그는 운 좋게 감옥에서 탈출했다.
por supuesto	당연히	**Por supuesto**, esas negociaciones no van a ser fáciles. 물론 그런 협상은 쉽지 않을 거다.
sin embargo	그럼에도 불구하고	El fontanero nunca llega a tiempo. **Sin embargo**, hace un buen trabajo. 그 배관공은 제시간에 온 적이 없다. 그럼에도 불구하고 일은 잘한다.
sobre todo	특히	Se trata, **sobre todo**, de una cuestión de justicia social. 이것은 특히 사회 정의에 대한 문제를 다룬다.

III 동사 변화표 (Conjugación verbal)

규칙 동사 (Verbos regulares)

동사 원형 현재 분사 과거 분사	직설법		
	현재	완료 과거	불완료 과거
hablar 말하다 hablando hablado	hablo hablas habla hablamos habláis hablan	hablé hablaste habló hablamos hablasteis hablaron	hablaba hablabas hablaba hablábamos hablabais hablaban
comer 먹다 comiendo comido	como comes come comemos coméis comen	comí comiste comió comimos comisteis comieron	comía comías comía comíamos comíais comían
vivir 살다 viviendo vivido	vivo vives vive vivimos vivís viven	viví viviste vivió vivimos vivisteis vivieron	vivía vivías vivía vivíamos vivíais vivían

불규칙 동사 (Verbos irregulares)

동사 원형 현재 분사 과거 분사	직설법		
	현재	완료 과거	불완료 과거
andar 걷다 andando andado	ando andas anda andamos andáis andan	anduve anduviste anduvo anduvimos anduvisteis anduvieron	andaba andabas andaba andábamos andabais andaban
almorzar 점심 먹다 almorzando almorzado	almuerzo almuerzas almuerza almorzamos almorzáis almuerzan	almorcé almorzaste almorzó almorzamos almorzasteis almorzaron	almorzaba almorzabas almorzaba almorzábamos almorzabais almorzaban

직설법		접속법		명령형
단순 미래	가정 미래	현재	과거	
hablaré	hablaría	hable	hablara	×
hablarás	hablarías	hables	hablaras	habla
hablará	hablaría	hable	hablara	hable
hablaremos	hablaríamos	hablemos	habláramos	hablemos
hablaréis	hablaríais	habléis	hablarais	hablad
hablarán	hablarían	hablen	hablaran	hablen
comeré	comería	coma	comiera	×
comerás	comerías	comas	comieras	come
comerá	comería	coma	comiera	coma
comeremos	comeríamos	comamos	comiéramos	comamos
comeréis	comeríais	comáis	comierais	comed
comerán	comerían	coman	comieran	coman
viviré	viviría	viva	viviera	×
vivirás	vivirías	vivas	vivieras	vive
vivirá	viviría	viva	viviera	viva
viviremos	viviríamos	vivamos	viviéramos	vivamos
viviréis	viviríais	viváis	vivierais	vivid
vivirán	vivirían	vivan	vivieran	vivan

직설법		접속법		명령형
단순 미래	가정 미래	현재	과거	
andaré	andaría	ande	anduviera	×
andarás	andarías	andes	anduvieras	anda
andará	andaría	ande	anduviera	ande
andaremos	andaríamos	andemos	anduviéramos	andemos
andaréis	andaríais	andéis	anduvierais	andad
andarán	andarían	anden	anduvieran	anden
almorzaré	almorzaría	almuerce	almorzara	×
almorzarás	almorzarías	almuerces	almorzaras	almuerza
almorzará	almorzaría	almuerce	almorzara	almuerce
almorzaremos	almorzaríamos	almorcemos	almorzáramos	almorcemos
almorzaréis	almorzaríais	almorcéis	almorzarais	almorzad
almorzarán	almorzarían	almuercen	almorzaran	almuercen

동사 원형 현재 분사 과거 분사	직설법		
	현재	완료 과거	불완료 과거
buscar 찾다 buscando buscado	busco buscas busca buscamos buscáis buscan	busqué buscaste buscó buscamos buscasteis buscaron	buscaba buscabas buscaba buscábamos buscabais buscaban
caer 넘어지다 cayendo caído	caigo caes cae caemos caéis caen	caí caíste cayó caímos caísteis cayeron	caía caías caía caíamos caíais caían
comenzar 시작하다 comenzando comenzado	comienzo comienzas comienza comenzamos comenzáis comienzan	comencé comenzaste comenzó comenzamos comenzasteis comenzaron	comenzaba comenzabas comenzaba comenzábamos comenzabais comenzaban
conocer 알다 conociendo conocido	conozco conoces conoce conocemos conocéis conocen	conocí conociste conoció conocimos conocisteis conocieron	conocía conocías conocía conocíamos conocíais conocían
creer 믿다 creyendo creído	creo crees cree creemos creéis creen	creí creíste creyó creímos creísteis creyeron	creía creías creía creíamos creíais creían
dar 주다 dando dado	doy das da damos dais dan	di diste dio dimos disteis dieron	daba dabas daba dábamos dabais daban

직설법		접속법		명령형
단순 미래	가정 미래	현재	과거	
buscaré	buscaría	busque	buscara	×
buscarás	buscarías	busques	buscaras	busca
buscará	buscaría	busque	buscara	busque
buscaremos	buscaríamos	busquemos	buscáramos	busquemos
buscaréis	buscaríais	busquéis	buscarais	buscad
buscarán	buscarían	busquen	buscaran	busquen
caeré	caería	caiga	cayera	×
caerás	caerías	caigas	cayeras	cae
caerá	caería	caiga	cayera	caiga
caeremos	caeríamos	caigamos	cayéramos	caigamos
caeréis	caeríais	caigáis	cayerais	caed
caerán	caerían	caigan	cayeran	caigan
comenzaré	comenzaría	comience	comenzara	×
comenzarás	comenzarías	comiences	comenzaras	comienza
comenzará	comenzaría	comience	comenzara	comience
comenzaremos	comenzaríamos	comencemos	comenzáramos	comencemos
comenzaréis	comenzaríais	comencéis	comenzarais	comenzad
comenzarán	comenzarían	comiencen	comenzaran	comiencen
conoceré	conocería	conozca	conociera	×
conocerás	conocerías	conozcas	conocieras	conoce
conocerá	conocería	conozca	conociera	conozca
conoceremos	conoceríamos	conozcamos	conociéramos	conozcamos
conoceréis	conoceríais	conozcáis	conocierais	conoced
conocerán	conocerían	conozcan	conocieran	conozcan
creeré	creería	crea	creyera	×
creerás	creerías	creas	creyeras	cree
creerá	creería	crea	creyera	crea
creeremos	creeríamos	creamos	creyéramos	creamos
creeréis	creeríais	creáis	creyerais	creed
creerán	creerían	crean	creyeran	crean
daré	daría	dé	diera	×
darás	darías	des	dieras	da
dará	daría	dé	diera	dé
daremos	daríamos	demos	diéramos	demos
daréis	daríais	deis	dierais	dad
darán	darían	den	dieran	den

동사 원형 현재 분사 과거 분사	직설법		
	현재	완료 과거	불완료 과거
decir 말하다 diciendo dicho	digo dices dice decimos decís dicen	dije dijiste dijo dijimos dijisteis dijeron	decía decías decía decíamos decíais decían
despertar 깨우다 despertando despertado	despierto despiertas despierta despertamos despertáis despiertan	desperté despertaste despertó despertamos despertasteis despertaron	despertaba despertabas despertaba despertábamos despertabais despertaban
dormir 자다 durmiendo dormido	duermo duermes duerme dormimos dormís duermen	dormí dormiste durmió dormimos dormisteis durmieron	dormía dormías dormía dormíamos dormíais dormían
empezar 시작하다 empezando empezado	empiezo empiezas empieza empezamos empezáis empiezan	empecé empezaste empezó empezamos empezasteis empezaron	empezaba empezabas empezaba empezábamos empezabais empezaban
encontrar 찾아내다 encontrando encontrado	encuentro encuentras encuentra encontramos encontráis encuentran	encontré encontraste encontró encontramos encontrasteis encontraron	encontraba encontrabas encontraba encontrábamos encontrabais encontraban
entender 이해하다 entendiendo entendido	entiendo entiendes entiende entendemos entendéis entienden	entendí entendiste entendió entendimos entendisteis entendieron	entendía entendías entendía entendíamos entendíais entendían

직설법		접속법		명령형
단순 미래	가정 미래	현재	과거	
diré dirás dirá diremos diréis dirán	diría dirías diría diríamos diríais dirían	diga digas diga digamos digáis digan	dijera dijeras dijera dijéramos dijerais dijeran	× di diga digamos decid digan
despertaré despertarás despertará despertaremos despertaréis despertarán	despertaría despertarías despertaría despertaríamos despertaríais despertarían	despierte despiertes despierte despertemos despertéis despierten	despertara despertaras despertara despertáramos despertarais despertaran	× despierta despierte despertemos despertad despierten
dormiré dormirás dormirá dormiremos dormiréis dormirán	dormiría dormirías dormiría dormiríamos dormiríais dormirían	duerma duermas duerma durmamos durmáis duerman	durmiera durmieras durmiera durmiéramos durmierais durmieran	× duerme duerma durmamos dormid duerman
empezaré empezarás empezará empezaremos empezaréis empezarán	empezaría empezarías empezaría empezaríamos empezaríais empezarían	empiece empieces empiece empecemos empecéis empiecen	empezara empezaras empezara empezáramos empezarais empezaran	× empieza empiece empecemos empezad empiecen
encontraré encontrarás encontrará encontraremos encontraréis encontrarán	encontraría encontrarías encontraría encontraríamos encontraríais encontrarían	encuentre encuentres encuentre encontremos encontréis encuentren	encontrara encontraras encontrara encontráramos encontrarais encontraran	× encuentra encuentre encontremos encontrad encuentren
entenderé entenderás entenderá entenderemos entenderéis entenderán	entendería entenderías entendería entenderíamos entenderíais entenderían	entienda entiendas entienda entendamos entendáis entiendan	entendiera entendieras entendiera entendiéramos entendierais entendieran	× entiende entienda entendamos entended entiendan

동사 원형 현재 분사 과거 분사	직설법		
	현재	완료 과거	불완료 과거
estar 있다 estando estado	estoy estás está estamos estáis están	estuve estuviste estuvo estuvimos estuvisteis estuvieron	estaba estabas estaba estábamos estabais estaban
haber 조동사 habiendo habido	he has ha / hay hemos habéis han	hube hubiste hubo hubimos hubisteis hubieron	había habías había habíamos habíais habían
hacer 하다 haciendo hecho	hago haces hace hacemos hacéis hacen	hice hiciste hizo hicimos hicisteis hicieron	hacía hacías hacía hacíamos hacíais hacían
ir 가다 yendo ido	voy vas va vamos vais van	fui fuiste fue fuimos fuisteis fueron	iba ibas iba íbamos ibais iban
jugar 놀다 jugando jugado	juego juegas juega jugamos jugáis juegan	jugué jugaste jugó jugamos jugasteis jugaron	jugaba jugabas jugaba jugábamos jugabais jugaban
leer 읽다 leyendo leído	leo lees lee leemos leéis leen	leí leíste leyó leímos leísteis leyeron	leía leías leía leíamos leíais leían

직설법		접속법		명령형
단순 미래	가정 미래	현재	과거	
estaré estarás estará estaremos estaréis estarán	estaría estarías estaría estaríamos estaríais estarían	esté estés esté estemos estéis estén	estuviera estuvieras estuviera estuviéramos estuvierais estuvieran	× está esté estemos estad estén
habré habrás habrá habremos habréis habrán	habría habrías habría habríamos habríais habrían	haya hayas haya hayamos hayáis hayan	hubiera hubieras hubiera hubiéramos hubierais hubieran	× ha haya hayamos habed hayan
haré harás hará haremos haréis harán	haría harías haría haríamos haríais harían	haga hagas haga hagamos hagáis hagan	hiciera hicieras hiciera hiciéramos hicierais hicieran	× haz haga hagamos haced hagan
iré irás irá iremos iréis irán	iría irías iría iríamos iríais irían	vaya vayas vaya vayamos vayáis vayan	fuera fueras fuera fuéramos fuerais fueran	× ve vaya vayamos id vayan
jugaré jugarás jugará jugaremos jugaréis jugarán	jugaría jugarías jugaría jugaríamos jugaríais jugarían	juegue juegues juegue juguemos juguéis jueguen	jugara jugaras jugara jugáramos jugarais jugaran	× juega juegue juguemos jugad jueguen
leeré leerás leerá leeremos leeréis leerán	leería leerías leería leeríamos leeríais leerían	lea leas lea leamos leáis lean	leyera leyeras leyera leyéramos leyerais leyera	× lee lea leamos leed lean

동사 원형 현재 분사 과거 분사	직설법		
	현재	완료 과거	불완료 과거
llegar 도착하다 llegando llegado	llego llegas llega llegamos llegáis llegan	llegué llegaste llegó llegamos llegasteis llegaron	llegaba llegabas llegaba llegábamos llegabais llegaban
morir 죽다 muriendo muerto	muero mueres muere morimos morís mueren	morí moriste murió morimos moristeis murieron	moría morías moría moríamos moríais morían
oír 듣다 oyendo oído	oigo oyes oye oímos oís oyen	oí oíste oyó oímos oísteis oyeron	oía oías oía oíamos oíais oían
pedir 요청하다 pidiendo pedido	pido pides pide pedimos pedís piden	pedí pediste pidió pedimos pedisteis pidieron	pedía pedías pedía pedíamos pedíais pedían
pensar 생각하다 pensando pensado	pienso piensas piensa pensamos pensáis piensan	pensé pensaste pensó pensamos pensasteis pensaron	pensaba pensabas pensaba pensábamos pensabais pensaban
perder 잃다 perdiendo perdido	pierdo pierdes pierde perdemos perdéis pierden	perdí perdiste perdió perdimos perdisteis perdieron	perdía perdías perdía perdíamos perdíais perdían

직설법		접속법		명령형
단순 미래	가정 미래	현재	과거	
llegaré	llegaría	llegue	llegara	×
llegarás	llegarías	llegues	llegaras	llega
llegará	llegaría	llegue	llegara	llegue
llegaremos	llegaríamos	lleguemos	llegáramos	lleguemos
llegaréis	llegaríais	lleguéis	llegarais	llegad
llegarán	llegarían	lleguen	llegaran	lleguen
moriré	moriría	muera	muriera	×
morirás	morirías	mueras	murieras	muere
morirá	moriría	muera	muriera	muera
moriremos	moriríamos	muramos	muriéramos	muramos
moriréis	moriríais	muráis	murierais	morid
morirán	morirían	mueran	murieran	mueran
oiré	oiría	oiga	oyera	×
oirás	oirías	oigas	oyeras	oye
oirá	oiría	oiga	oyera	oiga
oiremos	oiríamos	oigamos	oyéramos	oigamos
oiréis	oiríais	oigáis	oyerais	oíd
oirán	oirían	oigan	oyeran	oigan
pediré	pediría	pida	pidiera	×
pedirás	pedirías	pidas	pidieras	pide
pedirá	pediría	pida	pidiera	pida
pediremos	pediríamos	pidamos	pidiéramos	pidamos
pediréis	pediríais	pidáis	pidierais	pedid
pedirán	pedirían	pidan	pidieran	pidan
pensaré	pensaría	piense	pensara	×
pensarás	pensarías	pienses	pensaras	piensa
pensará	pensaría	piense	pensara	piense
pensaremos	pensaríamos	pensemos	pensáramos	pensemos
pensaréis	pensaríais	penséis	pensarais	pensad
pensarán	pensarían	piensen	pensaran	piensen
perderé	perdería	pierda	perdiera	×
perderás	perderías	pierdas	perdieras	pierde
perderá	perdería	pierda	perdiera	pierda
perderemos	perderíamos	perdamos	perdiéramos	perdamos
perderéis	perderíais	perdáis	perdierais	perded
perderán	perderían	pierdan	perdieran	pierdan

동사 원형 현재 분사 과거 분사	직설법		
	현재	완료 과거	불완료 과거
poder 할 수 있다 pudiendo podido	puedo puedes puede podemos podéis pueden	pude pudiste pudo pudimos pudisteis pudieron	podía podías podía podíamos podíais podían
poner 놓다 poniendo puesto	pongo pones pone ponemos ponéis ponen	puse pusiste puso pusimos pusisteis pusieron	ponía ponías ponía poníamos poníais ponían
preferir 선호하다 prefiriendo preferido	prefiero prefieres prefiere preferimos preferís prefieren	preferí preferiste prefirió preferimos preferisteis prefirieron	prefería preferías prefería preferíamos preferíais preferían
querer 좋아하다 queriendo querido	quiero quieres quiere queremos queréis quieren	quise quisiste quiso quisimos quisisteis quisieron	quería querías quería queríamos queríais querían
repetir 반복하다 repitiendo repetido	repito repites repite repetimos repetís repiten	repetí repetiste repitió repetimos repetisteis repitieron	repetía repetías repetía repetíamos repetíais repetían
saber 알다 sabiendo sabido	sé sabes sabe sabemos sabéis saben	supe supiste supo supimos supisteis supieron	sabía sabías sabía sabíamos sabíais sabían

직설법		접속법		명령형
단순 미래	가정 미래	현재	과거	
podré	podría	pueda	pudiera	×
podrás	podrías	puedas	pudieras	puede
podrá	podría	pueda	pudiera	pueda
podremos	podríamos	podamos	pudiéramos	podamos
podréis	podríais	podáis	pudierais	poded
podrán	podrían	puedan	pudieran	puedan
pondré	pondría	ponga	pusiera	×
pondrás	pondrías	pongas	pusieras	pon
pondrá	pondría	ponga	pusiera	ponga
pondremos	pondríamos	pongamos	pusiéramos	pongamos
pondréis	pondríais	pongáis	pusierais	poned
pondrán	pondrían	pongan	pusieran	pongan
preferiré	preferiría	prefiera	prefiriera	×
preferirás	preferirías	prefieras	prefirieras	prefiere
preferirá	preferiría	prefiera	prefiriera	prefiera
preferiremos	preferiríamos	prefiramos	prefiriéramos	prefiramos
preferiréis	preferiríais	prefiráis	prefirierais	preferid
preferirán	preferirían	prefieran	prefirieran	prefieran
querré	querría	quiera	quisiera	×
querrás	querrías	quieras	quisieras	quiere
querrá	querría	quiera	quisiera	quiera
querremos	querríamos	queramos	quisiéramos	queramos
querréis	querríais	queráis	quisierais	quered
querrán	querrían	quieran	quisieran	quieran
repetiré	repetiría	repita	repitiera	×
repetirás	repetirías	repitas	repitieras	repite
repetirá	repetiría	repita	repitiera	repita
repetiremos	repetiríamos	repitamos	repitiéramos	repitamos
repetiréis	repetiríais	repitáis	repitierais	repetid
repetirán	repetirían	repitan	repitieran	repitan
sabré	sabría	sepa	supiera	×
sabrás	sabrías	sepas	supieras	sabe
sabrá	sabría	sepa	supiera	sepa
sabremos	sabríamos	sepamos	supiéramos	sepamos
sabréis	sabríais	sepáis	supierais	sabed
sabrán	sabrían	sepan	supieran	sepan

동사 원형 현재 분사 과거 분사	직설법		
	현재	완료 과거	불완료 과거
salir 나가다 saliendo salido	salgo sales sale salimos salís salen	salí saliste salió salimos salisteis salieron	salía salías salía salíamos salíais salían
seguir 계속하다 siguiendo seguido	sigo sigues sigue seguimos seguís siguen	seguí seguiste siguió seguimos seguisteis siguieron	seguía seguías seguía seguíamos seguíais seguían
sentar 앉히다 sentando sentado	siento sientas sienta sentamos sentáis sientan	senté sentaste sentó sentamos sentasteis sentaron	sentaba sentabas sentaba sentábamos sentabais sentaban
sentir 느끼다 sintiendo sentido	siento sientes siente sentimos sentís sienten	sentí sentiste sintió sentimos sentisteis sintieron	sentía sentías sentía sentíamos sentíais sentían
ser ~이다 siendo sido	soy eres es somos sois son	fui fuiste fue fuimos fuisteis fueron	era eras era éramos erais eran
servir 서빙하다 sirviendo servido	sirvo sirves sirve servimos servís sirven	serví serviste sirvió servimos servisteis sirvieron	servía servías servía servíamos servíais servían

	직설법		접속법		명령형
	단순 미래	가정 미래	현재	과거	
	saldré saldrás saldrá saldremos saldréis saldrán	saldría saldrías saldría saldríamos saldríais saldrían	salga salgas salga salgamos salgáis salgan	saliera salieras saliera saliéramos salierais salieran	× sal salga salgamos salid salgan
	seguiré seguirás seguirá seguiremos seguiréis seguirán	seguiría seguirías seguiría seguiríamos seguiríais seguirían	siga sigas siga sigamos sigáis sigan	siguiera siguieras siguiera siguiéramos siguierais siguieran	× sigue siga sigamos seguid sigan
	sentaré sentarás sentará sentaremos sentaréis sentarán	sentaría sentarías sentaría sentaríamos sentaríais sentarían	siente sientes siente sentemos sentéis sienten	sentara sentaras sentara sentáramos sentarais sentaran	× sienta siente sentemos sentad sienten
	sentiré sentirás sentirá sentiremos sentiréis sentirán	sentiría sentirías sentiría sentiríamos sentiríais sentirían	sienta sientas sienta sintamos sintáis sientan	sintiera sintieras sintiera sintiéramos sintierais sintieran	× siente sienta sintamos sentid sientan
	seré serás será seremos seréis serán	sería serías sería seríamos seríais serían	sea seas sea seamos seáis sean	fuera fueras fuera fuéramos fuerais fueran	× sé sea seamos sed sean
	serviré servirás servirá serviremos serviréis servirán	serviría servirías serviría serviríamos serviríais servirían	sirva sirvas sirva sirvamos sirváis sirvan	sirviera sirvieras sirviera sirviéramos sirvierais sirvieran	× sirve sirva sirvamos servid sirvan

동사 원형 현재 분사 과거 분사	직설법		
	현재	완료 과거	불완료 과거
tener 가지다 teniendo tenido	tengo tienes tiene tenemos tenéis tienen	tuve tuviste tuvo tuvimos tuvisteis tuvieron	tenía tenías tenía teníamos teníais tenían
tocar 만지다 tocando tocado	toco tocas toca tocamos tocáis tocan	toqué tocaste tocó tocamos tocasteis tocaron	tocaba tocabas tocaba tocábamos tocabais tocaban
traer 가져오다 trayendo traído	traigo traes trae traemos traéis traen	traje trajiste trajo trajimos trajisteis trajeron	traía traías traía traíamos traíais traían
venir 오다 viniendo venido	vengo vienes viene venimos venís vienen	vine viniste vino vinimos vinisteis vinieron	venía venías venía veníamos veníais venían
ver 보다 viendo visto	veo ves ve vemos veis ven	vi viste vio vimos visteis vieron	veía veías veía veíamos veíais veían
volver 돌아오다 volviendo vuelto	vuelvo vuelves vuelve volvemos volvéis vuelven	volví volviste volvió volvimos volvisteis volvieron	volvía volvías volvía volvíamos volvíais volvían

직설법		접속법		명령형
단순 미래	가정 미래	현재	과거	
tendré tendrás tendrá tendremos tendréis tendrán	tendría tendrías tendría tendríamos tendríais tendrían	tenga tengas tenga tengamos tengáis tengan	tuviera tuvieras tuviera tuviéramos tuvierais tuvieran	× ten tenga tengamos tened tengan
tocaré tocarás tocará tocaremos tocaréis tocarán	tocaría tocarías tocaría tocaríamos tocaríais tocarían	toque toques toque toquemos toquéis toquen	tocara tocaras tocara tocáramos tocarais tocaran	× toca toque toquemos tocad toquen
traeré traerás traerá traeremos traeréis traerán	traería traerías traería traeríamos traeríais traerían	traiga traigas traiga traigamos traigáis traigan	trajera trajeras trajera trajéramos trajerais trajeran	× trae traiga traigamos traed traigan
vendré vendrás vendrá vendremos vendréis vendrán	vendría vendrías vendría vendríamos vendríais vendrían	venga vengas venga vengamos vengáis vengan	viniera vinieras viniera viniéramos vinierais vinieran	× ven venga vengamos venid vengan
veré verás verá veremos veréis verán	vería verías vería veríamos veríais verían	vea veas vea veamos veáis vean	viera vieras viera viéramos vierais vieran	× ve vea veamos ved vean
volveré volverás volverá volveremos volveréis volverán	volvería volverías volvería volveríamos volveríais volverían	vuelva vuelvas vuelva volvamos volváis vuelvan	volviera volvieras volviera volviéramos volvierais volvieran	× vuelve vuelva volvamos volved vuelvan

정답

Parte 1 | 명사구

Unidad 01 명사
p.20

1. (1) f (2) m (3) f (4) f (5) m (6) f
2. (1) cocinera (2) pintora (3) actriz (4) cantante
3. (1) relojes (2) peces (3) habitaciones (4) gatos (5) llaves (6) paraguas

Unidad 02 관사
p.23

1. (1) un (2) una (3) un (4) un (5) una (6) un
2. (1) un (2) × (3) una (4) un (5) ×
3. ③ los calcentines
4. (1) una (2) El (3) El (4) el

Unidad 03 형용사
p.27~28

1. ④ una clase aburrida
2. ① 새로 지은 집
3. (1) alta (2) morenos (3) grandes (4) generosas
4. (1) una periodista francesa
   (2) un cocinero trabajador
   (3) una actriz guapa
   (4) un hombre rubio

5. (1) cubano (2) alemán (3) mexicana (4) italiano (5) estadounidense (6) inglés
6. (1) ⓒ (2) ⓐ (3) ⓓ (4) ⓔ (5) ⓑ

Parte 2 | 현재형

Unidad 04 주격 인칭 대명사와 ser 동사
p.32

1. (1) Él, ella (2) Nosotros (3) Vosotros (4) Ellos (5) Ella
2. ② Nosotros somos católicos.
3. (1) son (2) somos (3) sois (4) es (5) eres

Unidad 05 estar 동사와 hay
p.36

1. (1) Estoy (2) Está (3) Estamos (4) Está (5) Está (6) estamos
2. (1) Corea está en la península coreana. Está cerca de Japón.
   (2) José es de Brasil. Es muy simpático.
   (3) Marta está cansada. Está en casa.
   (4) Nosotras estamos en África ahora.
3. (1) Hay (2) está (3) Hay (4) hay (5) está

Unidad 06 현재형 규칙 동사

p.39

1. (1) ⓓ (2) ⓐ
   (3) ⓑ (4) ⓒ

2. (1) vivo (2) aprende
   (3) abren (4) compráis
   (5) cocina (6) escuchas

3. (1) tomo (2) asisto
   (3) como (4) estudio
   (5) trabajo (6) Llego

Unidad 07 현재형 불규칙 동사

p.43

1. ② vene→viene

2. (1) veo (2) pongo
   (3) digo (4) doy

3. (1) miento (2) sirve
   (3) cierran (4) entendéis
   (5) encuentras

4. (1) termino (2) voy
   (3) hago (4) salgo
   (5) vemos (6) doy
   (7) traen (8) pongo
   (9) charlamos

Unidad 08 conocer 동사와 saber 동사의 구분

p.46

1. ③ conoce → sabe

2. (1) Sabe (2) conoce
   (3) sé (4) Conozco
   (5) sabe (6) saben

3. (1) conduzco (2) ofrecen
   (3) traduzco (4) caben
   (5) agradezco

Parte 3 | 한정사

Unidad 09 수사

p.51

1. (1) doce (2) cincuenta y un
   (3) dos mil (4) cien
   (5) quinientos

2. (1) Enero es el primer mes del año.
   (2) Mi oficina está en la cuarta planta.
   (3) Yo estoy en el tercer curso de bachillerato.
   (4) María fue la primera en llegar.

3. ④ un millón trescientos mil wones.

Unidad 10 소유사

p.54

1. (1) mi (2) nuestros
   (3) Sus (4) vuestras

2. (1) la mía (2) suyos
   (3) los nuestros (4) mío

3. ③ Una tía nuestra vive en Canadá.

Unidad 11 지시사

p.57

1. (1) ⓒ (2) ⓐ (3) ⓑ

2. ②

3. ② Allí se ve una casa bonita. Aquella es la casa de Pedro.

4. ③

Unidad 12 부정사

p.60

1. (1) algunos (2) nadie
   (3) algo (4) nada

2. (1) Nadie trabaja en esta oficina.
   (2) Conozco a alguien que habla árabe.
   (3) No tengo ningún amigo extranjero.

(4) Tengo algunos problemas para aprender idiomas.

3 (1) otra (2) todos
  (3) cualquier (4) Cada

2 (1) mí mismo (2) ti
  (3) tú (4) ella

3 ②

4 ①

Parte 4 | 대명사

Unidad 13 직접 목적격 대명사
p.64

1 ②

2 (1) lo (2) Los
  (3) te (4) Os

3 ④ Victoria quiere invitar a sus amigos a la fiesta.
  → Victoria los quiere invitar a la fiesta. /
    Victoria quiere invitarlos a la fiesta.

Unidad 14 간접 목적격 대명사
p.67

1 ② Quiero regalarle una corbata a mi padre.

2 ③

3 (1) Me lo (2) Te lo
  (3) se lo (4) se las

Unidad 15 재귀 대명사
p.71

1 ① Tú te levantas temprano por las mañanas.

2 ③

3 (1) despierta (2) Me levanto
  (3) voy (4) me lavo
  (5) desayunar (6) salgo
  (7) Llego (8) asisto
  (9) Vuelvo (10) ceno
  (11) Me ducho (12) acostarme

Unidad 16 전치격 대명사
p.75

1 ④ ¿Quieres casarte conmigo?

Unidad 17 중성어 lo
p.78

1 ② Me molesta el ruido de la calle.

2 ②

3 (1) ⓒ (2) ⓐ
  (3) ⓓ (4) ⓑ

Parte 5 | 의문문, 부정문, 감탄문

Unidad 18 의문문
p.82

1 (1) Quiere (2) fuman
  (3) Te levantas

2 (1) ⓑ (2) ⓐ (3) ⓒ

3 (1) Dónde (2) Por qué
  (3) Cuánto (4) Qué

Unidad 19 부정문
p.85

1 (1) El inglés no es la lengua oficial de Brasil.
  (2) Mañana no voy a salir con mis amigos.
  (3) Yo no te quiero.
  (4) A mi padre no le gusta el béisbol.

2 ②

3 (1) Sí, vivo con ellos.
  (2) No, no tienen un perro.
  (3) No, no hay mesas.

Unidad 20 감탄문
p.88

1 ③ ¡Cuántos libros tiene Antonio!

2 (1) ⓒ (2) ⓐ (3) ⓓ (4) ⓑ

3 (1) Cómo   (2) Qué
  (3) Cuántos   (4) Qué

Parte 6 | 현재 분사, 과거 분사, 현재 완료

Unidad 21 현재 분사
p.92

1 (1) leyendo   (2) muriendo
  (3) yendo   (4) sirviendo
2 (1) leyendo, dos horas
  (2) limpiando, treinta minutos / media hora
  (3) preparando, cuatro horas y veinte minutos

Unidad 22 과거 분사
p.95

1 (1) dormida   (2) abierta
  (3) acostados   (4) mojada
2 ③ ¿Ya tienes planchada la ropa?

Unidad 23 현재 완료
p.98

1 (1) has hecho   (2) he probado
  (3) se ha enamorado   (4) ha visitado
2 (1) alguna vez   (2) ya
  (3) nunca   (4) Todavía
3 ② Son las once. Pero mi hijo todavía no ha vuelto.

Parte 7 | 완료 과거, 불완료 과거, 과거 완료, 과거 시제 종합

Unidad 24 완료 과거
p.103~104

1 ③ Luis leyó un libro durante una hora antes de acostarse anteayer.
2 (1) cené   (2) limpió
  (3) tocó   (4) llegó

3 (1) saqué   (2) Me levanté   (3) conocí
4 ③ Luis y José me dijeron una mentira ayer.
5 (1) traduje   (2) entregué
  (3) fui   (4) hice
  (5) vi   (6) cociné
  (7) fui
6 (1) pidió   (2) durmió
  (3) estuvieron   (4) murió

Unidad 25 불완료 과거
p.107~108

1 ④ Nosotros éramos felices.
2 (1) era   (2) gustaba
  (3) Sabía   (4) tenía
3 (1) era, vivía   (2) hacía, Nevaba
  (3) dolía   (4) quería
4 ② De pequeño, Sergio iba al río con sus amigos después de las clases.
5 ②
6 (1) dormía   (2) se duchaba
  (3) desayunaba   (4) decía

Unidad 26 완료 과거와 불완료 과거의 비교
p.111

1 (1) fui   (2) nadé
  (3) quería   (4) pasé
2 ③ ¿Cuánto tiempo fuiste presidente del club?
3 (1) estaba, empezó (2) estudiaba, llamó
  (3) tenía, entró   (4) dejé, dolían
  (5) llegaron, había

Unidad 27 과거 완료, 과거 시제 종합
p.116

1 (1) se había levantado
  (2) Hacía
  (3) estaba
  (4) se hizo
2 ③

3 ②

4 (1) tenía   (2) Estaba
  (3) había comprado   (4) bailó

Parte 8	단순 미래, 미래 완료, 가정 미래, 가정 미래 완료

Unidad 28 단순 미래

p.120

1 ② Violeta se pondrá un vestido azul para la fiesta.

2 (1) tendrás   (2) hará
  (3) saldré   (4) prepararemos

3 (1) Estará   (2) Tendrá
  (3) Estará   (4) Habrá

4 (1) será   (2) vivirá
  (3) desaparecerán   (4) deberán

Unidad 29 미래 완료

p.123

1 ③

2 (1) me habré casado
  (2) Habré comprado
  (3) habré aprendido
  (4) habré viajado

3 (1) Habrá bajado   (2) habrá dormido
  (3) Habrá sacado   (4) habrá comprado

Unidad 30 가정 미래

p.127

1 ③ Yo pensaba que Sebastián vendría a la reunión.

2 ③

3 (1) gustaría   (2) encantaría
  (3) viviría   (4) interesa

4 (1) me acostaría   (2) hablaría
  (3) haría   (4) deberías

Unidad 31 가정 미래 완료

p.130

1 ② habrá capturado / capturará

2 ④

3 ②

Parte 9	명령법

Unidad 32 긍정 명령

p.135

1 (1) ten   (2) levántate
  (3) haz   (4) di

2 (1) Tome   (2) Apague
  (3) Conozca   (4) Exprese

3 ① Tú: Sal de aquí.

4 ③

Unidad 33 부정 명령

p.138

1 ④ Tocad eso. ➔ No toquéis eso.

2 ③

3 (1) cuelgue   (2) se vayan
  (3) se preocupe   (4) beba, fume

Parte 10	접속법

Unidad 34 접속법

p.145

1 ② Me molesta que mis amigos lleguen tarde a la cita.

2 (1) ayude   (2) sea
  (3) haya   (4) durmamos

3 (1) comieras   (2) tuvieras
  (3) viviera   (4) se fueran

4 ② Dudo que Marta <u>haya</u> dicho una mentira esta mañana.

Unidad 35 명사절에 쓰인 접속법
p.149

1 (1) guarde   (2) beban
   (3) durmamos   (4) empecéis
2 (1) mienta   (2) se case
   (3) coma   (4) acabe
3 (1) vaya   (2) me quede
   (3) tenga   (4) nos veamos

Unidad 36 Ojalá 소망 구문에 쓰인 접속법
p.153

1 (1) dijeras   (2) ayudáramos
   (3) hubiera   (4) estuviera
   (5) entregaran
2 (1) ⓒ   (2) ⓓ
   (3) ⓐ   (4) ⓑ
3 (1) llueva   (2) probáramos
   (3) leyeras   (4) hubiera salido
   (5) subiera

Unidad 37 부사절에 쓰인 접속법
p.157

1 (1) sea   (2) termina
   (3) oigo   (4) se acostaran
2 ④ <u>Como</u> vayas conmigo, te pago la entrada.
3 ③
4 (1) llegue   (2) estemos
   (3) vieran   (4) terminara

Unidad 38 si 가정 구문에 쓰인 접속법
p.160

1 ③
2 (1) sacáramos   (2) supiera
   (3) pidiéramos   (4) hubiera

3 (1) me hubiera levantado
   (2) hubiera perdido
   (3) me hubiera peleado
   (4) hubiera vuelto

Parte 11 | 간접 화법, 수동 구문, 무인칭의 se와 상호의 se

Unidad 39 간접 화법
p.164

1 ②
2 ④ "¿Has visitado alguna vez Argentina?"
   → Un señor me preguntó si yo <u>había</u> visitado alguna vez Argentina.
3 (1) me divierta   (2) elija
   (3) sea   (4) viajara

Unidad 40 수동 구문
p.167

1 (1) fue descubierta   (2) fue pintado
   (3) fue construida   (4) fueron detenidos
2 (1) se venden   (2) se sirven
   (3) se venden   (4) se saca
3 ②

Unidad 41 무인칭의 se와 상호의 se
p.170

1 (1) ⓒ   (2) ⓓ
   (3) ⓑ   (4) ⓐ
2 ③ (③은 재귀의 se, 나머지는 일반 주어의 se)
3 (1) nos queremos
   (2) se respetan
   (3) nos comprendemos
   (4) se conocen

Parte 12 | 관계사

Unidad 42 관계 대명사
p.176

1. ② Tengo una amiga que vive en México.
2. (1) que (2) quienes
   (3) cuyos (4) en la que
3. ③ Dime lo que quieres hacer para las próximas vacaciones.
4. (1) cuyo (2) que
   (3) quien (4) cual

Unidad 43 관계 부사
p.179

1. ④ Vamos a donde nos mandan.
2. ①
3. (1) cuanto (2) como
   (3) donde (4) cuando

Unidad 44 접속법이 쓰인 관계절
p.182

1. ③ Yo conozco a un hombre que se parece a mi profesor de inglés.
2. (1) quitara (2) podía
   (3) sea (4) durara
3. (1) puedas (2) Llame, llame
   (3) conozcan (4) quieras

Parte 13 | 전치사와 접속사

Unidad 45 전치사
p.188

1. (1) por (2) para
   (3) Para (4) por
2. (1) detrás (2) entre, y
   (3) encima (4) dentro

3. ② Según las noticias, hubo un incendio en el bosque cerca de mi casa.

Unidad 46 접속사
p.194

1. ② como
   (이유의 접속사 como는 문두에만 사용)
2. ③
3. ② Voy a comparar un regalo para mi papá porque mañana es su cumpleaños.
4. (1) ya que (2) desde que
   (3) A pesar de que (4) con tal de que

Parte 14 | 비교급과 최상급, 부사

Unidad 47 우등/열등 비교급
p.198

1. ④ David tiene menos libros que Gloria.
2. ③
3. (1) más (2) mejor
   (3) menor (4) peor

Unidad 48 동등 비교급
p.201

1. (1) tantos (2) tan
   (3) tanto (4) tantas
2. ①
3. ② No tengo tanta paciencia como mi madre.
4. ②

Unidad 49 최상급
p.204

1. (1) Jorge (2) Rodolfo
   (3) Jorge (4) Felipe
2. ② La física es la clase más difícil en este semestre. No entiendo nada.

3 (1) graciosísimo (2) larguísimo
(3) bellísimas (4) felicísima

Unidad 50 부사
p.208

1 ④ Esta máquina detecta errores <u>rápida y</u> <u>precisamente</u>.

2 ②

3 ③

4 ② Va al gimnasio <u>tres</u> veces por <u>semana</u> <u>los lunes, miércoles y viernes</u>.

Parte 15 | 상황별 표현

Unidad 51 시간 표현
p.212

1 ④ Son las cinco <u>menos</u> <u>cuarto</u>.

2 (1) ⓑ (2) ⓒ
(3) ⓐ (4) ⓓ
(5) ⓔ

Unidad 52 날씨와 심신 상태의 표현
p.215

1 (1) ⓒ (2) ⓐ
(3) ⓓ (4) ⓑ

2 ③

3 (1) muchos (2) muy
(3) mucho (4) muy

Unidad 53 의무 표현
p.217

1 (1) Tiene que (2) Tienen que
(3) Tengo que (4) Tiene que

2 ②

3 ② Para tener amigos <u>debe</u> ser amigo primero.

4 ③

Unidad 54 취미, 기호 표현
p.220

1 ② ¿Te <u>gusta</u> cantar y bailar?

2 (1) gusta (2) interesa
(3) duelen (4) molesta

3 (1) A mí, no. (2) A mí, también.
(3) A mí, sí. (4) A mí, tampoco.

Unidad 55 요청, 호의 표현
p.223

1 (1) ⓐ (2) ⓒ (3) ⓑ

2 ①

3 ③

Unidad 56 미래의 계획, 소망 표현
p.226

1 ④

2 ②

3 ④ Enrique <u>va a</u> jugar con su perro después de las clases.

4 ③

Unidad 57 의견 나누기
p.229

1 ②

2 ③ ¿Qué te <u>parecen</u> los estudiantes de esta clase?

3 ②

Unidad 58 충고하기
p.232

1 ③

2 ②

3 (1) ⓑ (2) ⓓ
(3) ⓐ (4) ⓒ

문법 색인 ❶ | 한국어

ㄱ

가정 미래	124
가정 미래 완료	128
가정 미래 완료의 용법	129
가정 미래 완료의 형태	128
가정 미래의 용법	125
가정 미래의 형태: 규칙 동사	124
가정 미래의 형태: 불규칙 동사	125
간접 목적격 대명사	65
간접 목적격 대명사의 쓰임	65
간접 목적격 대명사의 형태	65
간접 화법	162
감정 동사	147
감탄문	86
감탄사를 쓰지 않은 명사구나 평서문	87
결과 구문	190
과거 분사	93
과거 분사의 형태: 규칙형	93
과거 분사의 형태: 불규칙형	94
과거 분사의 용법	94
과거 완료	112, 114
과거 완료의 용법	113
과거 완료의 형태	112
관계 대명사	172
관계 대명사의 용법	172
관계 대명사의 종류	172
관계 부사	177, 181
관계 부사의 용법	178
관계 부사의 형태	177
관사	21
국적 형용사	26
금지	146
긍정 명령	132
긍정 명령형의 형태: 규칙형	133
긍정 명령형의 형태: 불규칙형	133
긍정 명령형 어순	134
긍정 명령형의 용법	132
긍정의 부사	207
기수	48
기호 표현	218

ㄴ

날씨 표현	213

ㄷ

단순 미래	118, 122
단순 미래 형태: 규칙 동사	118
단순 미래 형태: 불규칙 동사	119
단순 미래의 용법	119
달 표현	50
동등 비교급	199
동작 동사의 과거 시제 용법	115

ㅁ

명령	146
명령문 간접 화법	163
명사	18
명사의 성	18
명사의 수	19
명사절에 쓰인 접속법	146
목적 구문	154, 192
목적을 나타내는 접속사	154
무인칭의 se	168
미래 완료	121
미래 완료의 용법	122
미래 완료의 형태	121
미래의 계획 표현	224

ㅂ

방법 부사	206
부가 의문문	81
부사	205
부사절에 쓰인 접속법	154
부정 관사	21
부정 대명사	59
부정 명령	136
부정 명령형의 어순	137
부정 명령형의 용법	136
부정 명령형의 형태: 규칙형	136
부정 명령형의 형태: 불규칙형	137
부정 형용사	59
부정문	83
부정사	58, 181
부정의 부사	207
불완료 과거	105, 110, 114
불완료 과거 용법	106
불완료 과거의 규칙 동사 형태	105
불완료 과거의 불규칙 동사 형태	105
불특정 선행사 + 관계 대명사(que) + 접속법	180
빈도 부사	207

ㅅ

상태 동사의 과거 시제 용법	114
상호의 se	169
생각 동사	148
서수	50
소망	146, 150, 224
소유사	52
수동 구문	165
수동의 se를 쓴 수동 구문	166
수사	48
시간 구문	156, 191
시간 부사	206
시간 접속사	156
시간 표현	210
심신의 상태 표현	214

ㅇ

양보 구문	155, 192
양보 접속사	155
양의 부사	206
역구조 동사	218, 219
열등 비교 규칙형	197
열등 비교급	196
완료 과거	100, 109, 114
완료 과거 불규칙 동사	102
완료 과거의 규칙형	101
완료 과거의 용법	100
요일 표현	207
요청 표현	221
우등 비교 규칙형	196
우등 비교급	196
우등 비교급 불규칙형	197
위치의 합성 전치사	187
의견 나누기	227
의무 표현	216
의문문	80
의문문 간접 화법	163
의문사가 쓰인 의문문	81
의심 동사	148
이유 구문	189
일반 의문문	80

ㅈ

장소 부사	205
재귀 대명사	68
재귀 대명사의 쓰임	68
재귀 대명사의 종류	69
재귀 대명사의 형태	69
전치 형용사	25
전치격 대명사	72
전치격 대명사의 재귀형	73
전치격 대명사의 형태	72
전치사	184
전치형 소유사	53

접속법 과거	143, 159, 163, 222
접속법 과거 완료	129, 144, 150, 151, 152, 159
접속법 불완료 과거	129, 143, 150, 151, 221
접속법 현재	141, 151
접속법 현재 규칙형	141
접속법 현재 불규칙형	142
접속법 현재 완료	144
접속법의 형태	141
접속법이 쓰이는 구문	140
접속법이 쓰인 관계절	180
접속사	189
정관사	22
정도 비교	200
조건 구문	155, 193
조건 접속사	155
주격 인칭 대명사	30
중성 관사 lo	76
중성 대명사 lo	77
중성 지시사	56
중성어 lo	76
증대사	25
지시사	55
직접 목적격 대명사	62
직접 목적격 대명사의 위치	63
직접 목적격 대명사의 형태	63

ㅊ

최상급	202
추측 동사	148
추측의 부사	207
축소사	25
충고	146
충고하기	230
취미 표현	218

ㅍ

판단 동사	147
평서문 간접 화법	162

ㅎ

행위 동사의 과거 시제 용법	115
허락	147
현재 분사	90
현재 분사의 형태: 규칙형	90
현재 분사의 형태: 불규칙형	91
현재 분사의 용법	91
현재 분사의 형태	90
현재 완료	91, 96, 114
현재 완료의 용법	97
현재 완료의 형태	96
현재형 규칙 동사	37
현재형 불규칙 동사	40
형용사	24
형용사에 –mente를 붙여 만든 부사	205, 206
형용사의 성·수	24
호의 표현	222
확신 동사	148
횟수	207
후치 형용사	25
후치형 소유사	53

기타

3인칭 복수형을 사용한 무인칭 구문	169
-ísmo 형태의 최상급	203
Ojalá 소망 구문에 쓰인 접속법	151
ser 동사 수동 구문	165
si 가정 구문	158
si 가정 구문에 쓰인 접속법	158
uno를 주어로 쓴 무인칭 구문	169

문법 색인 ❷ | 스페인어

a

a	184, 211, 219
a eso de	211
a fin de que	154, 192
a la derecha de	187
a la izquierda de	187
a menos que	155, 193, 197
a menudo	207
a mi parecer	228
a no ser que	155, 193
a pesar de	155, 192
a pesar de que	155, 192
a veces	106, 207
abajo	205
acaso	207
aconsejar	146, 230
aconsejar que	230
adelante	205
adentro	205
adjetivos	24
adverbios	205
adverbios relativos	177
afición	218
afuera	205
ahí	56, 205
ahora	206
al final de	187
al lado de	187
allí	56, 205
alrededor de	211
ante	184
antes	106, 206
antes de	191
antes de que	156, 191
apenas	156, 191, 206
apetece	225
aquello	55, 56
aquí	56, 205
arriba	205
artículos	21
artículos definidos	22
artículos indefinidos	21
así	206
así que	190
atrás	205
aumentativos	25
aún	206
aún no	97
aunque	155, 192
ayer	100, 206

b

bajo	185
bastante	206
bien	197, 206
bueno	25, 197, 203

c

cada	59
cada vez que	191
cerca	205
cerca de	187
claro	207
como	74, 155, 177, 181, 185, 189, 193
Cómo	81, 87
como que	159
como si	159

comparativos de igualdad	199
comparativos de superioridad e inferioridad	196
con	73, 185, 206
con (el) objeto de que	154
con (la) intención de que	154
con intención de que	192
con la condición de	155, 193
con la condición de que	155, 193
con objeto de que	192
con tal de que	155, 193
condicional	124
condicional perfecto	128
conjunciones	189
conocer	44
consejos	230
construcciones pasivas	165
continuar	91
contra	185
creer	228
cual	81, 172, 174
cualquier	59
cuando	81, 156, 177, 178, 181, 191
cuanto	177, 178, 181
Cuánto	81, 87
Cuanto más/menos ~, más/menos ~	200
cuyo	172, 175

d

dado que	189
de	185, 211
de ahí que	190
de la mañana	211
de la noche	211
de la tarde	211
de manera que	190

de modo que	190
de vez en cuando	207
debajo	205
debajo de	187
deber	126, 216
debería	231
debido a que	189
decir	162
delante de	187
demasiado	206
demostrativos	55
dentro	205
dentro de	187
deprisa	206
desde	185, 211
desde luego	207
desde que	191
deseo	224
despacio	206
después	206
después de	191
después de que	156, 191
detrás de	187
dice que	162
dijo que	163
diminutivos	25
donde	81, 177, 178, 181
durante	184

e

en caso de	155, 193
en caso de que	155, 193
en cuanto	156, 191
en mi opinión	228
en punto	210
encantaría	225

encima	205	hay que	216
encima de	187	hora	210
enfrente de	187	hoy	206
entonces	206		
entre A y B	187		
Es mejor que	231	**i**	
Es preferible que	231		
eso	56	igual que	200
estar	33, 34, 63, 77, 91, 94, 106, 213	imperativo afirmativo	132
estilo indirecto	162	imperativo negativo	136
esto	56	indefinidos	58
exclamación	86	interrogación	80
		ir a	224

f

favor	221	**j**	
fuera	205	jamás	84, 207
fuera de	187	junto a	187
futuro perfecto	121		
futuro simple	118, 122		

g

		l	
género	18	lejos	205
gerundio	90	lejos de	187
grande	197	llevar	91, 94
gustar	218	lo cual	175
gustaría	225	Lo mejor es que	231
gusto	218	lo que	175, 181

h

		m	
hacia	185	mal	197, 206
hasta	185, 191, 211	malo	197
hasta que	156, 191	mañana	206
hay	34	más	197, 202, 206
		más ~ que	196
		más grande	197

문법 색인 273

más pequeño 197
más que 196
mayor 197, 203
medianoche 211
mediante 185
medio 206
mediodía 211
mejor 197, 203
menor 197, 203
menos 196, 202, 206, 211
menos ~ que 197
menos que 197
mes 50
mientras 193
mientras (que) 156, 191
mismo ~ que 200
muchas veces 207
mucho 197, 206, 214, 219
muy 203, 206, 214

n

nada 59, 219
negación 83
neutro "lo" 76
Ni~ ni~ 84
no sea que 154, 192
No~ ni (~ ni) 84
nombres 18
númerales cardinales 48
númerales ordinales 50
número 19
nunca 84, 207

o

obligaciones 216
Ojalá 150
opinar 228
opiniones 227
oraciones causales 189
oraciones concesivas 155, 192
oraciones condicionales 155, 193
oraciones consecutivas 190
oraciones finales 154, 192
oraciones temporales 156, 191
otro 59

p

para 154, 186
para mí 228
para que 154, 192
parecer 227
participio 93
pensar 224, 228
peor 197, 203
pequeño 197
pese a 155, 192
pese a que 155, 192
petición 221
plan 224
pocas veces 207
poco 206, 219
poder 221
por 185
por (lo) tanto 190
por consiguiente 190
por eso 190
por favor 221
Por qué no 231
porque 189

posesivos ········· 52
pregunta/preguntó ········· 163
pregunta/preguntó si ········· 163
preposiciones ········· 184
presente de indicativo: verbos irregulares ···· 40
presente de indicativo: verbos regulares ···· 37
presente de subjuntivo ········· 141, 151
pretérito imperfecto ········· 105, 110, 114
pretérito imperfecto de subjuntivo
········· 129, 143, 150, 151, 221
pretérito indefinido ········· 100, 109, 114
pretérito perfecto ········· 91, 96, 114
pretérito perfecto de subjuntivo ········· 144
pretérito pluscuamperfecto ········· 112, 114
preterito pluscuamperfecto de subjuntivo
········· 129, 144, 150-152, 159
pronombres con preposiciones ········· 72
pronombres de complemento directo ···· 62
pronombres de complemento indirecto ···· 65
pronombres personales de sujeto ········· 30
pronombres reflexivos ········· 68
pronombres relativos ········· 172
pronto ········· 206
puesto que ········· 189
que ········· 172, 173

q

Qué ········· 86
querer ········· 222, 224
Quién ········· 151
quien ········· 172, 173, 181
quizá ········· 207

r

recomendar que ········· 230

s

saber ········· 44
se impersonal ········· 168
se recíproco ········· 169
seguir ········· 91
según ········· 185
ser ········· 31, 34
Si yo fuera tú ········· 231
siempre ········· 206, 207
siempre que ········· 155, 191
sin ········· 185
sobre ········· 185, 187
subjuntivo ········· 140
subjuntivo en las oraciones adverbiales ···· 155
subjuntivo en las oraciones condicionales con "si"
········· 158
subjuntivo en las oraciones desiderativas ···· 150
subjuntivo en las oraciones relativas ···· 180
subjuntivo en las oraciones sustantivas ···· 146
sugerir que ········· 230
superlativos ········· 202

t

tal ········· 206
tal vez ········· 207
tampoco ········· 207, 219
tan ········· 206
tan ~ como ········· 200
tan ~ que ········· 199
tan pronto como ········· 156, 191
tan(to)~ que~ ········· 200
tanto ········· 206
tanto A como B ········· 200
tanto como ········· 199
tarde ········· 206
temprano ········· 206

tendría que 231
Tener ganas de 225
tener que 216
tiempo y estados físicos y anímicos 213
todas las semanas 207
todavía 206
todo 59
todos los días 207
tras 185

V

voz pasiva 165

y

ya 206
ya que 189
Yo que tú 231
Yo, en tu lugar 231

MEMO

MEMO

MEMO

내게는 특별한
스페인어 문법을 부탁해

지은이 양성혜
펴낸이 정규도
펴낸곳 (주)다락원

초판 1쇄 발행 2018년 6월 19일
초판 6쇄 발행 2024년 11월 28일

책임 편집 이숙희, 장지은, 박인경
디자인 윤지영, 윤현주
일러스트 장덕현
녹음 Alejandro Sánchez Sanabria, Verónica López Medina, 최재호

다락원 경기도 파주시 문발로 211
내용 문의 : (02)736-2031 내선 420~426
구입 문의 : (02)736-2031 내선 250~252
Fax : (02)732-2037
출판등록 1977년 9월 16일 제406-2008-000007호

Copyright © 2018, 양성혜

저자 및 출판사의 허락 없이 이 책의 일부 또는 전부를
무단 복제·전재·발췌할 수 없습니다. 구입 후 철회는 회사
내규에 부합하는 경우에 가능하므로 구입 문의처에 문의
하시기 바랍니다. 분실·파손 등에 따른 소비자 피해에
대해서는 공정거래위원회에서 고시한 소비자 분쟁 해결
기준에 따라 보상 가능합니다. 잘못된 책은 바꿔 드립니다.

ISBN 978-89-277-3209-9 18770

http://www.darakwon.co.kr
다락원 홈페이지를 방문하시면 상세한 출판 정보와 함께
MP3 자료 등 다양한 어학 정보를 얻으실 수 있습니다.